GÅTAN
Hammarskjöld

Ove Bring

GÅTAN
Hammarskjöld

Berättelsen om flygkraschen i Ndola

Med ett tillägg om Sverige och FN:s utredningar,
av Mathias Mossberg, särskilt utsedd svensk utredare.

Medströms Bokförlag

Bokförläggare Thomas Magnusson
Medströms Bokförlag
Artillerigatan 13
Östra Blockhuset
114 51 Stockholm

© Författarna och förlaget 2020

Omslagsbilder: Nationaal Archief, Haag, Nederländerna (upptill),
Bo Virving (nedtill)
Förlagsredaktör: Britta Johansson
Formgivare: Lars André, Medströms Bokförlag
Tryck: ScandBook AB, Falun 2020

ISBN: 978-91-7329-157-6

Denna bok har tillkommit med stöd av
Kungl. Patriotiska Sällskapet

INNEHÅLL

Förord

Denna bok är skriven i anslutning till den förnyade FN-undersökningen av Dag Hammarskjölds död i flygkraschen i afrikanska Ndola 1961. Det sätt på vilket FN förlorade sin generalsekreterare och ett team på totalt sexton personer var extremt. Var det en olycka, ett sabotage eller en nedskjutning? Jag skulle knappast ha gett mig i kast med ämnet om det inte var så att jag personligen, under min tid som UD-anställd, råkade bli inblandad i frågan. Det var i början av 1991, närmare trettio år efter Ndola.

Året därpå skrev två av Hammarskjölds tidigare medarbetare en artikel i brittiska The Guardian där de hävdade att planet i fråga, en DC-6:a från svenska Transair, blivit nedskjutet. UD gav ambassadören Bengt Rösiö i uppdrag att på nytt undersöka frågan. På nytt, eftersom FN hade genomfört en undersökning om kraschen 1962. Slutsatsen i den undersökningen var att man varken kunde utesluta pilotfel eller någon form av yttre påverkan. Rösiö kom till slutsatsen att påståendet i The Guardian var en tidningsanka. För egen del trodde han länge att piloterna av misstag styrt planet in bland trädtopparna, det som i flygbranschen kallas för *Controlled Flight Into Terrain* (CFIT). Senare lutade han åt att piloten Per-Erik Hallonquist var förföljd av ett annat plan och i ett försök att undkomma gjorde inflygningen för lågt.

Teorin om pilotfel kan sägas ha varit den dominerande förklaringsgrunden alltsedan 1960-talet. Den utmanades emellertid 2011 av den brittiska historikern Susan Williams, som det året gav ut boken *Who killed Hammarskjöld?* Williams menade inte att hon hade bevis för att FN:s andre generalsekreterare blev mördad, men hon pekade på tidigare negligerade vittnesmål om två plan i luften över Ndola (ett som inväntade DC-6:an?) och hon kom med nya uppgifter om vilka politiska och industriella grupperingar som hade intresse av att avlägsna Hammarskjöld.

Bakgrunden var att FN enligt sin stadga stödde den pågående processen av avkolonisering. Republiken Kongo, som just vunnit sin självständighet, hade sökt och fått hjälp av FN att hålla ihop den nya staten. Provinsen Katanga hade, med sina rika mineraltillgångar som ekonomisk och politisk resurs, brutit sig ut ur den kongolesiska statsbildningen. Utbrytarstaten och dess ledare Moïse

9

Tshombe hölls under armarna av västerländska kapitalintressen och värvade legosoldater. Det fanns i dessa kretsar en strävan efter fortsatt vit ekonomisk supremati i denna del av Afrika.

Susan Williams menade med sin boktitel att Hammarskjölds flygplan mycket väl kunde ha utsatts för en attack eller sabotage. Hon såg behovet av fortsatta undersökningar och hennes bok triggade också igång ett privat initiativ i England som i sin tur ledde till en ny FN-utredning. Min bok är en aktuell uppföljning. Den redogör för den politiska bakgrunden beträffande FN, Kongo och stormakterna och följer de olika turerna och teorierna kring kraschen i Ndola. FN:s nya utredning ledde till en rapport hösten 2019, där slutsatsen var att det förefoll sannolikt att "en attack eller ett hot utifrån kan ha orsakat kraschen". Rapporten bekräftade därmed misstanken att någon form av brottslig verksamhet genomsyrade händelserna i september 1961.

Tanken var att 2019 års FN-rapport skulle avsluta utredandet, men det var då uppenbart att man inte nått ända fram. En fortsättning behövdes och Sverige drev i FN frågan om ett fortsatt mandat för samme utredare, domaren Mohamed Chande Othman från Tanzania. Othman hade vunnit stor respekt för sitt arbete, han var politiskt orädd och visade samtidigt diplomatisk smidighet. Han behärskade suveränt det insamlade materialet. Som Sveriges FN-ambassadör Olof Skoog påpekade skulle han stå för en oskattbar kontinuitet i ett fortsatt utredande. Skoog introducerade i FN:s generalförsamling ett förslag till resolution att antas av församlingen. Othman skulle få ett nytt mandat på drygt ett år. Det svenska förslaget samlade omedelbart över hundra medförslagsställare, stater från alla hörn i världen. Generalförsamlingen antog därefter, den 27 december 2019, utan omröstning, textförslaget som resolution 74/248. Minnet av FN:s andre generalsekreterare, och av dem som förolyckats tillsammans med honom, hedrades därmed genom att världsorganisationen fortsatte att engagera sig i omständigheterna kring deras död.

Den här boken innehåller inga fotnoter, däremot en kommenterad lista på de tryckta källor som kommit till användning. I första hand är det fråga om officiella rapporter, främst från FN. Därutöver har jag i litteraturförteckningen kommenterat flera författares teorier och intagna positioner. Jag tror att flera av dessa kommentarer kan fungera som ett läsvärt komplement till huvudtexten.

Det finns ett antal personer som på olika sätt underlättat mitt skrivande. Min förläggare Thomas Magnusson, med ett intresse för modern historia, flyg och det kalla kriget, har varit en stimulerande och stödjande samtalspartner under arbetets gång. Förre ambassadören Mathias Mossberg, som av regeringen utsetts till svensk specialutredare med uppgift att bistå FN-utredningen, har läst min text och gett värdefulla synpunkter som lett till vissa korrigeringar. Mathias har även haft vänligheten att bidra med en efterskrift där han bland annat kommenterar sin egen rapportering till FN-utredaren Judge Othman.

Jag har haft givande samtal med ingenjör Björn Virving, son till den tekniske Transair-experten Bo Virving som var observatör i Ndola vid haveriutredningarna 1961–1962. Björn har låtit mig ta del av det rika material om kraschen som han samlat på sig under åren. Han har blivit en internationellt erkänd expert i frågan och har bland annat konsulterats i samband med den senaste FN-utredningen. Hans far dog 1982 men lämnade efter sig en teori om vad som hände DC-6:an, en teori som Björn utvecklat i boken *Termitstacken* (1996). Bo Virving var övertygad om att det inte var något tekniskt fel på flygplanet och att det inte heller rörde sig om pilotfel.

Jag har även haft förmånen att lära känna Susan Williams, författare till den ovan nämnda boken som kom i ny upplaga 2016. Det är en bok som har förändrat synen på vad som kan ha hänt i Ndola genom sin klara antydan om *foul play*. Susan har publicerat mycket om Afrika och dess avkolonisering och hon är som forskare knuten till Institute of Commonwealth Studies, University of London. Hon misstänker att minst två regeringar visste (och vet) mer om Hammarskjölds död än vad som hittills framkommit.

Jag är tacksam för att Thomas, Mathias, Björn och Susan ställt upp som bollplank. Jag har även i ett skede av arbetet haft konstruktiv hjälp av Henning Melber, tidigare direktör för Dag Hammarskjöld Foundation i Uppsala och ledamot av den *Inquiry Trust* som ledde till 2013 års oberoende Hammarskjöldutredning.

Min tacksamhet utsträcks även till Christina von Arbin, som försett mig med ett anförande av Sture Linnér som visat sig intressant i sammanhanget. Linnér inbjöds i mars 1962 av president John F. Kennedy till ett samtal om Hammarskjöld i Vita huset.

Min hustru Marie Jacobsson har, som framgår av texten, vid ett tillfälle i London varit konstruktivt delaktig i min spaning efter sanningen. Hon har också mer allmänt bidragit med sitt intresse, tålamod och kloka synpunkter.

Stockholm i juni 2020
Ove Bring

PROLOG

Vem var han?

I april 1953 valdes överraskande en svensk ämbetsman, Dag Hammarskjöld, till generalsekreterare i FN. Det var en post som han innehade till sin våldsamma död i september 1961. Senare samma år tilldelades han postumt Nobels fredspris.

Dag Hammarskjöld föddes i Jönköping den 29 juli 1905. Hans far Hjalmar Hammarskjöld var då president i Göta hovrätt och skulle under första världskriget bli en omstridd statsminister med öknamnet "Hungerskjöld". Anledningen var en rigid neutralitetspolitik som stod i vägen för import av livsmedel och andra varor från det krigförande Storbritannien. Följden blev ransoneringar och folkligt missnöje. Dag skulle tidigt få känna av detta missnöje.

I mars 1917 avgick regeringen och Hjalmar Hammarskjöld blev landshövding i Uppsala. Som skolpojke i Uppsala lärde sig Dag att "hans faders namn / var dem förhatligt", som han skrev i den postumt utgivna boken *Vägmärken*. Följden blev ensamhet:

Han var ej önskad.
När han likväl kom
fick han blott se dem leka.

Skolan slutat. Gården tömts.
Dem han sökte
funnit nya vänner.

Modern Agnes var född Almquist och släkt med författaren Carl Jonas Love Almqvist. Dag stod mycket nära sin djupt religiösa mor och ärvde från henne en kristen andlighet med empati i mänskliga relationer, en önskan att "göra gott" i livets olika skiften. Redan i sin ungdom läste han medeltida religiösa filosofer och tillägnade sig genom dem ett behov att meditera och komma nära Gud i förberedelse för ett meningsfullt individuellt handlande. Han behövde tid inom sig själv, och ensamhet var också en tillgång för att kunna "köpa kunskap om livslinjen", som han senare uttryckte det i *Vägmärken*.

Dag stod inte nära sin far, men han respekterade honom och skulle med tiden komma att anamma hans opartiska ämbetsmannaideal – om plikt och ansvar i förhållande till statsmakten och samhället.

Som gymnasist intresserade han sig för den internationella politiken. I en skoluppsats hösten 1921 skriver han följande om Versaillesfreden:

Det skulle bliva en fredskonferens; det skulle bliva ett steg framåt mot världsfreden. Men vad blev det? En tvist, som visar, att människorna varken lärt sig något under kriget eller under de tre prövande fredsåren, som kommit efter detta.

Dag tog studenten 1923 med tolv stora A, fem små a och ett B (i gymnastik). På Uppsala universitet tog han två år senare en fil.kand. i ämnena romanska språk (franska), praktisk filosofi och nationalekonomi. Hösten 1927 befann han sig i Cambridge för vidare högre studier och deltog i seminarier under den berömde ekonomen John Maynard Keynes. Året därpå, 1928, var han tillbaka i Uppsala och tog en fil.lic. i nationalekonomi. Redan före Cambridge hade han påbörjat juridiska studier. Han läste bland annat folkrätt för professor Carl Axel Reuterskiöld och 1930 kunde han kvittera ut en jur.kand.

Dag hade tre äldre bröder, Bo (1891–1974), Åke (1893–1937) och Sten (1900–1972). Bo blev en framgångsrik svensk ämbetsman, statssekreterare, statlig utredare och landshövding. Åke skulle göra en internationell karriär. Han anställdes som registrator vid Nationernas Förbunds internationella domstol i Haag 1922, publicerade ett antal akademiska artiklar i internationell rätt och utsågs 1936 till domare i domstolen. Han dog emellertid redan följande år, vid 44 års ålder i en reumatisk sjukdom.

År 1930, efter faderns pensionering, flyttade familjen Hammarskjöld till Stockholm. Dag bodde hos föräldrarna på Sturegatan och anställdes som sekreterare i arbetslöshetsutredningen. Han disputerade 1933 på en avhandling om konjunkturspridning och utsågs till docent i nationalekonomi vid Stockholms högskola. Åren 1936–1945 var han statssekreterare i finansdepartementet under finansminister Ernst Wigforss. Han hade under denna tid flera offentliga uppdrag och var riksbanksfullmäktiges ordförande 1941–1948.

Dag fortsatte länge att bo hemma hos föräldrarna. Modern Agnes dog 1940, men först 1948 flyttade han ut från faderns bostad och skaffade sig en egen lägenhet på Östermalmsgatan.

I december 1945 utnämndes Dag Hammarskjöld till envoyé och finanssakkunnig i utrikesdepartementet. Han skulle i denna befattning inleda sin internationella karriär – även om ingen förstod det just då. Han blev svensk delegat vid de förhandlingar som inleddes i Paris 1947 om ekonomisk återuppbyggnad i Europa genom den av USA erbjudna Marshallhjälpen. Dessa förhandlingar skedde inom ramen för det nystartade OEEC (Organisationen för europeiskt ekonomiskt samarbete). Sedan det kommunistiska Östeuropa tackat nej till Marshallhjälpen fortsatte förhandlingarna i en riktning som pekade mot västeuropeisk ekonomisk integration. Hammarskjöld blev vice ordförande i OEEC:s exekutivkommitté 1948–1949. Det var under denna tid som han uppmärksammades av främst brittiska och franska delegater, men utan att skaffa sig en dominerande internationell position.

Karriären hemmavid fortsatte. I april 1949 utsågs han till kabinettsekreterare i UD och i februari 1951 utnämndes han till konsultativt statsråd i regeringen Erlander. De facto var han biträdande utrikesminister i internationella ekonomiska frågor. Själv betonade han att hans roll var partipolitiskt neutral och detta synsätt accepterades utan vidare av statsministern. Det överensstämde med gällande praxis för konsultativa statsråd.

Sommaren 1951 publicerade han en artikel i den socialdemokratiska idétidskriften Tiden under rubriken "Statstjänstemannen och samhället". Här betonade han först den sedan Axel Oxenstiernas dagar gällande ämbetsmannaplikten gentemot staten, där tjänstemannens privata önskemål fick vika så länge direktiven inte var uppenbart samhällsfarliga. Men han kombinerade denna pliktkänsla med det från modern ärvda kärleksbudskapet "att göra gott". Det fanns med andra ord utrymme för en individuell tjänstemannaideologi som stod i mänsklighetens tjänst. Hammarskjöld var en arbetsnarkoman, han accepterade nödvändigheten av tråkiga rutiner men sökte samtidigt en djupare mening med yrkeslivet. I sina anteckningar för åren 1951–1952, senare publicerade i *Vägmärken*, noterar han:

Jag begär det orimliga: att livet skall ha en mening.
Jag kämpar för det omöjliga: att mitt liv skall få en mening.

Jag vågar inte, vet inte hur jag skall kunna tro:
att jag inte är ensam.

Mot den bakgrunden händer något för Dag underbart och fantastiskt den 31 mars 1953. Han får ett överraskande telegram från New York som meddelar att hans namn är aktuellt som ny generalsekreterare i FN. Dagen därpå är saken bekräftad. Han tackar ja. Den första dagboksanteckningen från 1953 lyder: "Mot det förgångna: tack, till det kommande: ja!" Som Henrik Berggren uttrycker det i sin biografi: "Konflikten mellan jakten på livsmening och karriär hade lösts upp."

Dag besöker sin 91 år gamle far, som av ålderssvaghet är intagen på Sophiahemmet, för att informera honom om det nya uppdraget. Men fadern är mentalt förvirrad och kan inte ta till sig budskapet. Följande år skulle han avlida och Dag efterträda honom på stol nr 17 i Svenska Akademien.

På UD hålls eftermiddagen den 1 april 1953 en stor presskonferens med journalister från hela världen. Hammarskjöld imponerade på alla med sina språkkunskaper men sa inte mycket, han sög på sin pipa och framhöll att han skulle göra sitt bästa. Under den följande veckan avvecklade han sitt ungkarlsliv i Sverige. Den 7 april godkändes han formellt som FN:s generalsekreterare i FN-högkvarteret i New York. Han var 47 år.

När han anlände till flygplatsen Idlewild i New York den 9 april hälsades han välkommen av den avgående generalsekreteraren, norrmannen Trygve Lie. Denne hade helst velat sitta kvar, men accepterades inte längre av Sovjetunionen och hade också genom sin bufflighet gjort sig omöjlig i sitt eget sekretariat. Han hade fått avgå i förtid. Lie skulle ändå gå till historien genom sina hälsningsord till Hammarskjöld på Idlewild: "Välkommen till världens mest omöjliga jobb."

En personlig ingång

Under min tid som UD:s folkrättsrådgivare blev jag på ett märkligt sätt inblandad i det som över tid framstått som ett världspolitiskt mysterium. Nämligen frågan om hur och varför FN:s andre generalsekreterare mötte döden i en flygkrasch i Ndola, på gränsen mellan Kongo och nuvarande Zambia. Den DC-6:a det gällde plöjde ner sig i en träddunge några minuter före landning. Det hände natten mellan den 17 och 18 september 1961. Det var den typen av händelse som gör att människor minns exakt var de befann sig när de fick reda på nyheten. Själv var jag arton år och höll på att ta körkort. Jag parkerade bilen vid bilskolans entré på Västmannagatan i Stockholm. Tobaksaffären bredvid hade tjocka svarta löpsedlar: "Dag funnen död i planet."

Närmare trettio år senare, i januari 1991, landade frågan om detta dödsfall oförhappandes i mitt knä. Jag befann mig på tjänsteresa och var i någon

Beskedet om flygkraschen nådde Sverige under dagen den 18 september 1961. Bilden är från Stockholm. Morgontidningarnas löpsedlar uppdaterades efterhand från "Hammarskjöld saknad i Kongo" till "Dag funnen död i planet".

mening inblandad i en pågående världspolitisk kris, Saddam Husseins invasion av Kuwait, väl så allvarlig som den Kongokris som tog Hammarskjölds liv. FN försökte efter bästa förmåga hantera Kuwaitkrisen, liksom man på 1960-talet hade försökt hantera Kongokrisen. Efter Kongo kom Vietnam, ett krig i förhållande till vilket FN låg i träda. Krig mellan Israel och arabstater utbröt 1967 och 1973 utan att FN kunde avveckla den bakomliggande ständigt sjudande Mellanösternkrisen. Men 1991 var det kalla kriget slut och man fick en känsla av att FN kunde fungera som det från början var tänkt, som en fredsbevarande kraft – som under Dag Hammarskjölds tid.

Invasionen av Kuwait inträffade i ett läge när det kalla krigets slut åstadkommit ett närmande mellan supermakterna. Plötsligt var det möjligt för dem att samarbeta i FN och komma överens i säkerhetsrådet. Det blev nu viktigt för FN:s trovärdighet att den irakiska aggressionen åtgärdades och att medlemsstaten Kuwait befriades. Det internationella samfundets reaktion blev också unikt kraftfull.

FN-högkvarteret i New York sjöd av aktivitet de sista dagarna i november 1990. Säkerhetsrådet hade förberett en resolution som hotade Saddam med användning av våld om inte de irakiska trupperna drogs tillbaka från Kuwait. Jag befann mig denna novembermånad i FN för att, i enlighet med UD:s rutiner, bevaka de juridiska frågornas hantering i generalförsamlingens sjätte utskott. Men eftersom jag var på plats i min egenskap av folkrättsjurist blev jag ombedd att även bevaka Kuwaitfrågans utveckling. Massmedias representanter talade om att FN skulle ta beslut om att "gå i krig". Intervjuade diplomater och folkrättsexperter uttryckte sig snarare i termer av "internationell polisaktion" – men innebörden var densamma, Saddam Husseins trupper skulle, om de diplomatiska påtryckningarna inte fungerade, med våld drivas ut ur Kuwait.

Upphetsningen i FN-skrapan vid East River var alltså stor. Endast i det av Hammarskjöld utformade meditationsrummet, tänkt för diplomaters och FN-personalens andliga behov, rådde tystnad. Den som trädde in här kunde njuta av en konstnärlig harmoni mellan ett rektangulärt block av svensk järnmalm som altare i mitten av rummet och en modernistisk muralmålning av Bo Beskow på en bortre kortvägg. Hammarskjöld var medveten om att människor av olika politisk uppfattning kunde förenas i uppskattningen av konstverk, inklusive musik och poesi. Genom att utnyttja en sådan emotionell harmoni skapades förutsättningar för politisk dialog som ledde till internationell förståelse. I likhet med den judiske filosofen Martin Buber menade han att möjligheten till medmänsklig dialog som politisk lösningsmodell var underskattad. Hans tanke var att meditationsrummets harmoni kunde tjäna som inspiration till reflektioner kring värderingar och beslutsfattande.

På eftermiddagen den 29 november 1990 inledde säkerhetsrådet sitt historiska möte om Kuwaitkrisen. Åhörarläktarna i rådets sessionssal var fyllda till bristningsgränsen. De flesta av de femton rådsmedlemmarna representerades av sina utrikesministrar. Den amerikanske utrikesministern James Baker påminde inledningsvis om hur Nationernas Förbund (NF) på sin tid misslyckats med att skydda det av Mussolini härtagna Etiopen. Aggressionen då hade genomförts utan statssamfundets nämnvärda motstånd. Baker introducerade nu den handlingsplan som skulle visa att FN tänkte lyckas där NF misslyckats.

Säkerhetsrådet antog den föreslagna resolutionen med röstsiffrorna tolv för, två emot (Cuba, Jemen) och ett avstående (Kina). Saddam Hussein gavs 45 dagar att tänka över situationen. Han fick en chans att utrymma Kuwait. Om så inte skedde skulle en koalition av villiga stater "use all necessary means" (det vill säga använda militärt våld). Den historiska resolutionen fick numret 678 och kom att kallas krigsresolutionen.

På den svenska FN-representationens sedvanliga "morgonbön" ombads jag folkrättsligt kommentera läget. Jag noterade att FN-stadgans regler om militära insatser styrda av FN självt inte skulle kunna tillämpas, utan att det här rörde sig om en nytolkning där ingripande stater själva fick styra den militära insatsen. Denna beskrivning om legalitet (eller kanske bristande legalitet) i förhållande till nytolkning intresserade närvarande riksdagsmän. Vissa av dem skulle hemma i Stockholm väcka frågan om krigsresolutionen överhuvudtaget var laglig.

Men FN hade lagt sitt kort. Nu var det en kort paus av "goodwill" som gällde. Ett sista försök att få till stånd en fredlig lösning av konflikten ägde rum den 9 januari, då USA:s och Iraks utrikesministrar, James Baker och Tariq Aziz, möttes på Hotel Intercontinental i Genève. Mötet varade i sex timmar men blev resultatlöst. Jag hade befunnit mig i säkerhetsrådet den 29 november, och av en händelse befann jag mig i Genève på Hotel Intercontinental den 8 januari, dagen före mötet. På kvällen gick jag ner i baren och satte mig i ett hörn med utblick över den tvådelade lokalen. Vid bardisken, på den något lägre nivån, satt två välskräddade välbyggda män men med fysionomier som skurkar i en James Bond-film. Jag drog genast slutsatsen att de var irakiska livvakter. Nu var världspolitikens yttringar närvarande även på min nya tjänsteresa, men denna gång mer på distans.

När Saddams tidsfrist började löpa ut några dagar senare befann jag mig på väg mot en regional konferens om fredlig lösning av tvister. Ämnet för konferensen föreföll illa valt vid en tidpunkt när det internationella samfundet bestämt sig för att i sista hand lösa en tvist med icke-fredliga medel. Men det är sant, mötets mandat var geografiskt begränsat. Det rörde i första hand den europeiska kontinenten. Det skedde inom ramen för vad som då fortfarande hette ESK, den Europeiska säkerhetskonferensen.

Från Valletta till Great Missenden

Det var den 16 januari 1991. Sedan två dagar befann jag mig i Maltas huvudstad, Valletta, på ESK-mötet. Vi var en grupp diplomater och folkrättsexperter som skulle åstadkomma en gemensam text, ett dokument om fredlig lösning av tvister inom den europeiska regionen ("från Atlanten till Ural"). Gruppen var ganska homogen. Vi kände varandra sedan tidigare. Jag var där tillsammans med svenska UD:s rättschef, Hans Corell. Han var som vanligt mycket seriöst laddad inför uppgiften och kontrasterade något mot den finurligt leende schweiziske folkrättsprofessorn Lucius Caflisch, som var den skojfriska typen. Men stämningen var överlag avvaktande och spänd. FN:s ultimatum till Saddam, "lämna Kuwait eller ...", hade gått ut dagen före, tisdagen den 15 januari.

Onsdag förmiddag. Vårt möte pågår i en konferenslokal i ett av Johanniterordens gamla palats. Olika textförslag för vårt dokument presenteras. Vackra ord uttalas om vikten av folkrätt, fred, försoning och tvistlösning – inom Europa, om det skulle behövas i framtiden. Tidpunkten för kaffepaus närmar sig och alla är spända inför vad som händer internationellt och globalt. Vi längtar efter en TV och senaste nytt. Det här är före mobiltelefonernas tid, och amerikanska CNN har just slagit igenom som nyhetskanal. Vi vet att Saddam har negligerat FN:s säkerhetsråds ultimatum och att en koalition av villiga stater har mandat att vidta "alla nödvändiga åtgärder", det vill säga militärt våld. Har krigshandlingar inletts? Vi rusar in i kafferummet och följer CNN:s rapportering på TV:n. Vi kommer lagom för att i direktsändning se hur amerikanska missiler dundrar in i det irakiska försvarsministeriet i Bagdad. Det andra Gulfkriget har börjat.

I det läget får jag ett meddelande från UD där jag ombeds kommentera hur utrikesministern, Sten Andersson, bör beskriva Sveriges roll i kriget. Vi är ju neutrala. Konflikten aktualiserade motsättningen mellan solidaritet och neutralitet. Jag svarar att neutraliteten är underordnad FN-stadgan och dess regler om tvingande säkerhetsrådsbeslut. Utrikesministern bör säga att vi är solidariska med FN, inte neutrala men inte heller krigförande. I den ordningen. Det skulle senare visa sig att Sten Andersson valde en annan turordning mellan de tre momenten solidaritet, icke-neutralitet, icke-krigförande. I ett riksdagssvar den 27 januari 1991 började han med att understryka att vi inte var med i kriget: "Sverige är inte krigförande, men vi står inte neutrala i konflikten." Solidaritet med FN kom som en tredje punkt. Men för den svenska allmänheten ansågs det viktigast att understryka att vi verkligen inte var med i själva krigsinsatsen. Solidariteten med FN var ändå självklar.

Strax efter kommunikationen med Stockholm om detta fick jag ett nytt meddelande. Det var en instruktion om att jag skulle lämna Valletta. I min egenskap av jurist skulle jag ingå i en militär-medicinsk delegation till Riyadh för upprättande av ett svenskt fältsjukhus i Saudiarabien. Sverige skulle lämna ett humanitärt bidrag i den uppkomna situationen. Bakgrunden till detta var följande.

Regeringskansliet i Stockholm hade under julhelgen 1990 fått en förfrågan från London om huruvida Sverige kunde bidra med ett fältsjukhus i Saudiarabien för brittiska sårade och sjuka. Svaret blev i huvudsak jakande. Ett fältsjukhus ansågs som en lämplig form av assistans från ett högt utvecklat alliansfritt land som tidigare bidragit med medicinska resurser i internationella kriser (Korea, Libanon). Men den svenska regeringen förklarade, efter att ha hört UD:s folkrättsexperter, att ett svenskt fältsjukhus i enlighet med Genèvekonventionernas principer måste vårda sårade från *alla* stridande parter, oavsett nationalitet. Brittiska FCO (Foreign and Commonwealth Office) höll utan vidare med om detta.

Britterna förklarar sig vara beredda ta emot den svenska delegation som behöver förhandla med Riyadh om verksamhet på saudiskt territorium. Svenskarna ska flygas ner av ett brittiskt transportplan från ett militärt flygfält i Oxfordshire. Meddelandet till mig från UD i Stockholm innebär alltså att jag ska ingå i förhandlingsdelegationen. Jag ska snarast bege mig till London för en *briefing* på ambassaden.

Torsdag eftermiddag. Flygplatsen i Valletta är fullpackad av turister och andra som vill hem. Rädslan för ett storkrig är påtaglig. Saddam har kemiska vapen. Kommer han som en reaktion på FN-besluten att hämnas på Västerlandet? Kön till incheckningsdiskarna är kaotisk. Resenärer trängs och kallsvettas. Till slut kan jag andas ut. Jag sitter på planet till London, i första raden, en mittenplats på högra sidan av gången.

Passagerarna serveras en drink, man kopplar av – och läget för inledande av konversation infinner sig. Grannen till höger säger något om den storpolitiska kris världen befinner sig i. Han nämner FN. Tydligen har jag fingrat på mitt blå diplomatpass för han säger:

– Jag ser att ni är från Sverige. Dag Hammarskjöld var svensk, eller hur?
– Javisst.
– Jag bodde i Ndola, Nordrhodesia, när hans flygplan kraschade där, i djungeln. Ni vet väl att planet blev nedskjutet?
– Nej, detta är ju högst osäkert, men det har naturligtvis förekommit spekulationer om detta. Hur kommer det sig att ni tror att planet blev nedskjutet?
– Jag hade en bekant, en vän, som arbetade på Ndola Copper Refinery. Efter kraschen såg han en del av flygplanskroppen där. Den var full av kulhål.
– Detta är ju uppseendeväckande information, och den behöver verifieras. Vad heter er vän? Vet ni var han finns? Lever han?
– Jag vet inte. Han, som jag, flyttade till England med tiden. Och vi har förlorat kontakt. Jag minns nu inte ens hans namn. Men min hustru minns säkert. Jag kan fråga henne i kväll när vi kommit till London. Jag kan slå er en signal i kväll om jag vet besked. Var bor ni?

Jag gav honom uppgifter om mitt hotell och konversationen fortsatte om andra ting.

Vi landade på Heathrow och möttes av en kuslig och ödslig stämning. Flygplatsen var så gott som tömd på resenärer. Storbritannien var en viktig part i koalitionen mot Saddam och man kunde inte utesluta vedergällning. Irakiska agenter kunde dyka upp med kemiska eller biologiska laddningar. Flygplatsen upplevdes som hotad och tog bara emot inkommande resenärer. Avgående flighter var inställda. Men vi fick vårt bagage utan problem och senare checkade jag in på det lilla Durrants Hotel på George Street i Marylebone, inte så långt från svenska ambassaden.

I det något trånga hotellrummet satte jag på TV:n. BBC-kommentatorn Huw Edwards rapporterade om det utbrutna Kuwaitkriget. Om den stridszon som jag följande dag skulle flyga in i med brittiskt militärflyg. Storbritannien hade ju erbjudit en transport för den svenska delegationen från Oxford till Riyadh. Saudiarabien var part i konflikten och dess krigsmakt ingick i den USA-ledda koalitionen mot Saddam. TV-rutan förmedlade alltså nyheter om ett krig som följande dag skulle komma att beröra min egen säkerhet. Det var en ny upplevelse, som skapade en spänd oro men också en förhöjd livskänsla. Samtidigt väntade jag med accelererad spänning på ett telefonsamtal. Telefonen ringde.

Det var min medpassagerare på flyget. Han hade talat med sin hustru. Mannen från Ndola hette Waddicar någonting, förnamnet var man osäker på och den nuvarande vistelseorten var okänd. Men hustrun bekräftade att Mr Waddicar för länge sedan hade flyttat till England.

Följande dag överlämnade jag denna information till ambassadör Leif Leifland och hans ambassadråd Ragnar Ängeby. Ambassaden åtog sig att nysta i frågan. Efter att vi hade klarat ut detta skjutsades jag av en militärattaché till flygbasen Brize Norton i Oxfordshire. Tillsammans med en grupp brittiska soldater, militär utrustning och säckar med sedelbuntar, som behövdes för olika kostnader under krigsinsatsen, bordade vi en Lockheed C-130 Hercules. Jag fick nu annat att tänka på än vad som hänt Dag Hammarskjöld den 18 september 1961. När vi flög in i krigszonen i form av saudiskt luftrum var jag mycket medveten om att vi kunde betraktas som ett legitimt mål för luftvärn, missiler och jaktplan.

Vid ankomsten till King Khaled Airport i Riyadh tilldelades jag en gasmask av delegationschefen, generalmajor Göran De Geer. De övriga medlemmarna i delegationen hade fått sina gasmasker utprovade och personligen anpassade vid avresan från Sverige. Det fanns det inte tid för i mitt fall – en brist som kunde ha blivit ödesdiger.

Vi checkade in på Maryott Hotel, en skyskrapa. Jag satte på TV:n och kunde samtidigt, genom mitt fönster på fjortonde våningen, blicka ut över stadens hustak. Plötsligt ser jag hur den saudiske TV-kommentatorn får något vilt i blicken och han ersätts i rutan av en vattentornsliknande symbol som omväxlande blir större och mindre, närmar sig och avlägsnar sig från tittaren. Något tjuter. Flyglarm. Kvällshimlen uppvisar ett dramatiskt skådespel. Inkommande irakiska Scud-missiler utsätts för luftvärnseld. Amerikanska Patriot-missiler genskjuter dem och varje träff ger en fyrverkerieffekt. Men delar av Scuds når marken, ibland med explosioner som följd, ibland inte. Vår brittiske förbindelseofficer skyndar runt i korridoren och uppmanar oss att placera våta badhanddukar under kanten på hotelldörren. Det kan vara gas. Scud-attackerna fortsätter. Förbindelseofficeren återkommer med nya direktiv: "Gasmask på." Vi får order att samlas på bottenplanet. Man bör inte riskera att fastna i en hiss mellan våningarna under ett bombardemang. Vi lämnar byggnaden och avvaktar ute på gatan. Anfallet ebbar ut. Det var inte gas.

Dagen därpå: förhandlingar med en saudisk prins om fältsjukhuset. Miljön är ett lyxigt palats i marmor med fontäner på det öppna bottenplanet. I prinsens gemak står i ett bortre hörn en stor TV som genom CNN, utan avbrott, ger oss senaste nytt om krigshändelserna.

Förhandlingarna är till för att markera Saudiarabiens suveränitet över sitt eget territorium. De går långsamt fram, men i rätt riktning. Det gäller att få till stånd ett avtal som skyddar den svenska sjukvårds- och vaktpersonalen från att bli föremål för saudisk strafflagstiftning. Om något skulle gå snett. Anklagelser för vårdslöshet i trafik kan leda till dödsstraff. Så kan vi inte ha det.

På kvällen middag hos den svenske ambassadören, Lennart Alvin. Bomberna faller. De skrämmer upp den filippinska köks- och serveringspersonalen. Varmrätten får vi hämta själva. Personalen har flytt huset för att bege sig till sina släktingar i Jedda.

***

Även efter hemkomsten från Saudiarabien gjorde det pågående Gulfkriget och det vanliga arbetet på UD:s rättsavdelning att Hammarskjöldärendet hamnade i bakgrunden. Men jag förmodade att Londonambassaden sökte efter Mr Waddicar.

I februari blev jag orsak till en diskussion i riksdagen. Det var fråga om lagligheten av *Operation Desert Storm*, den USA-ledda krigsinsatsen mot Saddams Irak.

Bakgrunden var den föredragning som jag hade gjort för svenska riksdagsmän på vår FN-representation i New York i november. Det var alltså under den så kallade morgonbönen, ledd av FN-ambassadörerna Jan Eliasson och Lars-Göran Engfeldt. Jag informerade ju då om att "krigsresolutionen" 678 inte var helt i enlighet med FN-stadgans lydelse. Dess artikel 42 förutsätter en centraliserad våldsanvändning i FN:s och säkerhetsrådets regi. Genom resolutionen var det fråga om en delegering av våldsoptionen till de länder som hade möjlighet att ha styrkor i regionen. Flera av medlemsstaterna såg säkerligen med viss oro på hur den kollektiva internationella polisfunktionen överlämnades till ett antal militära stormakter och hur därmed denna funktion förlorade sin tänkta universella karaktär. Artikel 42 förutsätter således att det är säkerhetsrådet *som sådant* som agerar militärt, inte enskilda medlemsstater som fått rådets välsignelse att bruka våld. Kritik kunde förväntas mot att USA iklätt sig en ledande roll.

Men jag sa också att kritik av denna typ inte ska stå oemotsagd. Många skäl talade för lagligheten av resolution 678. En informell revidering av FN-stadgan genom praxis har skett tidigare när behov av detta har uppkommit. Parterna till en multilateral traktat, som stadgan, disponerar genom sin praxis över traktatens innehåll. På 1950-talet såg det ut som om den så kallade Acheson-planen ("Uniting for Peace") stod för en utvidgning av generalförsamlingens kompetens, i strid med stadgans artikel 11. Sveriges utrikesminister Östen Undén framförde emellertid i FN att planens antagande skulle ses som "en lycklig omständighet för vår organisation, vars stadga liksom varje skriven författning bör utvecklas organiskt för att inte bli en död bokstav". Dag Hammarskjöld bekräftade som sin uppfattning att "Uniting for Peace" var en avvikelse från stadgans bokstav, men inte från dess anda.

Ett annat exempel på innovativ och informell praxisrevidering är etablerandet av konceptet "peace-keeping" genom Hammarskjölds och den kanadensiske utrikesministern Lester Pearsons initiativ 1956. Fredsbevarande operationer ligger på en ingripandenivå *över* stadgans kapitel VI men på en nivå *under* kapitel VII. Inte oväntat talade man om ett nytt kapitel VI ½.

På samma sätt kan man efter resolution 678 tala om en innovation som inneburit en oskriven artikel 41 ½. Beslut att delegera våldsutövandet till vissa medlemsstater är mer ingripande än beslut om ekonomiska och politiska sanktioner enligt artikel 41, men når inte upp till den nivå av centralt universellt kommando och kollektiv insyn som enligt artikel 42 förutsätts vid våldsutövning i säkerhetsrådets regi.

Vissa svenska riksdagsmän hade alltså tagit till sig tanken att kriget mot Saddam var olagligt. Delvis var det min föredragning på FN-representationen i New York som inspirerat dem till denna förmodan. Men också inom fredsrörelsen fanns en övergripande invändning mot resolution 678, nämligen att FN hade till uppgift att stoppa krig, inte att starta dem. Freds- och konfliktforskaren Björn Hettne hade skrivit i Göteborgs-Posten att FN hanterade konflikten dåligt. Det var för lite av kollektivt agerande och för mycket av ensidig amerikansk maktpolitik "i gammalimperialistisk anda". Andra debattörer hävdade att ett fredligt resultat av de ekonomiska sanktionerna mot Irak borde ha inväntats. "Freden gavs inte en chans."

Nu hade sanktionerna varit i kraft i fem månader utan att detta lett till en irakisk reträtt. Amnesty International rapporterade om hur irakiska styrkor fortlöpande torterade och avrättade kuwaitiska medborgare. Den kanadensiske folkrättsprofessorn Leslie Green skrev i en facktidskrift: "To have set a date far beyond 15 January might well have meant that there would be little left of Kuwait to liberate."

Från UD:s håll kommunicerade vi budskapet att FN-stadgan stod för kollektiv säkerhet och inte för renodlad pacifism. Samtidigt som strävan är att lösa varje konflikt med fredliga medel ska en pågående aggression bringas att upphöra. Det var ju inte FN som hade inlett kriget. Kuwait hade invaderats och en invaderad medlemsstat ska kunna förlita sig på att hjälp kommer från FN.

I en debattartikel i Svenska Dagbladet hade jag och Lundaprofessorn Göran Melander argumenterat mot Björn Hettne under rubriken "FN hanterar krisen väl". Vi skrev att FN:s kollektiva säkerhetssystem fungerade, precis som det var tänkt att fungera när stadgan antogs i San Francisco 1945. Hettne återkom med ett inlägg där han beskrev oss som "skjutglada folkrättsjurister".

Jag kallades till utrikesutskottet i riksdagen den 12 mars, bland annat för att kommentera dessa frågor, och jag hävdade lagligheten i *Desert Storm*, trots att operationen letts av USA-generalen Norman Schwarzkopf och inte av något FN-kommando. Svenska FN-förbundet ordnade en debatt på samma tema på restaurang Gyllene Cirkeln i Stockholm den 14 mars. Där försvarade jag UD:s position gentemot advokaten Hans-Göran Franck.

Legalitetsdebatten ebbade emellertid ut. Det växte fram en allmän uppfattning om att FN-mandaterade koalitioner av villiga stater var helt okej. Jag återgick till mer rutinartade arbetsuppgifter på heltid och fick tid att tänka på andra saker – som frågan om Hammarskjölds död.

***

Men tiden gick. Efter ett tag tog jag kontakt med ambassaden i London för att fråga om man hade lokaliserat Mr Waddicar. "Inte ännu", var svaret, men man jobbade på det. Sporadiskt återkom jag över tid med frågan om något hänt i ärendet, men fick intrycket att saken blivit nedprioriterad.

Det gick år. Den dag närmade sig då jag skulle lämna UD för en professur i Uppsala och jag insåg att jag innan dess ville se ett resultat i Hammarskjöld-ärendet. Jag utverkade ett administrativt beslut som berättigade mig att tillbringa en begränsad tid i London för att bedriva egen undersökande verksamhet. Jag skulle ändå till London och Dublin i slutet av april 1993 för att förklara den svenska positionen om konventionella vapen och humanitär rätt. Sedan dessa möten var avklarade checkade jag och min sambo Marie in på Ritz Hotel,

Piccadilly, för en privat minisemester. Marie hade anlänt från Cambridge där hon forskade på Scott Polar Research Institute.

Minisemestern fick dock vänta något. Efter incheckningen begav jag mig direkt till St. Martin's Central Reference Library, i närheten av Leicester Square, och gick igenom engelska telefonkataloger i en sökning efter namnet Waddicar. Namnet är ju besynnerligt och det var inte ofta förekommande. Arbetsuppgiften var hanterlig och resultatet blev en lista med ett trettiotal telefonnummer. Vid återkomsten till hotellet började jag ringa det ena telefonnumret efter det andra. Det kändes ovant att i den lyxiga miljön på Ritz, rummet var klätt i rosa, sitta med en vit telefonlur i handen, den föreföll vara av elfenben, och kontakta olika engelska familjer med en underlig förfrågan. Samtalen gick ungefär så här: "Ursäkta att jag stör, mitt namn är så och så, jag ringer i ett egendomligt ärende. Har ni i er släkt en Mr Waddicar som bodde i Afrika under 1960-talet?" Svaren var regelmässigt negativa, ända till dess att jag kom till ett av numren i nordöstra England. Det var en äldre man i Hull som svarade, han föreföll mycket gammal. Efter min inledande harang, var det alldeles tyst i luren. Sedan kom det: "It is my brother. What do you know about my brother?"

Det visade sig att han förlorat kontakt med brodern, inte visste någonting om var denne, som hette Ian James, bodde idag eller om han ens var vid liv. Jag hade i alla fall fått ett fullständigt namn, behövde fundera på hur man kunde gå vidare och lovade återkomma.

Senare på kvällen – det var fredag och Valborgsmässoafton i Sverige – gick vi på teater och såg "The importance of being Ernest" och kvällen därpå ytterligare en Oscar Wilde-pjäs, "An ideal husband". Det var långhelg, måndagen den 3 maj var Bank Holiday, och vi hade gott om tid att tala om Hammarskjöldärendet. Marie påpekade att man kunde kontakta Frälsningsarmén, som brukade spåra försvunna människor.

Tisdag morgon infann jag mig på ambassaden och diskuterade ärendet. Här fick jag nu två adresser för vidare efterforskningar, General Register Office vid Aldwich/Kingsway och The Salvation Army Family Tracing Service på Judd Street, vid King's Cross. Det var på det senare stället som jag nästan fick napp. Den handläggare som tog emot mig, en major i Frälsningsarmén, förklarade att man arbetade med att spåra försvunna personer men att det krävdes en ansökan eller samtycke från en nära släkting. Kände jag någon sådan? Jag nämnde, med en viss känsla av triumf, brodern i Hull och lämnade hans telefonnummer. Majoren åtog sig ärendet, men förklarade att undersökningen kunde ta några veckor. Hur kunde han nå mig? Jag förklarade det, och efter en natt på det vanliga hotellet för UD-resenärer, SAS Radisson vid Portman Square, återvände jag till Stockholm.

***

Och tiden gick. Det skulle dröja till sensommaren innan jag hörde av min kontaktman på Salvation Army i London. Brevet från majoren var daterat den 30 juli. Det gick ut på att jag borde bege mig till Buckinghamshire, till byn Great Missenden, och ta kontakt med en viss Mr Ridler. Brevet hade följande lydelse:

> Dear Mr Bring
> Re: James WADDICAR
>
> We have now completed our investigations regarding Mr Waddicar, and have to advise you that his death occurred on 4 July 1974. His wife also is no longer alive.
> We have been able to get in touch with a nephew of Mr Waddicar by his second marriage. The nephew has diaries belonging to Mr Waddicar, including information relating to his time in Africa. The nephew will be happy to speak with you on the matter.
> He is Mr R M Ridler, The Cross Keys, 40 High Street, Gt Missenden, Bucks HP16 OAU. His telephone number is …
> Perhaps you would be kind enough to let us know if and when you get in touch with Mr Ridler. In the meantime we wish you well with your rather unusual quest.
>
> Yours sincerely
> Colin Fairclough
> Major
> Director – Family Tracing Service

Det var en besvikelse, men en väntad sådan, att den person som sett kulhålen i flygplanskroppen var avliden. Men det fanns en släkting som hade vittnets dagböcker, bland annat från tiden i Afrika, och denne släkting var beredd att träffa mig och kunde säkert visa på intressant material ur dagböckerna. Det hela lät ändå så pass lovande att en resa till Buckinghamshire genast måste planeras.

Vi befann oss i augusti månad och vid utgången av september skulle jag sluta på UD. Det gällde att agera innan jag var beroende av en ny arbetsgivare som kanske inte hyste samma förståelse för hur jag ville använda min tid.

En tjänsteresa var inplanerad till Reykjavik i mitten av september och jag skulle kunna resa hem över London och lägga några dagar, om så behövdes, på Hammarskjöldärendet. Jag ringde två samtal, ett till majoren i London och ett till Mr Ridler i Buckinghamshire. Den senare hette Martin i förnamn och var anträffbar i byn Great Missenden på den egna puben The Cross Keys, ett ölskummande faktum som majoren i Frälsningsarmén hade undvikit att precisera i sin information. Jag fick även reda på att Martin Ridlers faster gift sig med Ian James Waddicar i Sydafrika 1955. Ian James var mer än hemtam med flygplan. Han hade tjänstgjort i Royal Air Force (RAF) under andra världskriget, "in a Lancaster bomber". Han borde således vara trovärdig när han talat om kulhål i flygplansvraket i Ndola 1961.

Byn Great Missenden ligger inte alltför långt från London, vilket förenklade planeringen. Jag stämde träff med Martin Ridler på eftermiddagen den 17 september. Jag anlände till Heathrow från Keflavik runt tolvslaget den dagen, checkade in på det sedvanliga hotellet vid Portman Square och tog en taxi via M25 och A404 till den aktuella puben.

The Cross Keys var en charmig lantlig pub med anor från 1500-talet. Den utstrålade trivsamhet. Det var med stora förväntningar jag steg in, närmade mig den person som verkade vara "in charge" och frågade efter Mr Ridler. Det var han. Jag hade förväntat mig ett mottagande som var välkomnande, följt av ett öppet och informativt samtal. Det blev precis tvärtom. Martin Ridler, maskulint byggd som en diskuskastare, visade sig från sin kantigaste sida. Han bekräftade vårt avtalade möte men sade sig inte ha tid med mig just då. Han var tvungen att avvika ett tag. Jag hänvisades till ett hörn av lokalen, snett bakom baren, där jag skulle invänta hans återkomst. Han bjöd mig inte på en öl under väntetiden, vilket jag tyckte skulle ha varit en rimlig åtgärd från en pubägares sida i den uppkomna situationen. Min förvåning var total och närmast chockartad. Jag hade ju förberett mötet genom ett telefonsamtal, som jag upplevt som trivsamt. Och i brevet från majoren hade det stått att Ridler "will be happy to speak with you". Nu gällde uppenbarligen motsatsen. Någonting hade hänt. Den otrivsamma stämning som uppstått förefoll mig avsiktligt arrangerad. Men jag kunde inte göra någonting åt den saken. Det var bara att sitta där och vänta.

Till slut kom han tillbaka. Han var först mån om att berätta att fasterns make, Mr Waddicar, inte hade varit anställd på Ndola Copper Refinery. Dennes jobb i Rhodesia hade varit att injicera och vaccinera kor mot olika sjukdomar. Därmed hade han inget naturligt tillträde till platser där han kunde se delar av flygplansvraket. Han, Martin Ridler, kände inte till om Waddicar sett några kulhål. Det framgick inte heller något i den vägen i hans dagböcker från tiden i Afrika.

Martin Ridler hällde alltså kallt vatten över mina förhoppningar om ett genombrott i frågan om Hammarskjölds död. Jag frågade ändå om jag kunde få se dagboksmaterialet. Jag tyckte det var underligt att han inte hade tagit fram det spontant, med tanke på vår tidigare telefonkontakt. Han avlägsnade sig, något motsträvigt, och skapade en ny obekväm situation av väntan. Efter ett tag kom han tillbaka med en pärm av anteckningar, fotografier och tidningsurklipp. Vi bläddrade lite tillsammans, men jag hade ingen möjlighet att gå igenom materialet. Jag frågade om det inte trots allt kunde finnas något om kraschen i Ndola. Han tvekade, men sa att han kunde gå igenom materialet noggrannare och ringa mig senare. Vilket hotell bodde jag på? Hur länge var jag kvar i London?

Efter att ha svarat på dessa frågor bröt jag upp. På hans anvisningar tog jag mig till den lokala pendeltågsstationen och for tillbaka till London.

Mina tankar under tågresan var konspiratoriska. Hade Martin Ridler inför vårt möte varit i kontakt med någon myndighet och fått direktiv som förklarade hans oväntade och avvisande beteende? Hade jag kommit nära en känslig aspekt av 1960-talets brittiska diplomati i förhållande till Afrika och FN? Ville man stoppa mina undersökningar? Hade Ridler talat med någon på Foreign & Commonwealth Office (FCO) eller någon från den brittiska säkerhetstjänsten (MI 5 eller MI 6)? Hur kunde man i så fall på officiellt håll känna till mina undersökningar? Genom The Salvation Army? Genom att Ridler själv hört av sig? Var jag övervakad? Tankarna var något omtumlande.

Följande dag var en lördag. Jag befann mig i den unika situationen att vara på tjänsteresa och inte ha något att göra. Det var som sagt före mobiltelefonernas tid och jag tvingades hålla mig på hotellrummet för att vakta telefonen. Den ringde inte. Väntan på den eventuella signalen var enerverande, men ändå uthärdlig eftersom jag i den anrika bokhandeln Hatchards på Piccadilly inhandlat en volym om Kim Philby och de andra Cambridgespionerna från det kalla krigets dagar. Kanske triggade denna läsning ytterligare mina misstankar. Var Martin Ridler nu i kontakt med MI 6 för att rapportera och få instruktioner?

Söndagen infann sig och jag skulle flyga hem på kvällen. På förmiddagen ringde han. Nej tyvärr, han hade inte funnit något av intresse. Waddicars anteckningar innehöll ingenting om flygplansvraket i Ndola. Jag hade inte kommit någonvart.

Eller hade jag det? På ett mer indirekt sätt? Jag hade känslan av att mina upplevelser i Great Missenden var länkade till frågetecknen kring Hammarskjölds död. En brittisk diplomat hade betett sig märkligt i flygledartornet i Ndola natten till den 18 september 1961. Mycket märkligt! Jag kände väl till berättelsen om händelserna den där natten i nuvarande Zambia. Fanns det i detta sammanhang något som man ville dölja, något som den dåtida brittiska diplomatin kände till? En konspiration mot Hammarskjölds liv?

Det hör till historien att Martin Ridlers namn dyker upp i internationella dokument tjugo år senare. Den oberoende kommission om Hammarskjölds död som på eget initiativ verkade 2012–2013 tog kontakt med den forne pubinnehavaren, som då hade pensionerat sig i Frankrike. Undersökningskommissionen hade tillgång till hans namn genom Hans Corell, tidigare rättschef på FN, som var ledamot av kommissionen. Hans Corell var rättschef på svenska UD 1993 och den som då beslutade att mina undersökningar kunde företas i tjänsten. Han ringde upp mig 2012 och frågade vad den person hette som jag intervjuat långt tidigare. Jag bläddrade i mina papper och svarade: "Martin Ridler."

När Ridler intervjuades två decennier efter det att han träffat mig berättade han plötsligt att Waddicar hade sett kulhål i flygplanskroppen. Den oberoende kommissionens rapport från 2013, som överlämnades till FN (UN Document A/68/800), innehåller följande passus:

The late Ian Waddicar, a British adviser on animal husbandry [lanthushållning] who was present at the crash site as a bystander, told his nephew Martin Ridler that the burnt-out fuselage [flygkroppen] had been "riddled with bullet-holes" which appeared to have been made by a machine gun.

Det kan nu vara dags att lämna historien kring en pensionerad pubägare (och mina egna upplevelser) och göra en historisk djupdykning. Tillbaka till Dag Hammarskjölds tid som generalsekreterare i FN. Vad vet vi om omständigheterna bakom och kring flygkraschen i Ndola den där septembernatten 1961? Under Hammarskjöldärendets gång hade jag läst in mig på Kongokrisen, dess utbrott 1960, och dess fortsättning under det ödesdigra året 1961.

KONGO

Den heta sommaren 1960

Kongokrisen utbröt i juli 1960, efter det att det kolonialt styrda Belgiska Kongo vunnit sin självständighet som Republiken Kongo. Självständigheten var uselt förberedd av de tidigare kolonialherrarna. Av landets då fjorton miljoner invånare lär det ha varit femton individer som getts möjligheten att få universitetsutbildning och ungefär lika många som hade erfarenhet av offentlig administration. Makten överlämnades till Patrice Lumumba som premiärminister och Joseph Kasavubu som president, men oroligheter utbröt omedelbart. Den kongolesiska befolkningen väntade sig omedelbara förbättringar efter självständigheten. Detta gällde särskilt soldaterna i armén, *Force publique*, där officerskåren var helt belgisk. Tanken i Bryssel var att så skulle det förbli, samtidigt som även belgisk administrativ och teknisk personal skulle stanna kvar för att hålla en vakande hand över utvecklingen. Det koloniala systemet skulle på något sätt bestå under en ny politisk yta. Den belgiska befolkningen i landet skulle sitta kvar i orubbat bo.

Den 5 juli revolterade soldaterna i garnisonen i Léopoldville (nu Kinshasa) i protest mot regeringens oförmåga att "afrikanisera" officerskåren. Oroligheterna spred sig till andra städer. Belgiska officerare och civilpersoner misshandlades och det hände att kvinnor våldtogs. Den 8 juli hindrade kongolesiska soldater livrädda européer från att med båt ta sig över Kongofloden till Brazzaville i det lugnare grannlandet (Congo Brazzaville). Följande dag attackerades och dödades några européer i provinserna Kasai och Katanga. Den 10 juli ingrep luftburen belgisk trupp från basen i Kamina i Katanga. Fallskärmssoldater landsattes i Luluabourg (Kananga) i Kasai och Élisabethville (Lubumbashi) i Katanga för att skydda européerna där. Belgiska trupper, snart nog kompletterade med enheter från Europa, började ockupera alla större städer i landet. Trupperna sattes offi-

SUDAN

ORIENTALE

KONGO-
BRAZZAVILLE

EKVATORIAL-
PROVINSEN

Stanleyville
•

UGANDA

RWANDA

BURUNDI

LÉOPOLD-
VILLE

KASAI

KIVU

Brazzaville •
• Léopoldville

• Port Francqui

• Thysville

• Mweka

TANZANIA

Bakwanga
•

Luluabourg
•

KATANGA

ATLANTEN

ANGOLA

Kamina
•

Kolwezi
• Jadotville
•

Kipushi
• •Élisabethville

Bancroft•
Mufulira •Sakania
•
Ndola•

NORDRHODESIA

Kongo, dess regioner och städer i början
av 1960-talet. Grannen, den Centralafri-
kanska federationen (1953–63), bestod av
de brittiska kolonierna Sydrhodesia (numera
Zimbabwe), Nordrhodesia (Zambia) och
Nyasaland (Malawi).

REPUBLIKEN
KONGO

NORDRHODESIA Salisbury

SYDRHODESIA

ciellt in för att skydda egna medborgare, men deras närvaro var i grunden moti-
verad av en önskan att vid behov kunna påverka landets inre utveckling och säkra
belgiska intressen på sikt.

Den 11 juli förklarade sig den rika kopparprovinsen Katanga i sydöst, under
den lokale ledaren Moïse Tshombe, politiskt självständig och bröt sig ur repu-
bliken Kongo. Även i andra provinser frodades separatism. Kongokrisen var ett
faktum – och den fick internationella dimensioner.

Katangas rikedom omfattade förutom koppar även uran, elfenben, mahogny
och diamanter. Provinsen hade omkring två miljoner invånare, bland dem
32 000 vita. Moïse Tshombe agerade med stöd av belgiska gruvintressen som
önskade status quo för kopparutvinning och vinsthemtagning. Tshombe hölls
under armarna av det multinationellt präglade företaget Union Minière du Haut
Katanga, med säte i Bryssel. Företaget grundades 1906, när den ökände kung
Leopold II personligen ägde och med omänsklig råhet exploaterade naturtill-
gångar i vad som då kallades Fristaten Kongo. Union Minière hade nära kontak-
ter med det brittiska företaget Tanganyika Concessions, som i sin tur var länkat
till gruvföretag som Anglo-American, Rhodesian Selection Trust och British
South Africa Company. Anglo-American hade sina huvudkontor i London
och Johannesburg. I dessa kretsar fruktade man avkoloniseringens ekonomiska
effekter. Tanken var att göra Katanga till ett skyddat reservat som kunde fungera
med stöd av aktieägarintressen i Västeuropa.

I ett politiskt perspektiv motsatte sig således även franska och brittiska gruv-
intressen den avkolonisering som FN stödde, samtidigt som den officiella poli-
tiken i Bryssel, Paris och London hade ställt sig bakom FN:s och dess general-
sekreterares målsättningar. För dessa regeringar medförde spänningen mellan
ekonomiska intressen och officiell diplomati en kluven utrikespolitik.

Mer än 65 procent av naturtillgångarna i Kongo fanns i Katanga, och utan
tillgång till dessa resurser kunde inte Republiken Kongo överleva som stat. Det
rörde sig inte enbart om koppar, kobolt, guld och diamanter utan också om
uran. De bomber som fälldes över Hiroshima och Nagasaki var laddade med
uran från Katanga.

Lumumba vädjade till FN om stöd för att hålla ihop den nya staten, och Dag
Hammarskjöld – framgångsrik generalsekreterare sedan 1953 – agerade direkt
för att förmå säkerhetsrådet att besluta om en fredsbevarande insats som skulle
ersätta den belgiska interventionen.

Debatten i FN:s säkerhetsråd blev infekterad. Sovjetunionen och Tunisien
anklagade Belgien för aggression. Den brittiske delegaten påpekade att "belgiska

Moise Tshombe (1919–1969), den kongolesiske politiker som 1960 utropade utbrytarstaten Katanga. Tshombe tillhörde folkgruppen Lunda. Han efterträdde fadern, en framgångsrik affärsman, som innehavare av en butikskedja i Élisabethville, dock med mindre lyckat resultat. Han övergick då till politiken och blev ledare för den etniska "konfederationen" Conakat, som i samverkan med belgiska gruvintressen verkade för ett fritt Katanga.

trupper har utfört en humanitär gärning för vilken min regering är tacksam och för vilken det internationella samfundet ska vara tacksamt". Den franske delegaten anförde i samma anda att den belgiska insatsen för att skydda liv och egendom berodde på de kongolesiska myndigheternas oförmåga i detta avseende och att insatsen var "i överenstämmelse med en erkänd folkrättslig princip, nämligen rätten till intervention av humanitära skäl". Sovjetunionen och ett antal (med dåtida terminologi) utvecklingsländer, eller u-länder, gjorde därefter klart att en rådsresolution måste baseras på rätten till suveränitet och förbudet mot aggression. Den påstådda rätten till humanitär intervention avvisades.

Hammarskjöld försökte ducka för denna folkrättsliga debatt och komma ifrån den känsliga bedömningen av aggression. Med hjälp av den tunisiske delegaten Mongi Slim lyckades han manövrera fram en text som inte utsattes för något veto. Belgien uppmanades dra tillbaka sina trupper, och den kongolesiska regeringen skulle få militär assistans från FN för att fullgöra de uppgifter som den ansåg att situationen krävde. Det överläts till generalsekreteraren att förbereda en multilateral insats. Den 14 juli 1960 antog säkerhetsrådet denna resolution 143 med åtta röster mot noll och tre avståenden. De länder som avstod, men därigenom släppte igenom resolutionen, var Kina (som då representerades av Taiwan), Frankrike och Storbritannien.

Hammarskjöld satte samman en fredsbevarande styrka som innefattade soldater från Tunisien, Ghana, Etiopien, Marocko, Guinea, Irland och Sverige. FN-operationen för stöd åt Kongo (ONUC) var skapad. Men situationen i landet var kaotisk. Belgiska civila hade dödats i hamnstaden Matadi, varpå belgiska fallskärmssoldater från Kaminabasen hade ingripit och räddat överlevande landsmän. I detta sammanhang hade belgisk trupp stött samman med den officiella kongolesiska nationalarmén (ANC). Effekten hade blivit en våg av attacker mot västerlänningar i hela landet, med misshandel och våldtäkter som följd. Många tog till flykten för ett nytt liv i Europa.

FN-trupper i sina blå hjälmar anlände, men då ONUC:s mandat inte innefattade offensiv krigföring kunde man inte tvinga fram en lösning enligt centralregeringens önskan. Tanken var att samtliga belgiska förband skulle dras tillbaka till Kaminabasen, för att därifrån flygas hem till Belgien. Detta fungerade endast bitvis och först efter upprepad fördröjning. Hammarskjölds målsättning var att ena landet på fredlig väg, få bort kvarvarande belgiska militärer och "rådgivare" och samtidigt hindra stormakterna från att blanda sig i konflikten.

Centralregeringen, Sovjetunionen och vissa afrikanska stater ville att FN-styrkorna skulle kväsa Katangas oberoende och med våld avlägsna de belgier som understödde Tshombe. Men ONUC fick inte, enligt en ny säkerhetsrådsresolution av den 9 augusti, "intervenera i eller påverka utgången av någon som helst inre konflikt, konstitutionell eller annan".

Centralregeringen ville ha mer av FN-inblandning, Belgien mindre, och Hammarskjöld sökte en balans däremellan. Som generalsekreterare hävdade han bestämt att FN-trupp måste få tillträde till Katanga, men därefter skulle truppen endast verka fredsbevarande, gjuta olja på vågorna och inte militärt framtvinga en viss lösning. Han begav sig nu till Kongo, och den 12 augusti ledde han personligen FN-inträdet i Katanga med två svenska kompanier. Följden blev snart ett ökat hemtagande av belgisk trupp, men det hindrade inte Tshombe från att ytterligare söka befästa utbrytningen av den rika kopparprovinsen. De lokala representanterna för det multinationella näringslivet fanns kvar och de lämnade det bistånd de kunde.

Lumumba var missnöjd med att enandet av landet dröjde och den 15 augusti vände han sig till Sovjetunionen för att få militär hjälp. Ytterligare en mineralrik del av Kongo hade förklarat sig självständig med stöd av europeiska kapitalintressen. Det var den så kallade gruvstaten i Syd-Kasai som gränsade till Katanga. I provinshuvudstaden Luluabourg härskade separatisten Albert Kalonji, ledare för folkgruppen Baluba.

Bara nio dagar efter det att Lumumba vänt sig till Moskva anlände sovjetiska tekniker med utrustning till Kongo. En intervention i form av militära transporter var snart ett faktum. Ryska lastbilar transporterade Lumumbas trupper i olika riktningar. Ryska plan flög ANC-trupper mellan Léopoldville, Luluabourg och Stanleyville (Kisangani) för att bistå regeringssidans kamp mot separatisterna i Kasai och Katanga.

Den kongolesiska centralmakten kände sig stärkt av det ryska stödet och effekten blev en luftlandsättning i Kasai. Här fastnade ANC i en blodig uppgörelse med de separatistiska balubas. Regeringssoldaterna vände sig mot civilbefolkningen och människor som flytt till kyrkor brändes inne. Tusentals balubas massakrerades i staden Bakwanga. ANC:s agerande och massakern i Bakwanga skulle av Hammarskjöld betecknas som gränsande till folkmord. Den sovjetiska inblandningen hade förvärrat splittringen i landet.

Men även amerikanerna var på plats i inbördeskriget, också för att bistå med olika transporter. Skillnaden var att dessa transporter skedde som stöd åt FN-insatsen. En amerikansk Boeing Globemaster landade i Stanleyville (i provinsen Orientale) med utrustning till det kanadensiska förband som skötte signalförbindelserna inom FN-organisationen. Såväl Öst som Väst var således på plats i det konfliktdrabbade landet, men Hammarskjöld föreföll ändå lyckas undvika att Kongokrisen utvecklades till en konflikt supermakterna emellan.

Dramatisk höst

Men situationen hotade att förändras. Patrice Lumumba agerade som premiärminister konsekvent för en invasion av Katanga med sovjetiskt stöd. I många västerländska huvudstäder var man rädd för en sovjetisering av Kongo, som i sin tur kunde leda till att kommunismen fick fotfäste på den afrikanska kontinenten. President Kasavubu delade detta synsätt och motsatte sig den av Lumumba iscensatta sovjetiska inblandningen. Som president menade han sig enligt konstitutionen ha rätt att tillsätta och avsätta ministrar. Och nu önskade han avsätta sin premiärminister.

I Washington och London tyckte man att detta var en utmärkt idé. På plats i Léopoldville fanns CIA-agenten Larry Devlin och MI 6-representanten Daphne Park. De var behjälpliga när Kasavubu den 5 september gjorde slag i saken och meddelade att Lumumba var avsatt. Men denne hävdade direkt i radio att detta beslut var olagligt och att han, Lumumba, nu avsatte presidenten. Lumumba hade sina meningsfränder i regeringen och han sökte stöd i parlamentet och fick det.

Kasavubu var pressad. Amerikanska rådgivare lär ha legat bakom hans nästa drag. Som president upplöste han parlamentet. Den kongolesiska maktkampen var i full gång. Hammarskjöld och FN intog officiellt en position av neutralitet mellan de två sidorna, men behandlade de facto Kasavubu som sittande president samtidigt som man förhandlade med Lumumba om en lösning av krisen. Kongo hade hamnat i en situation där två konkurrerande regeringar stod mot varandra i huvudstaden.

Lumumba vände sig i det läget till sina supportrar i provinsen Orientale. Dessa, som i Väst ofta uppfattades som kommunister, innehade den regionala regeringsmakten i provinshuvudstaden Stanleyville. I Washington och London var man rejält oroliga över utvecklingen. Man fruktade ett "marxistiskt" maktövertagande. President Eisenhower lär ha beviljat en begäran från CIA att "ta bort" Lumumba, något som ledde till att en tub med förgiftad tandkräm anlände till amerikanska ambassaden i Léopoldville. Tuben togs om hand av CIA-agenten Devlin, men den skulle, som det visade sig, aldrig behöva användas.

På utrikesdepartementet i London skrevs den 28 september en promemoria där författaren, en viss H.F.T. Smith, såg ett mord på Lumumba som en lösning

Patrice Lumumba (1925–1961), det själv-
ständiga Kongos första premiärminister
under sitt besök i New York och FN i slutet
av juli 1960. Han begärde efter Katangas
utbrytning hjälp från Sovjetunionen och
stämplades av sina fiender och väster-
ländska gruvintressenter som kommunist.

Han avsattes genom dåvarande översten
Mobutos försorg, sattes i husarrest, rymde,
infångades på nytt och transporterades i
januari 1961 till Katanga, där han mörda-
des.

på den rådande situationen. Förslaget betraktades av de välartade kollegerna i Foreign Office som helt seriöst och man rekommenderade att det skulle delges Washington.

Dessa sinistra planer har bekräftats av Larry Devlin i hans memoarer (2007) och av Londonhistorikern Susan Williams i hennes bok om Kongo och Ndola (2011).

**

Den 20 september inleddes FN:s generalförsamlings femtonde möte i New York. Här infann sig flera av världspolitikens mest kända ledare: Fidel Castro från Cuba, Jawaharlal Nehru från Indien, Gamal Abdel Nasser från Egypten/ Förenade Arabrepubliken, Kung Hussein från Jordanien, Kwame Nkrumah från Ghana och, inte minst, Nikita Chrusjtjov från Sovjetunionen.

Den sovjetiske ledaren hade tidigare anklagat USA för att gå den västerländska imperialismens ärenden, och han inkluderade FN:s generalsekreterare Dag Hammarskjöld i sina anklagelser. I FN-skrapan vid East River anade man en kommande kris. När Chrusjtjov intog talarstolen den 23 september föreslog han att det rådande systemet med *en* generalsekreterare skulle ersättas av tre personer, en *trojka*, vars medlemmar skulle representera var sitt block i den internationella politiken: västmakterna, de socialistiska öststaterna och de neutrala länderna. Detta var ett förslag som skulle låta vetorätten få än större genomslag: förutom i säkerhetsrådet skulle den nu gälla också i organisationens sekretariat. Hammarskjöld avvisade detta förslag någon dag senare som ett undergrävande av FN:s effektivitet. Chrusjtjov hade hoppats att hans antikolonialistiska retorik skulle ge honom stöd från den tredje världens länder. Men det motsatta inträffade. "Hammarskjöld vann över Sovjet med 7–0", var Expressens sportinspirerade rubrik dagen därpå.

Det hindrade inte Chrusjtjov från att en vecka senare gå till förnyad attack mot generalsekreteraren och kräva hans avgång. "Under eftermiddagen den 3 oktober [1960] inträffade det sannolikt mest kända ögonblicket i generalförsamlingens historia", skriver Henrik Berggren i sin bok om Hammarskjöld. Det var knäpptyst i den stora plenisalen när Hammarskjöld inledde sitt under lunchrasten förberedda svarstal. Han svarade att "det är inte Sovjetunionen eller någon annan stormakt som behöver FN som skydd, det är alla de andra". Och han fortsatte, med betoning på varje ord: *"Jag kommer att stanna på min post ..."* Här avbröts han av applåder. Han lyfte avvärjande på handen och tog om: "Jag kommer att stanna på min post i alla dessa andra nationers intresse, så länge *de* så önskar." Ovationerna tilltog, delegater reste sig i sina bänkar, och Chrusjtjov dunkade möjligen med sin sko i den bänk där han satt. Mot bakgrund av att Katangafrågan fortfarande var olöst var det något oväntat att de så kallade utvecklingsländerna så klart ställde sig bakom vad de uppfattade som "sin" generalsekreterare.

Året 1960 medförde självständighet för många tidigare kolonier, och 16 afrikanska stater fick detta år tillträde till FN. Världsorganisationen hade nu 100 medlemsstater och 47 av dem tillhörde den afro-asiatiska gruppen. Resterande 53 kom från västgruppen, eller gruppen neutrala likasinnade, samt från det kommunistiska östblocket. Väst kunde inte, som tidigare, räkna med en automatisk majoritet i generalförsamlingen. Sir Alec Douglas-Home, som 1960 var Storbritanniens utrikesminister, klagade bittert att FN nu i praktiken "was run by the Afro-Asian bloc". En internationell motsättning rörde just Kongofrågan där ingen väststat hade erkänt Katanga som en oberoende stat, men där de gamla kolonialmakterna ändå ville gå varsamt fram, medan många u-länder önskade hårda tag och ett omedelbart stopp för utbrytningen.

Hammarskjöld misslyckades med att försona den USA-vänlige Kasavubu och den Sovjetvänlige Lumumba. När FN:s generalförsamling öppnade i september var platsen bakom den kongolesiska skylten tom. Den 10 oktober föreslog Guineas ledare, Sékou Touré, att Lumumbas regering skulle inbjudas att representera Kongo. Direkt inledde då USA en kampanj för att samla röster för Kasavubus regering. Kampanjen utfördes genom möten i och utanför FN-skrapans korridorer och involverade även amerikanska beskickningar världen över. Kasavubu anlände själv till New York för att ta del i den diplomatiska offensiven. Hammarskjöld gjorde ingen hemlighet av att han motsatte sig kampanjen. Enligt hans mening borde ingen kongolesisk delegation representera landet under de oklara konstitutionella förhållanden som rådde. Men Kasavubu triumferade. Han tilläts hålla ett anförande inför generalförsamlingen och efter en votering den 22 november kunde hans representanter inta den kongolesiska platsen.

Under tiden hade en ny aktör på den politiska scenen, Joseph Mobuto, överbefälhavare för nationalarmén (ANC), försökt gripa Lumumba. Denne hade då förskansat sig i sin bostad under skydd av FN-trupp. Samtidigt var hans bostad omringad av ANC-soldater som var beredda att häkta honom. I praktiken befann sig Lumumba i husarrest.

Kvällen den 27 november, när Kasavubu genom en stor officiell bankett firade sin återkomst från New York och framgången där, lyckades Lumumba avvika. I skydd av en tropisk regnstorm smet han iväg genom den kongolesiska bevakningskedjan. De marockanska FN-soldater som befann sig i en inre skyddande ring såg en svart limousine lämna området. Deras uppgift var att skydda Lumumba från attacker utifrån, inte att hindra honom från att komma ut eller på annat sätt begränsa hans rörelsefrihet. Vid en kontroll följande morgon fann man att huset var tomt. ANC insåg att Lumumba planerade att ta sig till den avlägsna Orientaleprovinsen och dess huvudstad Stanleyville, där han hade sitt starkaste politiska stöd, för att därifrån försöka sig på en politisk *come-back*.

General Mobutu sände direkt en förföljande ANC-enhet till Kasai, som Lumumba förväntades genomkorsa på sin väg vidare mot Stanleyville. Den 30 november stod det klart att Lumumba nått Port Francqui (Ilebo) i Kasai. Där hade den lokale administratören ordnat en lunch till hans ära. I detta läge begärde ANC hjälp av FN-trupp för att stoppa Lumumba, samtidigt som denne anhöll om hjälp med FN-eskort för sin vidare resa. FN avvisade båda propåerna, med motiveringen att de blå hjälmarna måste förhålla sig neutrala till den inre konflikten i landet.

Lumumba begav sig därefter till den närbelägna staden Mweka, där han också togs väl emot av sina anhängare. På kvällen den 1 december anlände omkring fyrtio ANC-soldater till Mweka. Följande morgon kunde en FN-officer från Ghana se hur förföljarna fick tag i den flyende Lumumba. Han slets ur en bil, sparkades och utsattes för knytnävsslag. FN-officeren ingrep och lyckades stoppa misshandeln, men kunde inte hindra att Lumumba fördes iväg i ett fordon. Han fördes till Port Francqui, varifrån han flögs till Léopoldville. Ett fotografi från flygplatsen Ndjili visar Lumumba och två politiska medhjälpare fängslade på ett lastbilsflak. Deras skjortor förefaller oklanderligt vita men vittnen ser spår av misshandel.

Inom 24 timmar hade Lumumba internerats i militärförläggningen i Thysville (Mbanza-Ngungu) söder om huvudstaden. Hammarskjöld sände ett personligt budskap till Kasavubu där han uppmanade till en human behandling av fångarna i enlighet med rättsstatliga principer. Lumumba borde tillerkännas parlamentarisk immunitet. FN:s generalsekreterare betonade att det internationella samfundet och den allmänna opinionen förväntade sig en korrekt behandling av fångarna.

När tillfångatagandet var ett faktum avvecklade CIA sina planer på att mörda Lumumba. Agenten Larry Devlin berättade långt senare att han slängde giftpaketet i Kongofloden. Den belgiska säkerhetstjänsten hade liknande mordiska planer som nu avvecklades – tills vidare.

Ett av fotografierna av den fängslade Patrice Lumumba på ett lastbilsflak är tagen vid ankomsten till flygplatsen i Ndjili i Léopoldville den 2 december 1960. Den avsatte premiärministern i Republiken Kongo hade i slutet av november flytt i bil från sin husarrest i Léopoldville, tagit sig till Kasai, tillfångatagits i Mweka och flugits från Port Francqui till huvudstaden.

Några av Lumumbas medhjälpare hade lyckats ta sig fram till Orientale och Stanleyville. Även om det jublades i huvudstaden bland Kasavubus anhängare, var reaktionen i Stanleyville hätsk och upprorisk. Kongo kokade och FN kunde inte göra någonting åt det. Västmakterna stödde Kasavubu, Sovjetunionen och några afrikanska stater stödde lumumbisterna under Antoine Gizenga i Orientale, medan Hammarskjöld och FN förgäves sökte en försoningens väg som uteslöt såväl nykolonialism som marxism.

Mordet på Lumumba

Det nya året började inte lovande. Inbördeskriget var ett faktum i Kongo. Antoine Gizenga hade framträtt som en ny västfientlig ledare och som en presumtiv efterträdare till Lumumba. Gizengas trupper i norr kontrollerade inte bara Orientale utan nu även grannprovinsen Kivu.

Soldaterna i förläggningen i Thysville, där Lumumba hölls fången, gjorde myteri efter att man nekats högre löner. Dörren till fångens cell låstes upp, men Lumumba vågade sig inte ut av rädsla för att hamna i en dödsfälla. Regeringen i Léopoldville råkade ändå i panik och fruktade att en frisläppt Lumumba, med sin retoriska skicklighet och med stöd av soldaterna, kunde lyckas samla massorna. Det säkraste, tyckte man nog, hade varit att skjuta honom "under flykt", men regeringen Kasavubu ville inte hamna i öppen konflikt med FN och Hammarskjöld. Faktum kvarstod: Lumumba måste elimineras som politiskt hot.

I det läget fick man idén att skjuta över ansvaret om Lumumbas väl och ve till en provinsregering. Han kunde utlämnas till Kasai, där balubabefolkningen hatade honom efter massakern i Bakwanga. Men flygplatsen i fråga behärskades av FN och man fastnade därför för ett annat alternativ. Lumumba skulle utlämnas till sina ärkefiender i Katanga, det Katanga som han hela tiden försökt invadera och tvinga till underkastelse. Problemet var att Moïse Tshombe inte gett klartecken till en utlämning som enbart kunde sluta i Lumumbas avrättning och åtföljande kritik i FN. ANC gick till verket ändå, troligen utan att känna till att Tshombe, efter påtryckningar från Bryssel, plötsligt gått med på att ta emot fången.

För att FN-representanterna i Léopoldville anade något sändes Lumumba och andra politiska fångar iväg på en Air Congo DC-4 den 17 januari. De bevaktades av hatiska balubasoldater. Under den fem timmar långa färden misshandlades fångarna systematiskt. Misshandeln var så brutal att den belgiska besättningen äcklades, och efter ett misslyckat försök att stoppa det som skedde låste man in sig i cockpit.

När planet landade i Élisabethville dirigerades det till ett hangarområde som FN inte kontrollerade. Svenska FN-soldater såg emellertid på avstånd hur tre fångar fördes ut ur planet bakbundna med ögonbindlar och under ständiga hugg och slag, bland annat med gevärskolvar mot ansiktet. Fångarna lastades i en bil och försvann. Det var det sista som oberoende iakttagare såg av Republiken Kongos förste president, Patrice Lumumba.

Katangas inrikesminister Godefroid Munongo hade med glädje tagit på sig ansvaret för mottagandet av fångarna. Han skulle senare säga till en delegation från södra Kasai: "Det är en heder för oss att döda denne man på Katangas jord, vi vill inte ge någon annan denna heder."

Fångarna fördes till en tom bungalow på vägen mellan flygplatsen och Élisabethville. Där misshandlades de i timmar av katangesiska soldater och av vaktstyrkan, under befäl av den belgiske kaptenen Julien Gat. Tshombe och några av hans ministrar besökte efter ett tag bungalowen och deltog i misshandeln. Välpressade kostymer blev blodiga. Man kom överens om att det utåt skulle ges sken av en rättegång som slutade i att Katangas regering dömt de tre till döden. Sent på kvällen den 17 januari fördes fångarna i bil till en plats i terrängen där en grav var framgrävd. De ställdes upp mot träd och arkebuserades. Lumumba var vid tillfället 35 år. Hela historien om tillfångatagande, tortyr och avrättning har dokumenterats av den belgiske historikern Ludo De Witte i boken *De Moord op Lumumba* (1999), översatt till flera språk, bland annat som *The Assassination of Lumumba* (2001).

Mördarna drabbades följande dag av "eftertankens kranka blekhet" och insåg att det internationella samfundet inte skulle fästa tilltro till talet om rättegång. Man övervägde därför en historia om flyktförsök som skulle ha lett till att Lumumba och hans två medfångar skjutits ihjäl.

Den 19 januari – när omvärlden fortfarande trodde att Lumumba var vid liv – sände Hammarskjöld meddelanden till Kasavubu och Tshombe, där han på nytt betonade politiska fångars rätt till en rättvis rättegång och human behandling.

Den 10 februari lät Radio Katanga meddela att de tre fångarna hade lyckats fly. På en presskonferens tre dagar senare sa inrikesminister Munongo att "flyktingarna" i bushen fallit offer för hatiska byinnevånare som dödat dem. Vilken by eller vilken stam det gällde preciserades inte. Munongo avslutade med följande kommentar från den katangesiska regeringens sida: "Vi vet att vi kommer att anklagas för att ha mördat dem. Mitt svar är: bevisa det."

Genom Ludo De Wittes forskning vet vi att liken vid detta tillfälle hade grävts fram och bränts av katangesiska gendarmer under befäl av två belgare i polisuniform (bröderna Soete).

Världen visste nu att Lumumba var död. Alla förstod att han blivit avrättad eller mördad. Hammarskjöld uttryckte sin bestörtning och krävde en omedelbar och opartisk undersökning om vad som hänt. Säkerhetsrådet beslutade i resolution 161 den 21 februari (1961) att en internationell undersökningskommission skulle tillsättas så att "förövarna till dessa brott kan straffas". Medlemsstaterna förväntades bistå med den information de hade. Men det skulle dröja innan en undersökningskommission var på plats, och den belgiska regeringen, som satt på mest information, samarbetade inte, lika lite som naturligtvis de styrande i Élisabethville. Kommissionens rapport skulle långt senare konstatera att det rörde sig om mord, utförda i närvaro av belgiska legosoldater och höga Katangapolitiker. Vilka individer som var skyldiga kunde man inte ange och saken skulle därmed rinna ut i sanden.

Mordet på Lumumba ledde till att Hammarskjöld hamnade i blåsväder. FN:s politik av icke-inblandning hade lett till det fysiska eliminerandet av en avsatt premiärminister. FN-soldater hade möjligen kunnat ingripa i samband med tillfångatagandet vid Mweka. Kanske hade en resolut insats då kunnat rädda livet på Lumumba. Den egyptiska dagstidningen Al Ahram hävdade att de afrikanska länderna nu hade tappat förtroendet för FN:s generalsekreterare. Ghanas president Kwame Nkrumah konstaterade i ett radiotal att FN svikit sitt uppdrag och låtit en legitim politisk ledare gå döden till mötes: "instead of preserving law and order, the United Nations declared itself neutral between law and disorder and refused to lend any assistance whatsoever to the legal Government." Det var ord och inga visor.

Även om non-interventionspolitiken i linje med säkerhetsrådets resolutioner var begriplig och försvarlig hade FN tappat greppet om den politiska situationen i Kongo. Man behövde revanschera sig.

Resolutionen den 21 februari gav ONUC ett någorlunda robust mandat, med rätt att använda militärt våld, för att hindra inbördeskrig och skydda civilbefolkningen. Alla legosoldater, belgiska och andra militärer och rådgivare som inte stod under FN-kommando, skulle förpassas ut ur landet. Frågan om hur allt detta skulle genomföras i praktiken hamnade i generalsekreterarens knä, utan att resolutionen som brukligt med högaktning nämnde generalsekreterarens ledande roll. Generalsekreterarens person var plötsligt kontroversiell. Hammarskjölds biograf Brian Urquhart skriver att "it was perhaps the lowest point of his entire career".

Katanga i vågskålen

Efter mordet på Lumumba inträffade också ett närmande mellan de kongo-
lesiska huvudaktörerna Kasavubu, Tshombe och Kalonji, den senare represente-
rande regionen södra Kasai. Lumumbisten Gizenga i Orientale höll sig däremot
på sin kant i Stanleyville.

I slutet av april tillträdde en ny samlingsregering i Belgien som skulle visa
sig mer salongsfähig och FN-vänlig än den tidigare. En huvudaktör här var den
nye utrikesministern Paul-Henri Spaak, som åtnjöt stor internationell respekt.
Tshombe motsatte sig emellertid ett tillbakadragande av sina belgiska rådgivare
och legosoldater och Spaak kunde inte bryta helt med Élisabethville. Han hade
en nationalistisk hemmaopinion att förhålla sig till. I FN krävde de afrikanska
staterna att legosoldaterna skulle tvingas lämna Katanga, men resolutionen från
säkerhetsrådet gav inte ONUC mandat att använda tvångsmedel mot dessa
individer såvida de inte aktivt deltog i inbördeskrig. Även om en lugnare period
inträtt i Kongo, stod FN och stampade på ruta ett.

Den 19 juni bröts emellertid dödläget. Då annonserades det att regimerna i
Léopoldville och Stanleyville kommit överens om att det kongolesiska parla-
mentet skulle återsamlas och att FN skulle övervaka säkerheten och möjliggöra
delegaternas ankomst genom olika researrangemang. Parlamentet inledde sin
session den 15 juli i en universitetsaula utanför Léopoldville. Förhoppningarna
att en samarbetsvillig Tshombe skulle gå med på att sända Katangarepresentan-
ter till mötet infriades emellertid inte. Detta hade stått klart några veckor tidi-
gare och Paul-Henri Spaak distanserade sig då från regimen i Élisabethville och
började samarbeta med FN i frågan om hemsändande av de belgiska militärerna.

Denna twist i händelseutvecklingen fick i sin tur till följd att Tshombe
inledde en intensiv kampanj för värvning av fler legosoldater från Västeuropa,
Rhodesia och Sydafrika. Från det dalande brittiska imperiets olika hörn anslöt
sig många vinddrivna existenser. Från det krympande franska kolonialväldet
kom ärrade krigsveteraner som upplevt frustration i Indokina och Algeriet,
och från det av vita minoriteter styrda södra Afrika kom de som ville slåss
för fortsatt rasistisk överhöghet och apartheid. Det var en brokig samling av
våldsbejakare och missanpassade, men många var kompetenta som legosoldater.
Gemensamt för denna grupp av hårdföra män var intresset för snabba pengar,
men också känslan av att den hittillsvarande västerländska överhögheten på
den afrikanska kontinenten var hotad och måste försvaras. De var fanatiska
"idealister" som såg sig själva som frihetens försvarare. De hatade FN och dess
antikolonialism, de hatade Hammarskjöld.

Moïse Tshombe hälsar på några av sina europeiska legosoldater, här antagligen på den belgiske poliskaptenen Julien Gat, som var inblandad i mordet på Lumumba. Mannen i hjälm och glasögon kan vara belgaren Carlo Huyghe, nummer två i Katangas försvarsministerium, också han inblandad i mordet på Lumumba.

I denna anhopning av "idealister" och äventyrslystna lycksökare utmärkte sig de franska legoknektarna, nyss anlända från Algeriet, för militär professionalism. De utsågs därför till befälhavare över de många afrikanska soldaterna, fotfolket.

Katangas väpnade styrkor bestod även av några flygplan, en militär resurs som FN och den kongolesiska centralmakten helt saknade. En handfull europeiska legopiloter förfogade bland annat över tre Fouga Magister, ett mindre, franskbyggt, jetdrivet skolflygplan. Senare skulle möjligen enbart en Fouga vara tillgänglig. Följden var ändå en total katangesisk kontroll av luftrummet med möjligheter till bombfällning, ett ständigt hot mot alla på marken som upplevdes som fiender. Och fiender fanns det gott om. Balubafolket i norra Katanga var engagerade i ett uppror mot Tshombes regim i söder. Legosoldaterna hölls sysselsatta.

***

FN:s man i Katanga var sedan mitten av juni irländaren Conor Cruise O'Brien. Han skulle visa sig vara en tuffing. Hammarskjöld hade emellertid rekryterat honom av andra skäl. Det rörde sig om en intellektuell gemenskap. Hammarskjöld hade läst och var imponerad av O'Briens bok *Maria Cross*, en samling essäer om franska och brittiska katolska författare. De två hade träffats som hastigast i New York vid ett tillfälle och Hammarskjöld hade utverkat att O'Brien kunde lämna utrikesdepartementet i Dublin, där han arbetade.

O'Briens ankomst till Élisabethville sammanföll med Hammarskjölds insikt att tuffare tag måste tas för att få bort legosoldater och europeiska rådgivare från Katanga. Men som generalsekreterare hade han tvingats avvisa propåer från ONUC-ledningen att det nu var dags att invadera utbrytarprovinsen för att få ett slut på konflikten. Enligt gällande mandat från säkerhetsrådet, februariresolutionen (resolution 161), var det förhandlingar som gällde. Men sådana förhandlingar kunde, enligt resolutionen, kombineras med kraftfulla åtgärder mot de rådgivare och legoknektar man önskade sända iväg. Hammarskjöld var beredd att här utnyttja resolutionens vaga mandat till det yttersta. O'Brien tog direkt till sig de nya instruktionerna. Han började med den belgiske huvudrådgivaren i Élisabethville, George Thyssens, som greps och sattes på ett flygplan den 7 juli. Tshombe uppmanades därefter att sända iväg andra militära rådgivare, från såväl Belgien som Frankrike, och utrikesminister Paul-Henri Spaak lät honom förstå att han inte längre kunde räkna med den belgiska regeringens stöd i frågan. Pressen på Tshombe och hans medarbetare ökade och spänningen steg. Under en mottagning i Élisabethville den 14 juli med anledning av den franska nationaldagen kände den norske FN-översten Bjørn Egge plötsligt trycket av ett hårt föremål i ryggen. En legosoldat väste i hans öra: "Du förråder den vite mannens sista bastion i Centralafrika. Du kommer att få en kniv i ryggen endera dagen." I regeringskretsen utmärkte sig inrikesministern Munongo för hetsande uttalanden mot FN. Efter en väpnad incident den 17 juli hotade han med att begära hjälp från Sovjetunionen, just den typ av stormaktsinblandning som Hammarskjöld var besluten att undvika.

Medan Tshombe funderade på situationen inkom den 1 augusti ett meddelande från parlamentets session i Léopoldville att en överenskommelse hade nåtts med Stanleyville om en samlingsregering. Cyrille Adoula skulle utses till premiärminister och Antoine Gizenga skulle lämna Stanleyville för att bli vice premiärminister i huvudstaden. Detta var goda nyheter för FN, äntligen en konstitutionell samverkan mellan provinserna, men det dröjde inte länge förrän den nya regeringen krävde att ONUC nu måste komma till skott och avsluta Katangas utbrytning. Man betonade att en militär insats från FN:s sida krävdes om samlingsregeringen skulle kunna överleva. Situationen föreföll lika problematisk som tidigare. Tshombe vägrade att inordna sig och sände inga Katangadelegater till parlamentet. Den kongolesiska statsbildningen fortsatte att vara rumphuggen.

I detta läge förberedde O'Brien *Operation Rumpunch*, en militär endagsoperation för att samla upp europeiska rådgivare i Élisabethville för vidare befordran ut ur landet. Hammarskjöld godkände operationen, som inleddes klockan fem på morgonen den 28 augusti. Den gick inledningsvis relativt bra. Man räknade till 81 personer som var insamlade när eftermiddagen gick mot sitt slut. Men därefter beslöt de europeiska konsulerna i staden att skydda sina egna medborgare genom att bevilja dem asyl på konsulaten. Det belgiska konsulatet uppgavs efter ett tag härbärgera 90 officerare. Paul-Henri Spaak såg sig av inrikespolitiska skäl tvungen att protestera till förmån för de belgiska officerare som tillfångatagits under operationens första timmar. Men Hammarskjöld försvarade O'Briens agerande och pekade på det mandat FN hade utrustats med i resolutionen från februari.

Samtidigt skulle Tshombe få stöd från brittiskt kolonialt håll. Katangas granne i söder var den Centralafrikanska federationen, en sammanslutning av de dåvarande brittiska territorierna Sydrhodesia, Nordrhodesia och Nyasaland, som idag är de självständiga staterna Zimbabwe, Zambia och Malawi. I huvud-

Conor Cruise O'Brien (1917–2008), här mellan två "blå baskrar", var en irländsk diplomat som handplockades av Hammarskjöld för att bli dennes "man i Katanga", en felrekrytering uppenbarligen grundad mer på litterära meriter än diplomatiska sådana. Hammarskjölds omständliga och stundom enigmatiska ordergivning fungerade inte i relation till O'Briens burdusa karaktär och omdöme, något som blev uppenbart i den alltför krigiskt planerade Operation Morthor i september 1961. Efter att O'Brien lämnat FN gjorde han i hemlandet en politisk karriär för Labour och blev irländsk post- och telegrafminister 1973–1977.

staden Salisbury (idag Harare) i Sydrhodesia härskade premiärministern Sir
Roy Welensky. Han var en stridbar person, en tidigare boxare, som ville bevara
det koloniala status quo i Afrika. Han utropade den 30 augusti sitt totala stöd
för Katangas oberoende och anklagade FN för en politik som hotade lag och
ordning i regionen. Den Centralafrikanska federationen, försäkrade han, skulle
bistå sina grannar i vått och torrt.

I New York instruerades den brittiske FN-ambassadören att fråga gene-
ralsekreteraren om omständigheterna kring "the UN roundup action". Hade våld
använts utan att man först försökt med andra medel? Insåg generalsekreteraren
att säkerhetsrådets mandat, "in the view of Her Majesty's Government", inte
gav FN rätt att beröva Katanga rådgivare som behövdes för undvikande av det
katangesiska samhällets administrativa kollaps? Hammarskjöld svarade på detta
förtäckta angrepp, i linje med vad han sagt tidigare, att de åtgärder som vidtagits
låg helt inom ramen för resolution 161, en resolution som Storbritannien varit
med om att rösta fram. Den relevanta delen av resolutionstexten påkallade:

> that measures be taken for the immediate withdrawal and evacuation
> from the Congo of all Belgian and other foreign military and paramilitary
> personnel and political advisers not under the United Nations Command,
> and mercenaries.

Samtidigt som diskussionens vågor gick höga i FN hade situationen i Katanga
spetsats till. Inrikesminister Munongos polisstyrkor attackerade ständigt opposi-
tionella balubas i norra delen av provinsen. FN tvingades etablera ett flykting-
läger för balubakrigare med familjer i utkanten av Élisabethville. I början av
september fanns där runt 35 000 personer som stod under FN:s skydd och bevak-
ning. Fler flyktingar anlände hela tiden och FN:s resurser tänjdes till bristnings-
gränsen. Samtidigt fortsatte legosoldaterna att vara ett problem. Omkring 200
hade gått under jorden och lät sig inte deporteras. Av dem som flugits iväg
återkom många, ofta till gruvstaden Kolwezi som saknade FN-närvaro. Radio
Katanga uppmanade till motstånd mot FN. Godefroid Munongo rapporterades
i ett tal ha krävt O'Briens död. Situationen var ohållbar.

Den 6 september anhöll O'Brien om tillstånd från New York att omedelbart
få slå till mot all uppvigling som hotade ordningen. Hammarskjöld blev orolig
och svarade med en lista på nio punkter om vilka möjligheter ONUC hade,
enligt sitt mandat, att tillgripa extraordinära åtgärder. Han medgav att ett över-
tagande av Radio Katanga var en möjlighet och han sände iväg sin tunisiske

medarbetare i Léopoldville, Mahmoud Khiary, för att ge O'Brien detaljerade instruktioner. Hammarskjöld var själv på väg till Kongo för att på plats informera sig om läget och styra utvecklingen i det känsliga läge som rådde. Han var besluten att utnyttja FN-mandatet till det yttersta, men han var inte beredd att tänja det så långt som till en erövring av Katanga. Men detta var precis vad den kongolesiska samlingsregeringen och många u-länder krävde, samtidigt som tunga väststater hade sett till att utesluta den möjligheten i säkerhetsrådets mandat.

Hammarskjölds korrespondens med Khiary förutsatte att ingen operation skulle sättas igång i Katanga förrän han hade konsulterats på plats. Men detta skulle inte komma att fungera i praktiken.

Operation Morthor

Hammarskjöld hade fått en inbjudan av premiärminister Adoula att besöka Léopoldville och det passade honom naturligtvis bra att acceptera den. Inbjudan hade kommit lägligt i en situation när han ändå såg behov av att övervaka en planerad större aktion mot de utländska agenterna i Katanga. Hans förhoppning var att om man kunde bli kvitt dem skulle Tshombes administrativa och militära stödstruktur kollapsa, utbrytningen upphöra och provinsen därefter fredligt kunna inkorporeras i Kongo.

Till förtrogna i FN hade Hammarskjöld meddelat att detta skulle bli hans sista försök att lösa Kongokrisen. Om det misslyckades skulle han avgå som generalsekreterare och lämna plats för Mongi Slim från Tunisien eller U Thant från Burma. Men han var hoppfull. Till sin från svenska UD utlånade medarbetare, Wilhelm Wachtmeister, sade han vid avskedet i New York: "Om det här lyckas kommer vi att få en riktigt hygglig generalförsamling."

Han lämnade New York den 12 september och mellanlandade i Accra, Ghana, inför färden vidare mot Léopoldville. Under tiden hade Khiary, O'Brien och FN-kommendanten i Katanga, den indiske brigadgeneralen Raja, förberett *Operation Morthor*. Operationens namn, ett begrepp på hindi som hade föreslagits av Raja, betydde krossa, slå ner ("smash"). Khiary var irriterad på Hammarskjölds försiktighet, O'Brien var en hetblodig handlingsmänniska och Raja trodde att han hade det militära läget under kontroll. De tre hoppades antagligen kunna servera Katangafrågans slutliga lösning på ett silverfat som present till generalsekreteraren vid hans ankomst till Léopoldville.

Tanken var att säkra operationens framgång genom att först ockupera ett antal nyckelpunkter i Élisabethville – Radio Katanga, alla radiosändare, postkontoret, säkerhetshögkvarteret (la Sûreté), informationskontoret – med andra ord en upprepning av den relativt framgångsrika operationen den 28 augusti (*Rumpunch*). Vad man missat var att motståndarna, genom olika informatörer, var beredda på just detta och hade fått möjlighet att militärt förbereda ett försvar av dessa platser. Raja hade planerat att omringa Tshombes residens för att ha honom disponibel som medspelare i den nya situation som förväntades uppkomma. Tanken var att O'Brien, när operationen lyckats, skulle förmå Tshombe att i ett radiotal erkänna det nya läget. Republiken Kongos flagga skulle hissas på erövrade byggnader som ett tecken på att utbrytningen var över. En representant för centralmakten i Léopoldville skulle anlända för att ta över administrationen, helst i samverkan med Tshombe, men om så behövdes skulle denne arresteras tillsammans med andra katangesiska ministrar.

Klockan fyra på morgonen den 13 september startades operation *Morthor*. Allting gick snett från början. FN-soldater som skulle inta postkontoret och övriga platser möttes av eld från utplacerade legotrupper. En vild skottlossning utbröt i stadens centrum och Katangas enda disponibla militära flygplan, Fougan, kunde ostört bomba lite varstans. FN-kommendanten Raja, som tidigare visat sådan militär tillförsikt, blev nervös och begärde ideligen förstärkningar som inte fanns. Ordern att omringa Tshombes hus var sent påtänkt och kunde inte genomföras. Katangas ledare kunde försvinna och göra sig oanträffbar. Legosoldaterna, som hade goda kontakter med den lokala vita befolkningen och pressen, skaffade sig god information om situationens utveckling och försatte FN-sidan i ett psykologiskt underläge.

Klockan åtta på morgonen träffade O'Brien den församlade pressen och, mot en bakgrund av intensiv skottlossning, förklarade han att Katangas utbrytning var avslutad. Korrespondenterna skulle komma att rapportera att FN, på centralregeringens begäran, nu övergått till en militär offensiv för att en gång för alla få ett slut på Kongokrisen. Conor Cruise O'Brien skulle bli rubrikernas man. Det budskap som basunerades ut löd: FN hade beslutat att gå till attack mot Katangas gendarmeri.

Senare samma dag mellanlandade Hammarskjölds plan i Accra och han delgavs senaste nytt från Élisabethville. Han uppfattade pressrapporterna om O'Briens uttalanden som "tendentiösa" och han kände sig inte direkt oroad över situationen. Han hade gett sina instruktioner och förutsatte att hans medarbetare skulle handla i enlighet med dem. Hans mål var att ONUC successivt skulle bygga upp en styrkeposition och fasa ut Katangas utbrytning, inte att FN-trupp skulle tillmötesgå centralregeringens önskan om militär erövring.

Under tiden fortsatte striderna i och kring Élisabethville. Tshombe hade tagit sin tillflykt till den brittiske konsulns bostad, men det var något som den lokala FN-ledningen fick reda på först långt senare.

Hammarskjöld landade på Ndjili, Léopoldvilles flygplats, klockan tre på eftermiddagen den 13 september. Han togs emot av premiärminister Adoula i spetsen för den kongolesiska regeringen. På flygplatsen stod en hedersvakt uppställd, bestående av svenska, kongolesiska och nigerianska soldater. Generalsekreteraren inspekterade dem i vanlig ordning, och som vanligt i sådana ceremoniella sammanhang föreföll han en smula otålig och frånvarande. Därefter färdades man till Adoulas residens för ett kort möte. Premiärministern litade på och beundrade Hammarskjöld och ansåg att Kongos regering var beroende av FN:s stöd. Mötet lade upp riktlinjerna för generalsekreterarens besök de närmaste två dagarna.

Den civile FN-chefen i Kongo var Sture Linnér, docent i grekiska språket och litteraturen och med erfarenhet från uppdrag i näringslivet, bland annat med Svenska Lamco i Liberia. Hammarskjöld skulle bo i Linnérs villa under sin vistelse i staden. Det var först när han under sena eftermiddagen kom dit som han, genom Linnér, kunde få en mer fullständig och klart oroande information om utvecklingen i Élisabethville. Han insåg nu att någonting gått totalt fel i kommunikationskedjan från honom själv till männen på fältet. Hans instruktioner till Khiary om vidare instruktioner till O'Brien hade inte fungerat som han tänkt sig. Varför hade man inte, som överenskommet, inväntat hans egen ankomst innan man startade operationen?

Linnér kunde bara förmoda att orsaken var att läget i Élisabethville hade utvecklats på ett extremt sätt som tvingat O'Brien till akuta motåtgärder. Khiary var Linnérs underordnade, men som sådan agerade han självständigt och självsäkert, och Linnér var inte mannen att hålla honom i schack. Khiarys sammanfattande favorituttryck, som han delgett O'Brien och Raja, var: *"Surtout pas de demi-mesures!"* ("Framför allt, inga halvmesyrer!"). Det var ett budskap om hårda och beslutsamma tag.

Samtidigt var Hammarskjölds instruktioner omfattande i ord och komplexa till sitt innehåll. De kan ha uppfattats som svåra att tolka. Förutom instruktioner till Khiary i en telegramväxling den 9 september hade han som nämnts några dagar dessförinnan utarbetat en promemoria i nio punkter om vad ONUC kunde göra och inte kunde göra under sitt mandat. Denna PM gällde parallellt med telegraminstruktionerna. Huvudpunkterna var icke-inblandning i det kongolesiska inbördeskriget, våld i princip endast som självförsvar, men däremot väpnat skydd för civila, och mer konkret – Radio Katanga kunde ockuperas för att få stopp på uppviglingsförsök.

Under genomgången med Linnér av det läge som uppstått stod det klart att den pågående aktionen i Élisabethville gick längre än så. Det som var tänkt som en snabb och fredlig operation hade urartat till något annat. Fullt krig pågick mellan Katangas gendarmeri och FN-styrkorna. Generalsekreteraren och hans Kongochef förflyttade sig efter ett tag till ONUC:s högkvarter i huvudstadens centrum och här försökte de tillsammans med den militära staben se vad som kunde göras för att få ett stopp på fientligheterna. Det var inte meningsfullt att utreda skuldfrågan och utdela kritik. Hammarskjöld tog inför media på sig det fulla ansvaret för vad som hänt och vad som pågick. Avsikten med operationen hade enbart varit att samla in legosoldater och utländska agenter, men det hela hade utvecklats i en mer expansiv riktning. Instruktioner till Élisabethville utfärdades: Lokalisera Moïse Tshombe och försök att åstadkomma en vapenvila.

På kvällen håller Sture Linnér en middag i sin villa för generalsekreteraren, premiärministern och andra honoratiores. Mahmoud Khiary är närvarande. Stämningen är något spänd. När gästerna har avlägsnat sig vid elvatiden dyker den nyutnämnde brittiske ambassadören, Derek Riches, upp i Linnérs villa. Han förklarar sig ha ett viktigt budskap från utrikesminister Sir Alec Douglas-Home. Den brittiska regeringen är beredd att dra in *allt* stöd till ONUC, såvida inte Hammarskjöld kan ge en godtagbar förklaring till vad som skett i Katanga; eller kan utlova att striderna snarast ska upphöra. Den brittiska regeringen är chockad över händelseutvecklingen. Storbritannien har ju tidigare hävdat att det vore kontraproduktivt med en utveckling som slår sönder Katangas samhällsstruktur.

Ambassadören är också upprörd över olika uttalanden som O'Brien gjort till media. Vad är egentligen syftet med FN-operationen? Hammarskjöld förklarar dess begränsade syfte, att få bort legionärerna. Men han understryker samtidigt att britterna har informerats om att en kraftfull aktion var planerad, helt i enlighet med den senaste FN-resolutionens mandat. Benämningen *Morthor* nämns inte och den operationen var ju inte heller sanktionerad av FN-högkvarteret. Generalsekreteraren betonar att målsättningen nu är att nå en omedelbar vapenvila. Riches avlägsnar sig vid midnatt, efter att ha fullgjort sitt uppdrag. Han har framfört en form av protest enligt den instruktion han fått av Foreign Office i London. Han kan med gott samvete se fram mot sin nattsömn.

Hammarskjöld och Linnér, däremot, kan inte unna sig detsamma. De beger sig mitt i natten till ONUC:s huvudkvarter för att ta del av de senaste rapporterna från Katanga. De behöver även rapportera till säkerhetsrådet i New York om händelseutvecklingen. De betonar i sin rapport att vad som sker är en implementering av februariresolutionen. Det gäller att från Katanga avlägsna minst 104 legionärer, samtliga av den farligaste typen, som hållit sig kvar i området eller återvänt dit efter att tidigare ha förts bort. Rapporten beskriver därefter vad som gick snett morgonen den 13 september. Under operationens inledande fas sattes ett FN-garage i brand av legosoldater eller likasinnade. När FN-soldaterna närmade sig det kontorshus som garaget var inrymt i blev de beskjutna från husets tak. När de avancerade mot andra nyckelpositioner som de skulle inta blev de på samma sätt beskjutna och tvingades till eldgivning i självförsvar. Situationen urartade. Rapporten undvek således varje form av självkritik. Den sändes med Hammarskjölds godkännande iväg klockan två på natten den 14 september. Den skulle senare komma att bli kontroversiell.

Conor Cruise O'Brien hävdade i sin bok *To Katanga and Back* (1962), som han skrev i viss affekt efter att ha tvingats lämna FN, att Hammarskjöld och Linnér farit med osanning i sin rapport. Någon brand i ett garage hade aldrig ägt rum och Hammarskjölds syfte med operation *Morthor* hade visst varit att med våld omedelbart avsluta Katangas utbrytning. FN-veteranen Brian Urquhart visade i sin biografi *Hammarskjold* (1973) att O'Brien här for med osanning. Den svenske översten Jonas Wærn preciserade i sin bok *Katanga. Svensk FN-trupp i Kongo 1961–62* (1980) att "branden i garaget" syftade på en händelse där legoknektar tänt eld på en svensk FN-lastbil, "som stod utanför det civila garage som irländare och svenskar gemensamt hyrde som reparationsverkstad". Enligt Wærn kunde denna incident "mycket väl" (citat från s. 164) "anges som en av anledningarna till vår önskan om en snabb och överraskande aktion", det vill säga det som blev operationen *Morthor*.

Wærn bekräftade samtidigt Urquharts utsaga att syftet med operationen inte var det maktövertagande som O'Brien påstod, utan ett besättande av vissa byggnader i syfte att göra Tshombe samarbetsvillig. Urquhart betonade dessutom att den försiktige generalsekreteraren aldrig skulle ha döpt det han tänkte sig som en begränsad operation till något så krigiskt som "Smash" eller *Morthor*.

Förmiddagen och eftermiddagen den 14 september ägnade Hammarskjöld åt att sätta sig in i läget i Katanga. O'Brien rapporterade därifrån att FN-byggnaderna i Élisabethville var under beskjutning och att Tshombe fortfarande höll sig undan. Dennes medverkan behövdes för att åstadkomma en vapenvila. O'Brien föreslog att FN-trupp skulle stänga de brittiska och belgiska konsulaten eftersom de var i maskopi med Tshombe. Konsulerna föreföll ha tubbat Katangas ledare till att låta gendarmeriet gå till attack. Det ryktades att Tshombe tagit sin tillflykt till brittiska konsulatet och O'Brien bad om tillstånd att häkta honom oavsett var han påträffades. Hammarskjöld avslog direkt denna begäran, liksom varje aktion riktad mot konsulaten. Han förklarade att han istället avsåg att vända sig till brittiska ambassaden i Léopoldville.

Rapporter inkom om att FN-basen i Kamina, i mellersta Katanga, blivit attackerad. Ett irländskt kompani hade blivit omringat vid Jadotville. Det militära läget var besvärande. Katangas "flygvapen", i form av en Fouga Magister, dominerade luftrummet. Brigadgeneralen Raja drog sig dock inte för att hävda att läget var under kontroll.

Den internationella politiska situationen var dock knappast under kontroll. Katangas granne i söder, den Centralafrikanska federationen, styrd av Roy Welensky, hade lovat att bistå utbrytarstaten i vått och torrt. Welensky sände trupp, pansarfordon och flygplan till gränsen i norr – för att "skydda Rhodesias säkerhet". I Belgien likställde vissa media FN:s agerande med Hitlers nazism och i Storbritannien bestämde sig regeringen för att omedelbart sända en hög emissarie till Kongo, lord Lansdowne, statssekreterare i Foreign Office. Lansdownes uppdrag var planerat sedan tidigare, det var meningen att han skulle förhöra sig om omständigheterna kring *Operation Rumpunch* (i London var man kritisk), men resan flyttades nu fram till följd av dramatiken kring *Morthor*.

Den 15 september blev för Hammarskjöld ännu en dags verksamhet på ONUC:s högkvarter i Léopoldville. Från Katanga bekräftades nu att Tshombe hållit till på det brittiska konsulatet. O'Brien meddelade att han hade lyckats utverka ett möte med honom där sent på eftermiddagen samma dag. Tanken var att uppnå en överenskommelse om vapenvila på 48 timmar med utbyte av fångar. Men när O'Brien kom till konsulatet var Tshombe inte där längre. Mötet blev aldrig av.

Samma kväll var Hammarskjöld på middag hos president Kasavubu. Han nåddes av dystra rapporter från Katanga. FN-högkvarteret besköts från luften av Fougan, som även attackerade det irländska kompaniet i Jadotville och FN-basen i Kamina. Efter middagen skrev Hammarskjöld ett brev till den svåråtkomlige Tshombe om nödvändigheten av ett omedelbart eld upphör.

Morgonen den 16 september träffade han den brittiske emissarien Lansdowne, vars närvaro av såväl FN-högkvarteret som den kongolesiska regeringen sågs som ett oblygt försök till stormaktsinblandning. Det var uppenbart att den brittiska regeringen Macmillan hyste stor sympati för den katangesiska utbrytningen. Tshombe och hans minister Munongo rapporterades ha tagit sig till en plats nära den rhodesiska gränsen, bakom vilken Welenskys styrkor stod beredda att ge dem det skydd som kunde behövas. Fougan bombade flygfältet i Kamina, och Welensky hotade med "totalt krig" om inte FN lämnade Katanga.

Hammarskjöld utnyttjade morgonmötet med Lansdowne till att fråga honom om Storbritannien kunde bistå med att ordna en form av fredsmöte mellan honom själv och Tshombe utanför Kongo, i staden Ndola i Nordrhodesia. Lansdowne, något förbluffad över denna framstöt som förutsatte brittiskt inflytande över Tshombe, svarade att han genast skulle begära instruktioner från London i frågan.

FN-truppernas överbefälhavare, den irländske generalen McKeown, hade morgonen den 16 september flugit från huvudstaden till Élisabethville i en DC-6B, utlånad av svenska Transair och med namnet *Albertina*. Planet skulle därefter genast återvända till Léopoldville för den händelse generalsekreteraren skulle behöva det.

Hammarskjöld informerades om att O'Brien, genom brittisk förmedlan (konsuln Denzil Dunnett), kunde tänkas få till stånd ett möte med Tshombe någonstans i regionen. Hammarskjöld gjorde klart att hans brev i så fall skulle överlämnas till Tshombe, med ett tillägg om att Hammarskjöld önskade ett personligt möte med denne i Ndola för en fredlig lösning av den aktuella tvisten. Så fort Tshombe hade accepterat mötet skulle en ömsesidig vapenvila träda i kraft för att underlätta förhandlingarna. Mötet skulle alltså äga rum i Nordrhodesia, något som O'Brien ansåg var olyckligt, eftersom han menade att ett möte på rhodesiskt territorium kunde ge Welensky ett politiskt inflytande. Hammarskjöld ville tvärtom frigöra sig från det kaos som rådde i Katanga och Kongo, för att under mer lugna förhållanden kunna maximera sitt eget inflytande. Han ville träffa Tshombe ensam.

Morgonen den 17 september väntade Hammarskjöld på ett svar på sitt brev till Tshombe. På nytt sammanträffade han med Lansdowne. Denne hade nu fått klartecken från London och erbjöd sig att följa med till Ndola. Även London hade intresse av eld upphör, men i syfte att bevara Katangas existens. Hammarskjöld avböjde med motiveringen att deras gemensamma uppträdande skulle ge fel signal till omvärlden. FN måste synas ha sin egen linje. Däremot vore han tacksam för om Lansdowne kunde resa i förväg och förbereda mötet. Detta utan att tala med Tshombe. Och Lansdowne ombads avresa innan Hammarskjöld anlände. Ett FN-plan skulle ställas till hans förfogande.

Ett svar från Tshombe nådde Hammarskjöld strax efter klockan tio den morgonen. Tshombe ställde där vissa villkor för vapenvilan men samtyckte till att mötas i Ndola. Hammarskjöld sände i sin tur iväg ett svarsmeddelande där han avvisade alla villkor. Han påpekade att enligt vedertagen praxis fick frågor om vapenvilans närmare reglering avgöras vid de förhandlingar som stundade. Konsul Dunnett, som fick detta meddelande klockan två på eftermiddagen och skulle vidarebefordra det till Tshombe, meddelade O'Brien att Tshombe nu hade chartrat ett plan och skulle bege sig till Ndola inom en timme. Hammarskjöld beslöt sig direkt för att också ge sig iväg, trots att Tshombe inte hade svarat på hans senaste meddelande. Hammarskjölds plan var klart för avfärd vid middagstid, men först skulle lord Lansdowne iväg med sitt plan för att förbereda mötet i Ndola. Det dröjde. Lorden satt i möte. Sture Linnér tog upprepade gånger kontakt med britterna och försökte påskynda avfärden, men av skäl som han inte förstod kom Lansdowne inte iväg förrän klockan 16.04 lokal tid. Det gjorde att Hammarskjölds plan kunde starta först när klockan närmade sig fem, 16.51 eller 15.51 Greenwich Mean Time (GMT). Scenen var satt för den fortsättning som skulle göra slutet av denna dag, den 17 september 1961, och minuterna därefter, till en ödesdiger punkt i FN:s historia.

KRASCHEN

Ndola

Hammarskjöld skulle resa med en DC-6B, den som kallades *Albertina*, med registreringsbeteckningen SE-BDY. Den hade anlänt från Élisabethville till Ndjili, Léopoldvilles flygplats, klockan åtta samma morgon. Den svenska besättningen hade rapporterat att planet beskjutits när det lyfte från Élisabethville. En inspektion visade att en kula penetrerat kåpan till en avgassamlare och skadat ett avgasrör. Skadorna var dock på intet sätt allvarliga. Röret byttes ut, planet tankades och stod färdigt för avfärd vid middagstid. Det stod obevakat på plattan med låsta dörrar och bortdragna stegar fram till dess att besättningen anlände vid fyratiden.

Albertina hade chartrats från det svenska bolaget Transair och betraktades som det modernaste planet i FN:s flygflotta. Kapten var Per-Erik Hallonquist, en 35-årig pilot med över 7 800 flygtimmar, varav en stor del på DC-6:or. Han var navigationsexpert, närmast helnykterist och utvilad sedan 48 timmar. Co-pilot var Lars-Olof Litton med 2 700 flygtimmar och stor erfarenhet av DC-6:or. I planet fanns ytterligare en pilot med kaptens status och över 7 000 flygtimmar, Nils Eric Åhréus, 32 år. Ombord befann sig alltså tre erfarna piloter, varav två kaptener. Men Åhréus och Litton var inte utvilade. De hade flugit *Albertina* föregående natt och deras flygtid låg lite över gränsen för det tillåtna. Första delen av flygningen skulle de komma att utnyttja de sovplatser som fanns i cockpit.

Färdmekaniker var Nils-Göran Wilhelmsson och purser Harald Noork, Transairs platschef i Léopoldville. Noork fyllde fyrtio år den dagen och uppvaktades med en tårta med fyrtio ljus. Han lyckades endast blåsa ut trettionio av dem, vilket senare sågs som ett olycksbådande tecken av en Transair-kollega på marken.

Transairs DC-6B, köptes från oljebolaget Saudi Aramco, och flögs därefter direkt från USA till Kongo, där det registrerades som SE-BDY och gavs namnet *Albertina*. Bilden visar planet innan det målades om för FN-tjänstgöring.

Nedtill: Besättningen fotograferad i Leopoldville. Sittande från vänster Wilhelmsson, Åhreus, Hallonquist och Noork.

Albertinas besättning hade dessutom denna gång utökats med radiooperatören Karl Erik Rosén. Roséns roll var viktig ur säkerhetssynpunkt. Färden skulle ske under radiotystnad, men Rosén skulle ha kontakt med svenska signalister i Kamina och kunna sända och ta emot nödmeddelanden i morsekod på svenska. Man var rädd för beskjutning från Katangas Fouga Magister, vars pilot, man misstänkte en viss José Delin, av pressen hade döpts till *The Lone Ranger*. Men benämningen *The Lone Ranger* kunde också avse själva planet, det berodde lite på vilken journalist eller sagesman som yttrade sig.

När kapten Hallonquist anlände till Ndjili lät han registrera en färdplan till Luluabourg, i avsikt att dölja den slutliga destinationen. Man fruktade läckor från anställda på Ndjili. Bengt Rösiö, som befann sig i Léopoldville som svensk konsul 1961, berättar i sin bok *Ndola* att personal från belgiska Sabena misstänktes plocka upp telegramremsor från flygtornets papperskorgar och skicka dem vidare till landsmän i Élisabethville.

När klockan närmade sig fem var *Albertina* klar för start. Hammarskjöld stod ett tag i solen på trappan till planet och läste ett telegram. Därefter klev han och Sture Linnér, som skulle åtfölja honom, in i planet. Väl på plats märker Linnér hur Hammarskjölds ena fot börjar vicka upp och ner, ett säkert tecken på att något trycker honom. Linnér frågar vad det är och får svaret att de nog inte båda bör lämna Léopoldville samtidigt. Händelseutvecklingen i huvudstaden behöver bevakas. Linnér säger att han inte har något emot att stanna kvar. Han spänner av sig säkerhetsbältet, tar farväl och lämnar planet.

Albertina startade klockan 16.51 lokal tid. Hallonquist valde att flyga rakt österut, undvika katangesiskt territorium i sydöst, nå Tanganyikasjön utanför Kongo och därefter vända söderut längs den kongolesiska gränsen i riktning mot Ndola. Det var en rejäl omväg, men den var säkrare och skulle ge Lansdownes långsammare plan tid att komma fram först och låta den brittiske diplomaten förbereda det han skulle förbereda.

Albertinas flygning mot Lake Tanganyika blev odramatisk. Klockan 22.02 Ndola-tid anropade Hallonquist flygkontrollen i Salisbury (nu Harare) i Sydrhodesia, som samordnade flygverksamheten i Federationen. Hallonquist identifierade sig som SE-BDY och angav Ndola som destination. Han fick veta att Lansdowne strax skulle anlända till Ndola och angav sin egen beräknade ankomsttid till väl efter midnatt. Han anropade åter Salisbury 22.41 och klargjorde att han ville undvika kongolesiskt territorium. Han meddelade senare att han avsåg att flyga runt gränsen mellan Kongo och Nordrhodesia innan han närmade sig Ndola från öster. Det stod nu klart att Lansdownes plan hade landat 22.35.

Hammarskjöld och Sture Linnér gör sig klara att stiga ombord på planet mot Ndola omkring klockan 16.30 den 17 september 1961. Målet för resan är ett möte med Moïse Tshombe, utbrytarstaten Katangas ledare. Efter att de gått ombord på planet beslutar de dock sig för att Linnér inte ska följa med på resan utan stanna kvar i Léopoldville. I bakgrunden står FN-soldaterna Stig-Olof Hjelte och Per Persson.

Klockan 23.35 lokal tid överlämnade Salisbury kontrollen av SE-BDY till flygledarna i Ndola. Tornet gav en väderrapport. Strax därefter begärde Hallonquist tillstånd att 23.57 börja gå ner, och Ndola gav tillstånd att gå ner till 6 000 fot. *Albertina* var väntad, storpolitiken hade anlänt till Ndola, och de frågor från tornets håll som nu följde syftade till att utröna besättningens fortsatta avsikter. "Avser ni fortsätta till Salisbury?" Svaret var Nej. "Tänker ni stanna över natten i Ndola?" Svaret var återigen nej. "Due to parking difficulties would like your intentions." Svaret något irriterat: "Will give them on the ground."

Hallonquist brukade vara ordknapp, men hans irritation i detta fall var troligen kopplad till säkerhetstänkandet kring den känsliga flygningen. Han ville inte bjuda på för mycket information. Klockan 23.53 ställde tornet frågan: "Behöver ni bränsle i Ndola?" Svaret var: "May require a little."

Klockan 00.10 kom SE-BDY:s sista anrop: "Your lights in sight, overhead Ndola, descending." Hallonquist fick ny väderrapport: "Winds 7 knots, visibility 5–10 miles." Han begärde uppgift om lufttrycket för att ställa in höjdmätaren. Ndola svarade "Roger QNH 1 021 millibar, report reaching 6 000 feet". SE-BDY kvitterade "Roger 1 021". Lufttrycket var uppfattat och höjdmätaren kunde ställas in. Någon bekräftelse på att man kommit ner till 6 000 fot – Ndolas normala inflygningshöjd över havet – kom inte. "Roger 1 021" var det sista man hörde från *Albertinan*. Sedan blev allt tyst.

En märklig omständighet var att konversationen mellan tornet och planet inte spelades in på band. Förklaringen som senare gavs var att bandspelare saknades. Den uppteckning som finns är gjord ur minnet av trafikledaren Arundel Martin, minst 12, kanske 32, timmar efter att kommunikationen avslutades.

Efter kontakten med tornet 00.10 förväntades en snar landning. Inflygningen skedde från öster men landningen skulle ske från väster. *Albertina* behövde passera flygplatsen, göra en bred U-sväng (en "päronsväng") och gå ner för landning. Det borde ta cirka tio minuter. Hallonquist hade också angett 00.20 som ETA (*Estimated Time of Arrival*). Tio minuter passerade – men inget plan dök upp.

Då inträffade den andra märkliga händelsen denna natt – den första var frånvaron av bandinspelning. Personalen i tornet vidtog inga åtgärder. Man lät tiden gå. Om ett plan inte landat inom fem minuter efter angiven eller beräknad landningstid ska man, enligt internationella regler, sända ut en ALERFA-signal, "Alert phase", alarmläge. Får man då ingen betryggande reaktion ska en DETRESFA-signal följa, "Distress phase", nödläge. Men från tornet var det tyst. Alltför länge.

***

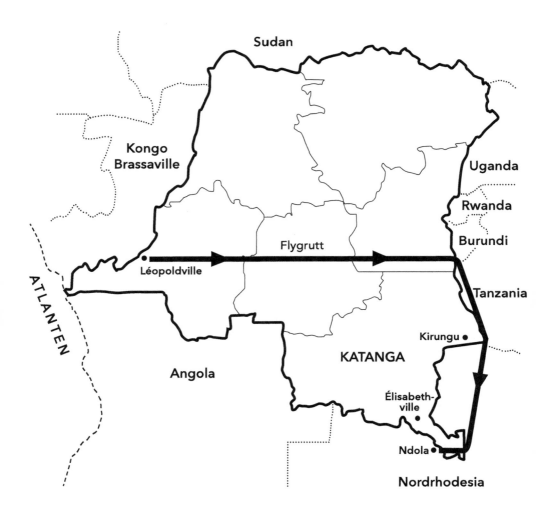

Besättningen på SE-BDY valde av säker-
hetsskäl att undvika Katangas luftrum där
fientligt flyg av typen Fouga Magister
kunde dyka upp. Man flög rakt österut mot
Tanganyikasjön och följde den söderut
innan man satte kurs mot Ndola.

Färden till Ndola

Den 17 september gick Hammarskjöld
ombord på planet med registrerings-
nummer SE-BDY för att flyga från Léopold-
ville till Ndola. Syftet med resan var att
där möta Katangas politiske ledare Moïse
Tshombe och försöka nå en överens-
kommelse om eld upphör i Katanga.
Planet lyfte från flygplatsen i Léopoldville
klockan 16.51.

Kontrolltornet på Ndolas flygplats är i stort
sett oförändrat sedan 1960-talet.

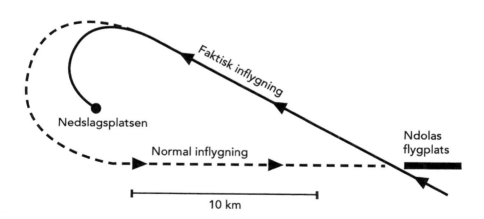

Faktisk inflygning

Nedslagsplatsen

Normal inflygning

Ndolas
flygplats

10 km

Den så kallade päronsvängen, som var rutin
inför landning i Ndola, gjordes snävare än
vanligt av SE-BDY, möjligen därför att man
upplevde ett hot i luften och ville påskynda
landningen.

Klockan 22.35 lokal tid hade alltså lord Lansdowne landat i Ndola. Han togs emot av en annan brittisk diplomat, lord Alport, High Commissioner (ambassadör) i Centralafrikanska Federationen. Lord Alport hade flugit in från Salisbury, Federationens huvudstad. Lansdowne fann att Alport redan förberett det möte som han själv skulle förbereda. Alport hade uppenbarligen infunnit sig på instruktion från Foreign Office (FO) i London, där man kände till att Lansdowne var på ingående med sitt uppdrag från FO. Frågetecknen hopar sig. Varför tog man i London på sig det logiskt besvärande omaket att ge de båda herrarna överlappande instruktioner? Skilde sig instruktionerna åt? Lord Alport var stationerad i regionen. Visste han och FO någonting om exempelvis säkerhetsläget inför FN-chefens ankomst som Lansdowne inte visste? Svaret finns naturligtvis i arkiven.

Lord Alport hade anlänt i ett rhodesiskt regeringsplan, och en av hans medarbetare, MI 6-agenten Neil Ritchie, hämtade Tshombe som befann sig i Kipushi, en gränsstad i Katanga. Väl i Ndola slog sig Tshombe ner i flygplatsens lounge, där han intog en middag med – har det sagts – en flaska Bourgogne.

Alport installerade sig i flygplatschefen Williams tjänsterum under flygledartornet. John "Red" Williams var en medelålders man med stålgrått hår som under andra världskriget ansvarat för vissa VIP-flygningar, bland annat en med Churchill. I snart fem år hade han tjänstgjort i Ndola. Den flygplats han hade ansvaret för var modern och välskött, i synnerhet i jämförelse med många andra flygplatser i tropiska Afrika. Han hade inkallats från sin långsemester i England för att tjänstgöra denna viktiga natt. Världspressen var på plats, liksom utkommenderade poliser och säkerhetsmän. Ingenting behövde gå fel. Vädret var behagligt med en stilla bris. Himlen var molnfri med månsken fram till midnatt.

Williams tjänsterum surrade av aktivitet. Alport drog dit Tshombe och efter Lansdownes ankomst sammanträffade de två där. Lansdowne hade lovat Hammarskjöld att inte inleda egna diskussioner med Katangas ledare, men han kunde ju inte undvika att hälsa på honom. Efter ett tag tröttnade Tshombe på att vänta på Hammarskjölds plan och ville gå till vila för natten. Han inkvarterades i provinsguvernören Thomsons hem.

Som överenskommet lämnade Lansdowne Ndola före Hammarskjölds förväntade ankomst. När han går på asfalten mot sitt flygplan är klockan omkring kvart över tolv på natten. Han har sällskap av lord Alport och Red Williams. Han vet att Hammarskjölds plan har varit i kontakt med tornet – men att kontakten därefter brutits. *Albertinan* har inte dykt upp som väntat klockan 00.20.

Hans eget flygplan, en DC-4:a, avvaktar något men får starttillstånd 00.35, "på egen risk" som det heter. Lansdowne känner oro och väl uppe i luften försöker hans pilot, belgaren Deppe, kontakta SE-BDY. Men förgäves. Ingen kontakt. Färden går vidare, inte tillbaka mot Léopoldville, utan mot Salisbury.

Under väntetiden i Ndola, när SE-BDY inte dykt upp inom normal tid, inträffar den tredje märkliga händelsen denna natt. Den första var frånvaron av bandinspelning, den andra var passiviteten i tornet när *Albertinan* inte visat sig för landning och nu inträffar det märkligaste av allt: *en diplomat tillåts ta kommando över flygplatsens personal.*

Efter Alports och Williams återkomst från promenaden på plattan med Landsdowne till hans väntande flyg informeras de av trafikledaren Arundel Martin om att *Albertinan* fortfarande inte hörts av. Lord Alport försöker då avdramatisera situationen genom sitt famösa yttrande: "They must have gone elsewhere" (De måste ha åkt någon annanstans). Hans yttrande fungerar som ett klartecken till passivitet. Ungefär: "Just nu behöver ni inte göra någonting." Williams kapitulerar från sitt ansvar som flygplatschef och gör – ingenting.

Alport visade alltså, till skillnad från Lansdowne, ingen oro. Han menade att planet måste ha ändrat kurs för att istället landa i Élisabethville. Detta för att få en övergripande lägesbeskrivning. Williams sade sig dela denna bedömning och han underlät att sända ut någon nödsignal. En ALERFA-signal borde ha sänts 00.25, fem minuter efter förväntad landning, följd av en DETRESFA ("Distress"). Om ett plan inte har anlänt (i luften över flygplatsen) 30 minuter efter beräknad ankomsttid ska man också sända en INCERFA-signal ("Uncertainty"). I avsaknad av andra signaler borde åtminstone en sådan mindre dramatisk signal om osäkerhetsläge ha gått ut klockan 00.50. Men vad skedde? Till en början ingenting. Flygplatschefen Williams, liksom trafikledaren Martin, köpte diplomaten Alports avdramatisering av läget.

Tornet i Ndola väntade till 01.50, då man frågade kollegerna i Salisbury och Lusaka om de hört av SE-BDY. Svaret var negativt. Inte förrän 02.16 sände trafikledaren Martin ut en INCERFA. Men strängt taget var detta indikerade osäkerhetsläge irrelevant. SE-BDY hade ju anlänt över flygplatsen. Martin informerade också Salisbury om att planet hade rapporterat sin närvaro över Ndola 00.10 men sedan inte hörts av. Vad som var relevant var att rapporterad ETA (*Estimated Time of Arrival*) hade överskridits och sedan länge motiverat signal om nödläge ("Distress"). Men en sådan signal lyste med sin frånvaro.

Klockan tre på morgonen den 18 september, fortfarande i avsaknad av relevant information, lämnade Alport och Williams flygplatsbyggnaden. Alport

Lord och lady Alport

Lord Cuthbert Alport med makan Rachel
Cecilia. Till höger i sin roll som pär (foto från
1965). Alport var åren 1961–63 utsänd till
Salisbury, Sydrhodesia, som High Commis-
sioner i Centralafrikanska federationen. Han
spelade en olycklig roll i Ndola natten den
18 september 1961 då hans kommentar om
att Hammarskjölds plan, SE-BDY, måste ha
åkt någon annanstans ("gone elsewhere")
fördröjde sökandet efter det störtade
planet. En tidigare insats kunde ha räddat
säkerhetsmannen Harold Juliens liv.

gick till sitt flygplan, som stod parkerat inte långt därifrån, för att få lite sömn. Williams tog sig till The Rhodes Hotel i Ndola, där han var incheckad.

Tio minuter senare kontaktade Martin flygledningen i Salisbury med förfrågan om han kan stänga flygplatsen. Han får inget svar, men tolkar situationen så att han kan gå hem. Han stänger landningsbanan och släcker ner tornet. Han lämnar kvar radiotelegrafisten M.J.A. Goodbrand som ende vakthavande på flygplatsen. Denne har enbart mandat att ta emot och vidarebefordra meddelanden, inte att ta egna initiativ.

Ett antal personer har tidigare under natten sett eldsken på himlen nordväst om Ndola, i riktning mot den lilla staden Mufulira. En av dem är den rhodesiske polismannen Marius van Wyk som gått vakt utanför det hus där Tshombe låg och sov. När han under natten avlöstes av en kollega berättade han om eldskenet, for till polisstationen och rapporterade saken till tjänstgörande befäl, inspektor Begg. Denne och van Wyk beger sig till flygplatsen där enbart Goodbrand är i tjänst. Man inser nu att flygplatschefen måste informeras. Goodbrand ringer till Rhodes Hotel men får inget svar. Begg och van Wyk beger sig till hotellet, där de klockan 03.30 får tag på Williams, som säger sig inte kunna göra någonting förrän solen går upp ("nothing we can do until first light"). Flygplatschefen återvänder därefter till sängen.

Trafikledaren Martin däremot kunde tydligen inte sova lugnt, eftersom han klockan 04.30 är tillbaka på flygplatsen. Han kontaktar Salisbury Flight Information Centre: "Good morning to you. Jag har ingenting nytt om SE-BDY. Har ni?" Efter att ha fått ett negativt svar berättar han om van Wyks iakttagelse, om eldskenet i riktning Mufulira.

Salisbury kommer något senare med en motfråga: "It may sound a little pedantic, but would you … just confirm that the police organization, etc., is working on this aircraft, this missing aircraft. Over."

Ndola kan inte bekräfta att några undersökningar är på gång. Rösten från Salisbury kommer tillbaka och den är nu något upprörd: "Jag anade att säkerheten var dålig men inte att den var så dålig. Det sker alltså ingenting, är det rätt uppfattat?" Ndola svarar med tystnad.

Flygkontrollen i Salisbury söker därefter kontakt med flygplatserna i Nairobi, Johannesburg, Léopoldville och Élisabethville för att höra om de vet något. Nairobi och Johannesburg har ingen information och de kongolesiska flygplatserna svarade inte.

Gryningen kommer klockan 05.40 i Ndola och klockan sex är solen uppe. Nu bör alltså Red Williams infinna sig på flygplatsen där han är chef. Det ska dock dröja ytterligare tre timmar innan han dyker upp. Klockan 06.45 utsänds till slut en *Distress*-signal, DETRESFA, men den kommer inte från Ndola utan från Salisbury. Det har då gått nästan sex och en halv timme sedan Hammarskjölds plan skulle ha landat.

Vi skriver alltså morgonen den 18 september 1961. Världen vaknar upp med nyhetsmeddelandet att ett flygplan med FN:s generalsekreterare saknas i Ndola i Afrika. Den rhodesiske polismannen van Wyks rapportering om ett eldsken har lett till att polisen i Ndola och Mufulira sänt ut patruller i Land Rovers för att söka efter planet, men utan resultat. På Ndolas flygplats står sedan föregående dag arton plan från det rhodesiska flygvapnet och två amerikanska DC-3:or, varav den ena flugits dit från Pretoria av USA:s flygattaché i Sydafrika, överste Don Gaylor. Klockan 09.42 får tornet i Ndola instruktioner från Salisbury att planen från Royal Rhodesian Air Force (RRAF) som står parkerade på flyg-platsen ska börja söka efter den försvunna DC-6:an. Spaningsinsatsen börjar strax efter klockan tio. Enligt instruktionen skulle man först täcka ett område norr och söder om Ndola. Detta var ett olyckligt beslut eftersom *Albertinans* planerade landning skulle ske från väster mot öster.

Den amerikanska ambassaden i Léopoldville anmäler att deras flygattaché i Kongo, överste Benjamin Matlick, som befinner sig i Élisabethville, ska flyga till Ndola för att delta i spaningarna tillsammans med det USAF-plan som redan flugits dit från Pretoria, Sydafrika. Matlick anländer klockan 13.30 och avser söka i väst–östlig riktning. De amerikanska planen tillåts emellertid bara spana över kongolesiskt territorium och flyger därmed inte primärt över det område som gällde för *Albertinan* efter planets landningssväng. Spaningsinsat-sen dirigeras av chefen för den rhodesiska luftfartsstyrelsen, översten Maurice Barber.

Klockan 14.30 rapporterar den afrikanske träkolsbrännaren Fairie Mazi-bisa att han har sett ett flygplansvrak nordväst om Ndola. Klockan 14.45 får RRAF-flygaren Jerry Craxford order att söka väster om flygplatsen (ett område som borde ha prioriterats redan från början). Det tar Craxford 25 minuter från start att finna flygplansvraket i bushen. Det ligger 15 kilometer från flygtornet i Ndola.

Planet hittas klockan 15.10. Strax därefter siktas det även av den amerikanske flygattachén från Pretoria, överste Don Gaylor, i dennes DC-3:a (C47 Dakota). Gaylor fotograferar vraket och den gata i trädkronorna som planet plöjt fram. Han dröjer kvar över nedslagsplatsen för att bistå utryckningsfordonen på marken.

Den haverigata som flygplanet plöjde
upp bland träden var 260 meter, här foto-
graferad från luften. Den vänstra vingen
gjorde ett kraftigare hugg på trädtopparna.
Haverigatans längd och utseende kom att
spela en viktig roll i den kommande haveri-
utredningen.

Vrakplatsen sedd i motsatt riktning. Till
höger skymtar den termitstack som vänster
vinge slog emot med våldsam kraft. På
eftermiddagen den 18 september luktade
haveriplatsen enligt några tidigt närvarande
journalister av död och brända kroppar.
Stora mopaneflugor drogs till liken, innan
de täcktes med filtar.

Polisbilar och ambulanser anländer snart till gläntan där vraket fortfarande ryker i den gassande solen. Iakttagelser på platsen och senare vittnesmål ger följande bild av händelseförloppet.

Planet hade kommit från öster, passerat över västra delen av Ndolas landningsbana, fortsatt mot nordväst, nästan fullgjort sin päronsväng inför landning och därefter fällt ner landningsställen. Planet hade i det här skedet kommit ner för lågt, skurit av trädtoppar och plöjt en gata i skogen på cirka 260 meter. Den vänstra vingen hade slagit emot en hög termitstack, vilket fått planet att svänga runt. Det avbrutna stjärtpartiet hade kastats om och hamnat emot färdriktningen. Flygbränslet hade runnit ut och åstadkommit en häftig brand bland vrakdelar och trädrester. De fyra flygmotorerna låg spridda runt vrakhögen, tillsammans med ett antal förkolnade kroppar.

Av de ombordvarande återfanns endast en person vid liv, säkerhetsmannen Harold Julien, som låg en bit från vraket. De övriga femton var döda. Julien fick vatten och morfin och fördes till sjukhus. Han var svårt brännskadad och skulle enbart leva i ytterligare några dagar.

Den ende som inte hade skadats av branden var Hammarskjöld. Han hade slungats ut ur planet och hamnat utanför det brinnande området. Någon eller några, kanske ur räddningspersonalen, vände på kroppen och la den lutad mot en gräskulle. Nacken var bruten och ansiktet blodigt, men hans ansiktsuttryck var lugnt och fridfullt.

Hammarskjöld placerades på bår och de fotografier som då togs visar genom jordrester och kvistar att kroppen föreföll ha hamnat framstupa. Han fördes i ambulans, tillsammans med ett annat offer, till Ndola. I väntan på transport täcktes så många kroppar som möjligt med filtar eller lakan. En kropp hittades först följande dag. Obduktionen skulle senare visa att generalsekreteraren, liksom de övriga dödsoffren, avlidit nästan omedelbart – omkring fjorton minuter efter midnatt den 18 september, rhodesisk tid.

***

I det lilla samhället Twapia, som ligger under inflygningsbanan till Ndola, fanns flera afrikaner som på morgonen upptäckt det brinnande flygplansvraket, men de vågade inte rapportera till polisen. År 1961 är det samhälle de lever i fortfarande genomsyrat av rasdiskriminering. Afrikanerna i Twapia arbetar som träkolsbrännare i den omgivande terrängen och de fungerar som underordnad arbetskraft i ett kolonialt samhälle. Den afrikanska erfarenheten i Rhodesia är att ju mindre man har med vita myndighetspersoner att göra, desto bättre. Men de vänder sig till Timothy Kankasa, som är bostadsområdets sekreterare, "Secretary of the Twapia Township's Management Board". De har förtroende för honom och vet att han har bra kontakt med polisen. De beskriver platsen där det brinner. Kankasa beger sig själv till platsen i fråga, Dola Hill, där han får bekräftelse på vrakets existens. Han ser det med egna ögon. Mellan klockan 11.00 och 12.00 kontaktar han polisen i Twapia. Ändå är det först klockan 15.10 som vraket lokaliseras från luften. Tre till fyra timmar senare.

Under mellantiden är Kankasa förvånad över polisens ineffektivitet. Ingenting händer. Har man inte snabbt rapporterat vidare? Varför dröjer det till sena eftermiddagen innan man hör och ser ambulanser på väg till Ndola Hill? Kankasa funderar över den vite polischef som tog emot hans berättelse. Han har haft många konstruktiva samtal med honom tidigare. Varför har det inte fungerat den här gången?

När *Albertinan* väl hittades hade det gått femton timmar sedan "Estimated Time of Arrival" (ETA) och nio timmar sedan solens uppgång gjort sökandet möjligt.

***

Bland de förbrända kropparna fanns en kvinna, den tvåspråkiga kanadensiskan Alice Lalande från Montreal, en garvad FN-veteran i fyrtioårsåldern som hade varit Sture Linnérs sekreterare och under resan ansvarade för chifferapparaten. Bland övriga dödsoffer återfanns amerikanen Heinz Wieschhoff, en av Hammarskjölds betrodda rådgivare i sin egenskap av Afrikaexpert; tjecken Vladimir Fabry, en juridisk rådgivare som flytt sitt hemland och landat i USA; samt Hammarskjölds trogne livvakt, amerikanen Bill Ranallo. Bland de döda fanns också säkerhetsmannen Serge Barrau från Haiti. Hans kropp, liksom Alice Lalandes, återfanns nära piloternas kroppar. Uppenbarligen hade Barrau och Lalande befunnit sig i cockpit, vilket skulle ge upphov till spekulationer om att de som fransktalande varit behjälpliga i en oväntad radiokommunikation på franska. Omständigheterna tydde på att ett yttre hot dykt upp under landningen.

I planet fanns ytterligare tre säkerhetsmän: de unga svenskarna Stig Olof Hjelte och Per Edvald Persson, 21 respektive 20 år gamla, samt irländaren Francis Eivers. Dessa tre var FN-soldater på specialkommendering.

Det skulle ta tid att identifiera kropparna. De svenska medlemmarna av besättningen identifierades genom sina vigselringar med hustruns namn ingraverat. Det gällde kaptenerna Hallonquist och Åhréus, radiooperatören Rosén, flygstyrmannen Litton, färdmekanikern Wilhelmsson och pursern Harald Noork.

Den ende person som överlevde själva kraschen var alltså säkerhetschefen Harold Julien. Han hade, enligt egen uppgift, tagit sig ut själv från det kraschade planet och låg utanför det brinnande och svedda området i femton timmar. Han hade första och andra gradens brännskador på 55–60 procent av kroppsytan: i ansiktet, på ryggen och på armar och ben. Han var vältränad och stark men hade legat i nio timmar med dessa brännskador i den successivt alltmer gassande solen. En polisman gav honom morfin och han fördes till Ndolas sjukhus. Där kunde han på soldatmanér koncist förmedla följande till en sköterska: "Jag är sergeant Harry Julien, säkerhetsofficer vid FN. Var snäll informera Léopoldville om kraschen. Innan listan på omkomna publiceras, berätta för min hustru och mina barn att jag är vid liv. Min hustru heter Maria Julien och hon bor i Florida, Miami." Han uppgav den fulla adressen.

På sjukhuset konstaterade överläkaren Donald McNab att patienten var "in drastic pain". Hans tillstånd bedömdes som kritiskt men inte livshotande. Förutom brännskadorna hade han endast en bruten vrist. Julien dog emellertid sex dagar senare.

Under denna tid vårdades han av den unge läkaren Mark Lowenthal, som frågade honom om händelseförloppet. Julien hade några få klara stunder men kunde inte klargöra varför kraschen inträffat. Lowenthal uppfattade den skadades viskningar som att en explosion hade inträffat innan planet störtade. Han hade sett gnistor i natthimlen, "sparks, sparks in the sky". Hammarskjöld hade ropat: "Go back, go back." Julien lyckades inte klargöra exakt när detta skett, men det skulle ha kunnat vara just efter förekomsten av ljussken eller gnistor utanför. Avsikten med detta utrop kan i så fall inte ha varit "go back to Léopoldville", utan – om planet fortfarande flög i västlig riktning – att päronsvängen snabbt skulle inledas för återfärd mot flygplatsen i Ndola. Alternativt kunde Hammarskjöld – i ett senare skede – innan man var på väg in i trädtopparna ha menat att alla borde ta sig bakåt i planet ("go back!") där chansen till överlevnad var större.

Lowenthal bemödade sig om att försöka kommunicera med Julien när denne inte var nedsövd och någorlunda klar. Han gjorde detta utifrån ett personligt engagemang, han stödde FN och beundrade Hammarskjöld. Lowenthal emigrerade senare till Israel. Hans tolkning av Juliens vittnesmål, som tydde på en explosion innan planet slog i träden, motsades i viss mån av hans överordnade

McNab. Denne menade att Julien inte hade förmedlat någon sammanhängande berättelse utan enbart yrade.

Överinspektör Allen från den nordrhodesiska polisen fick dock vissa konkreta svar när han försökte intervjua Julien kvällen den 18 september. Julien minns en explosion.

Allen: What happened then?
Julien: There was great speed. Great speed.
Allen: What happened then?
Julien: Then there was the crash.
Allen: What happened then?
Julien: There were lots of little explosions all around.
Allen: How did you get out?
Julien: I pulled the emergency tab and I ran out.
Allen: What about the others?
Julien: They were just trapped.

Hustrun Maria hann fram i tid till sjuksängen den 22 september för att tala med sin man. Han bad henne enträget: "Honey, take me home. We must get out of here quickly. You will take me home?" Hon svarade bekräftande, han sjönk tillbaka lugnad, och en timme senare var han död.

Med Juliens bortgång förlorades det enda vittne som skulle ha kunnat berätta om hur man ombord upplevde förspelet till kraschen. En tidigare räddningsinsats skulle ha ökat hans chanser till överlevnad. Utryckningen kom sedan han legat brännskadad i timmar i gassande sol och hans vittnesmål kunde inte bli annat än osammanhängande. Ändå är det intressant att orden "sparks in the sky" inte motsäger lokala vittnesmål om två plan i luften som följdes av ett eldsken. Men den första haveriutredningen skulle bli rhodesisk och där betraktade man inte afrikaner som trovärdiga vittnen.

Skadeglädje

Redan någon timme efter det att flygplansvraket hade lokaliserats var de första journalisterna på väg till platsen. En kvinnlig reporter från den rhodesiska tidningen Northern News blev uppringd av en vän i skogsnäringen som tog henne dit i sin Land Rover. De nådde Ndola Hill genom att köra samma väg som utryckningsfordonen, på upptrampade elefantstigar. Vraket låg i en öppen glänta och reportern kunde förmedla en tidig rapport om förbrända människorester, "a smell of death" och surrande flugsvärmar som upphörde när ambulansmännen täckt de döda med filtar.

En sydafrikansk reporter anlände när brandmän fortfarande besprutade det pyrande vraket med släckande skum. Hans läsare i tidningen Cape Times kunde läsa hur fyra söndertrasade motorer var det enda som identifierade den utspridda röran av aluminiumdelar som rester av ett flygplan. Sedan polisen fått förstärkningar spärrade man av tillfartsvägarna för allmänheten, men en och annan pressfotograf hade slunkit igenom och kunde ta foton innan den afrikanska skymningen lägrade sig.

Under tiden hade Sture Linnér i Léopoldville fått meddelande om kraschen. Men han behövde bekräftelse och telexade till New York: "Stand by please and be prepared for the worst." I New York vakade sig Ralph Bunche och Hammarskjölds andra medarbetare igenom den oroliga natten mellan söndag och måndag den 17–18 september. Klockan tio på måndag morgon kom meddelandet från Ben Matlick, US Air Force, att vraket siktats från luften utan några tecken på överlevande. Strax därefter tvingades Linnér bekräfta till New York att generalsekreteraren var död.

Brian Urquhart har beskrivit känslorna i FN-skrapan: "There was an immediate and widespread assumption that foul play had caused the disaster, with the British, the Rhodesians, Tshombe, the Belgians, and the mercenaries being credited singly or collectively with the deed."

Men övervägande var upplevelsen av chock, bland delegaterna i FN och bland vanliga medborgare i många länder, särskilt i Sverige. Den irländske FN-ambassadören Frederick Boland öppnade den 19 september generalförsamlingens årliga session i, som han uttryckte det, "skuggan av en oerhörd tragedi". I Ndola hade Tshombe, uppenbarligen skakad, placerat en krans på Hammarskjölds kista. Den 20 september hade han träffat Khiary och slutit det eld upphör-avtal som var första punkten på Hammarskjölds agenda. Men det var ett avtal som var en seger för Tshombe. Katanga som utbrytarstat hade överlevt operation *Morthor*.

Men på sina håll var inte reaktionen på dödsfallet fylld av respekt för generalsekreterarens gärning. Efter *Morthor* hade FN anklagats för överlagd brottslighet i Bryssel, London, Lissabon och Salisbury. I Salisbury hävdade Roy Welensky att världen inte hade upplevt "a more aggressive act since Hitler walked into the Low Countries of Europe". Och en nordrhodesisk tidning var inne på samma tema: "UN attacks bear marks of Hitler." Efter kraschen i Ndola kom reaktioner av skadeglädje från dessa och andra håll.

I parlamentet i London fanns en konservativ Katangalobby som försökte odla goda relationer till den politiska ledningen och underrättelsetjänsten, främst MI 6. Torypolitikern Anthony Fell skrev i ett brev till premiärminister Macmillan att Storbritannien måste stödja Tshombe och inte FN för att säkra världsfreden. Den skotske parlamentsledamoten Neil McLean höll dagen före flygkraschen i Ndola ett tal i Inverness där han attackerade Hammarskjöld och Conor Cruise O'Brien. Generalsekreteraren och hans hantlangare anklagades för att ha spridit det kongolesiska våldet till det dittills så fredliga Katanga. De bar ett individuellt ansvar för den situation av anarki, mord och blodsutgjutelse som nu rådde. Våldet riskerade att spridas vidare till Nordrhodesia såvida inte "omedelbara motåtgärder" kom till stånd. Detta sades den 17 september. Man kan föreställa sig Katangalobbyns känslor den 18 september. Ödet hade gripit in – eller var det kanske inte en slump, utan någonting planerat? Hur som helst: det var en händelseutveckling man välkomnade.

***

Den nyutnämnde svenske konsuln i Léopoldville, Bengt Rösiö, begav sig till Ndola omedelbart efter kraschen för att kunna rapportera till UD i Stockholm. Han reste i samma plan som Khiary. I sin bok *Ndola* berättar han hur lord Alport mötte på flygplatsen, iklädd ljusgrå kostym och illröd slips. "Engelsmän klär sig inte i sorg vid tillfällen som detta men det kändes egendomligt med denna glättighet i Ndolas vackra morgon. Alport var snäv, snorkig och obehaglig mot Khiary, vi andra behandlades som det påhäng vi kanske var."

Och Rösiö berättar vidare:

Ute på stan var stämningen uppsluppen: Hammarskjöld var väck så nu skulle man nog kunna "keep Africa white". Legosoldater klampade omkring med kpistar och pokulerade på barerna, och nybyggarstämningen var högljudd i denna stad av smäckbyggen och bungalows i blommande trädgårdar.

[...] Men mot eftermiddagen dämpades glädjen av insikten om vad som faktiskt hänt. [...] Skadeglädjen över att det gått galet för FN förbyttes i förstämning då man begrep att Ndolas namn för alltid skulle förknippas med femton människor som dött i Albertinas lågor och en sextonde som låg döende på sjukhuset.

Men skadeglädjen och hatet mot FN fanns där hela tiden.

Bland den svarta befolkningen var känslorna de motsatta. När det blev känt att Hammarskjöld väntades till staden hade ett tusental afrikaner, som inte hade tillåtelse att vistas i flygplatsbyggnaden, väntat på viss distans för att välkomna generalsekreteraren och stödja honom i hans antikolonialistiska strävan. De hade burit plakat och baner som andades förhoppningar om frihet och reformer.

I loungen och baren hade en annan grupp av intressenter väntat – vanliga nyfikna, journalister, diplomater, rhodesiska soldater och ett antal legosoldater. Bland de senare fanns sydafrikanen Jerry Puren, som flugit in från Johannesburg för att ansluta sig till Tshombes trupper i Katanga men som valt att göra ett uppehåll i Ndola. Han berättar i sin självbiografi *Mercenary Commander* hur förvånad han blev över den militära närvaron på flygplatsen. Förutom de ditkommenderade rhodesierna fanns där bekanta ansikten, kolleger till Puren ur legosoldatsvärlden.

Där fanns belgaren Carlo Huyghe, en central person på Tshombes försvarsdepartement som var ansvarig för rekryteringen av nya legoknektar. Han hade bland andra rekryterat Jerry Puren i dennes egenskap av pilot. Det skulle senare visa sig att Huyghe spelat en roll i mordet på Lumumba. Där fanns också engelsmannen Dick Browne, med en bakgrund i den brittiska marinen, som tjänat Tshombe och upprepade gånger tillfångatagits av FN och kastats ut från Katanga. Tshombe hade nu avpolletterat honom men Browne hade flugit upp från Johannesburg i förhoppning om förnyad tjänstgöring. I baren på flygplatsen fann Puren också två kolleger som rekryterats i sin egenskap av piloter, kanadensaren Max Glasspole och ungraren Sandor "Sputnik" Gurkitz.

Man kan få ett intryck av att denna grupp av legoknektar befann sig på flygplatsen i Ndola i förväntan på eller beredskap för en viss händelseutveckling. Det gäller åtminstone för Huyghe, Glasspole och Gurkitz. Puren berättar emellertid i sin memoarbok att när det väntade planet inte anlänt klockan 24.00 drog sig han och pilotkollegan Glasspole tillbaka för att njuta sömnen på Savoy Hotel.

Dagen därpå vimlade det av legosoldater på Savoy och det något enklare Hotel Rhodes. Man kan ana att känslorna i den kretsen var präglade av triumf. Det omedelbara hotet mot Katangas överlevnad var eliminerat. Den senare generalsekreteraren Kofi Annan befann sig denna morgon i en hiss i FN-skrapan i New York när han hörde någon utropa i förtvivlan: "They killed him! They got him!"

Sture Linnér, Hammarskjölds man i Kongo, som genom ett sent beslut av Dag hade lämnat planet innan det startade på sin sista färd, skulle bli chockerad av vissa europeiska reaktioner i Léopoldville. På cocktailpartyn, bland belgare, fransmän och britter, upplevde han hur kraschen i Ndola firades som en seger för Katangas frihet och ett nederlag för FN.

GÅTAN

Haveriutredningar i det vita Rhodesia

Myndigheterna i Salisbury tillsatte redan dagen efter kraschen en Board of Investigation, en haveriutredning i enlighet med de regler som fastställts av den internationella flygorganisationen ICAO. Det brådskade eftersom rykten om sabotage eller nedskjutning var i svang. I London och Salisbury insåg man att misstankar skulle riktas mot regimen i Rhodesia och det gällde att i detta läge agera snabbt och ansvarsfullt.

Till ordförande i haverikommissionen utsågs chefen för den rhodesiska luftfartsstyrelsen, överste Maurice Barber, en erfaren och dekorerad flygare. Under haverinatten hade han varit underrättad om händelseutvecklingen i Ndola och hade som ytterst ansvarig haft möjlighet att ingripa. I kommissionen ingick vidare två av Barbers underställda medarbetare samt den brittiske flygattachén i Salisbury, lord Alports medarbetare, RAF-översten Edgar Evans. Man kan tycka att det var olämpligt att Barber blev kommissionens ordförande eftersom eventuella försummelser på flygplatsen kunde involvera honom själv.

Redan den första utredningsdagen, den 19 september, förklarade Barber för pressen att haveriet berodde på den mänskliga faktorn, det vill säga pilotfel. Det var uppenbart att man från rhodesisk sida var mån om att snabbt lägga ansvaret på besättningen och därmed på FN.

Samma dag meddelade den svenska regeringen att den önskade medverka i utredningen genom en expertgrupp. Detta möjliggjordes genom att kommissionen utökades med observatörer. Man inkluderade representanter från ICAO, den internationella pilotfederationen IFALPA, den svenska Luftfartsstyrelsen samt det förolyckade planets ägare, Transair. Den svenska gruppen innefattade bland andra luftfartsinspektör Åke Landin, envoyé Eyvind Bratt, stationerad i Pretoria, samt kommissarie Otto Danielsson vid Statspolisen. Transair sände

Vrakresterna undersöks på haveriplatsen av
en av de första rhodesiska undersöknings-
kommissionerna, av vita män i vita skjortor.

Bilden ansågs tidigare visa svenska haveri-
undersökare till vänster och rhodesiska
experter till höger. Mycket tyder emeller-
tid på att hela gruppen är svensk och att
mannen längst till höger är Bo Virving,
detta enligt sonen Björn Virving, som
bidragit med fotot.

ner flygchefen kapten Sture (Jolly) Persson, chefsingenjören Bo Virving samt en kollega till honom.

Kommissionen arbetade till den 2 november 1961 och lade fram sin rapport den 11 januari 1962. Dess slutsats var att ingen haveriorsak kunde klart fastställas. Några tekniska brister hos planet kunde inte fastställas, och att kraschen förorsakats genom utomstående påverkan bedömdes som osannolikt, men inte helt uteslutet. En förklaring kunde vara missförstånd om flygplatsens höjd, felavläsning av de tre höjdmätarna eller plötslig oförmåga hos de tre piloterna att handla. Man landade alltså i slutsatsen att det var den mänskliga faktorn som var avgörande eller, om man så vill, pilotfel.

Redan inom en vecka efter tillsättandet av haverikommissionen, den 26 september, tillsatte den rhodesiska regeringen ytterligare en utredning, nu med en juridisk inriktning. Efter brittisk modell rörde det sig om en *Public Inquiry*, där en panel av jurister och ämbetsmän lyssnar på hur advokater som företräder olika intressenter korsförhör motsidans, eller den egna sidans, representanter. Intressenter var den Centralafrikanska federationen, Storbritannien, Sverige och FN. Intressenten Transair, som inte önskade se en lättvindig slutsats om pilotfel från egna piloters sida, var inte inbjuden. I Stockholm ansåg man det också lämpligast att Sverige inte deltog i denna kommission utan istället satsade på den kommande FN-utredningen. Sverige valde att i den rhodesiska juristkommissionen företrädas av en brittisk advokat i en anpassning till den engelska juridiska procedur som det var fråga om. Vår man i juristkommissionen blev en Mr Roland Adams QC (Queen's Counsel). På UD utsåg man envoyén Bratt och legationssekreteraren Tom Tscherning till observatörer.

Juristkommissionen slutförde sitt arbete i januari 1962 och lämnade sin rapport i februari det året. Rapporten blev mer omfattande än haverikommissionens tekniska utredning, men konklusionen blev densamma. Den var emellertid mer kategorisk. Det hette att den slutsats man tvingades dra var att "the aircraft was allowed by the pilots to descend to low", med följd att planet plöjde genom trädtopparna och kraschade. Dessutom påpekade man att ingenting tydde på "att någon som skulle ha varit i stånd att angripa detta flygplan från luften" skulle ha gjort så. Med andra ord: pilotfel.

***

Haverikommissionen hörde 133 vittnen. Juristkommissionen, som sammanträdde i en domstolslokal i Ndola, efterlyste vittnen i lokalpressen, tog emot anmälningar och kallade 120 personer att vittna. Flera av dessa hade redan hörts av haverikommissionen, andra framträdde för första gången. De svenska observatörerna reagerade mot den ojämlika behandlingen av vittnen. De vita tilltalades med respekt, medan afrikanerna bemöttes med skepsis och avkrävdes klara ja- eller nej-svar. I protokollen bokfördes de vita som Mr, Dr eller Nurse medan afrikanerna noterades just som afrikanen si och så (efternamn).

Afrikanerna var i regel träkolsbrännare som behövde vårda sina kolmilor nattetid. Flera av de afrikanska vittnesmålen gick ut på att de, den aktuella natten, sett två flygplan nära varandra och ett eldsken på natthimlen. Timothy Kankasa bodde i kolarsamhället Twapia i linje med den flygfyr som skulle leda *Albertinan* in för landning efter fullgjord päronsväng. Kankasa berättade att han promenerade nära hemmet när han såg två plan, ett större som flög lågt och ett mindre som flög högre. Två gånger blänkte ett ljussken från det mindre planet mot det större. Hammarskjölds DC-6:a var ett stort plan jämfört med exempelvis en Fouga eller en de Havilland Dove, de andra plan som brukar nämnas i sammanhanget. Kankasa menade att det större planet styrde mot nordväst; det skulle kunna ha varit *Albertinan* i början av en päronsväng. Det mindre planet styrde mot nordöst; gensköt det kanske det större? Kankasas trovärdighet borde vara stor, han var en förtroendeman i Twapia och skulle tre år senare bli minister i den oberoende staten Zambias regering. Men hans tidsangivelse stämmer inte. Han var säker på att klockan var 22.50, eftersom han vid hemkomsten kunde lyssna på elvanyheterna från Radio South Africa. Hans iakttagelse skulle således ha skett ungefär en timme innan *Albertinan* påbörjade sin landningssväng. Kankasa ställde sig då frågan om det kanske var Radio Brazzavilles engelskspråkiga nyhetssändning han lyssnat på en timme senare. Någon sådan sändning, menade utredarna, hade inte förekommit vid midnatt, varför Kankasas vittnesmål bedömdes som irrelevant.

Kolaren Davidson Simango vittnade inför båda kommissionerna att han kring midnatt hade sett två plan som flög onaturligt nära varandra i riktning bort från Ndola. Motorljuden avtog men efter ett tag återkom ett starkt motorbuller och han såg ett plan "återvända". Ett eldsken lyste upp himlen, planet kraschade och ett antal explosioner följde.

Kolaren Dickson Buleni hördes inte av haverikommissionen, men övertalades av den svenske fackföreningsmannen Sven Mattson, som befann sig där på fackligt uppdrag, att anmäla sig inför juristkommissionen. Buleni vittnade att han den kvällen hade suttit med sin fru utanför deras hus och sett två plan i luften, ett större som flög lågt och ett mindre som flög högre. Han såg ett eldsken ("a fire") komma från det mindre planet och belysa taket på det större planet. En explosion följde och det större planet kraschade. Eldslågor flammade. Det lilla planet cirklade en gång över platsen och försvann sedan västerut mot Kitwe. Kolaren Fairie Mazibisa, som hade upptäckt flygplansvraket, vittnade inför haverikommissionen om just detta. Han hade mer att säga men vågade som afrikan inte ta upp iakttagelser med politiska implikationer. Mazibisa, som var fackligt aktiv, övertalades emellertid av Mattson att uppge allt han sett och han utökade då sitt vittnesmål. Strax efter midnatt hade han sett två plan med 100 meters avstånd, det ena ovanför det andra. Efter ett litet tag hörde han en kraftig smäll som följdes av ett eldsken och explosioner.

I juristkommissionens rapport den 9 februari 1962 avvisades dessa vittnesmål om två flygplan som osammanhängande, oprecisa och icke trovärdiga.

I kriminalkommissarie Otto Danielssons rapport till Stockholm, daterad den 22 november 1961, framfördes kritik mot buffligheten och fördomsfullheten i förhören med vittnena från Twapia. Deras engelska var knackig och det hade enligt honom behövts assistans av någon expert "med psykologisk kunskap om afrikaners mentalitet". Förhören blev torftiga och ofullständiga. Fler potentiella vittnen fanns, men de var rädda för myndigheterna. Danielsson menade att en aktiv sökning bland dem som bodde i "compounden", i Twapia helt nära olycksplatsen, skulle ha gett en mer sammanhängande information. Nu nöjde man sig med att utfråga det fåtal som vågat ta kontakt med de vita myndighetspersonerna.

***

De svenska observatörerna var en nagel i ögat på många av utredarna i de två rhodesiska kommissionerna. I en rapport av lord Alport till London klagade flygattachén Edgar Evans på den gnetiga attityden hos Otto Danielsson, Bo Virving och Eyvind Bratt. Danielsson och Virving sades ägna sin tid åt ett fåfängt sökande efter kulor, kulhål, granatrester och indikationer på en inre explosion eller eldgivning utifrån. Envoyé Bratt, svenskt sändebud i Sydafrika, hade på ett insinuant sätt anklagat utredarna för felaktiga och ineffektiva undersökningsmetoder. Bratt efterlyste en analys om varför den haitiske säkerhetsmannen Serge Barrau hittades utanför vraket i närheten av piloterna, något som tydde på att han befann sig i cockpit vid kraschen. Susan Williams citerar i sin bok den svenske diplomaten:

Why was Barrau in the cockpit during the landing procedure? Why was he not in his chair with his safety belt fastened where he should have been? Was it possible that Barrau made some observation through the cabin window, i.e. that he had seen a foreign aircraft in the vicinity – attacking or not attacking – and that the reason for his presence in the cabin was to warn the crew?

Den brittiske flygattachén Evans avvisade denna hypotes som irrelevant och varnade för att som utgångspunkt i utredningen fästa tilltro till de afrikanska vittnesmålen.

Otto Danielsson anmärkte i sin rapport till Stockholm på utredarnas klumpiga teknik i genomsökningen av vraket. Det mesta var visserligen totalt sönderbränt men cirka en femtedel av materialet, omkring fem ton nedsmält metall, undersöktes. De nedsmälta metallresterna delades upp i fyrkanter med tjugo centimeters sida. Danielsson krävde att dessa bitar skulle smältas ner på nytt för att se om några kulor kunde påträffas. Men Barbers team vägrade. Man ansåg att ytterligare åtgärder inte behövdes.

Eyvind Bratt berörde de svenska experternas önskemål i en skrivelse till UD den 15 februari 1962. Han skrev bland annat följande:

Ett av dessa önskemål avsåg omsmältning av de genom branden på olycksplatsen uppkomna metallkakor, varav en stor del av vraket består. Genom en dylik omsmältning skulle det vara möjligt att vid olika temperaturer sortera ut olika i kakorna ingående metaller, däribland eventuellt förekommande granatsplitter eller annan metall från projektiler, som kunde tänkas ha blivit avfyrade mot flygplanet. Av skäl som kanske icke behöver här redovisas, avböjde den tekniska kommissionen i höstas detta från svenskt håll framförda uppslag.

Otto Danielsson anmärkte framför allt i sin rapport på den rhodesiska vägran att genomföra prov med lysgranater för att testa vittnesmålen om eldsken. Vittnet Kankasa hade sett två eldsken från det mindre planet mot det större. Danielsson misstänkte, eller kunde i alla fall inte utesluta, att det mindre planet skjutit hotande lysgranater mot det större (SE-BDY?). Frågan behövde undersökas närmare genom en lysgranatstest. Rent generellt ansåg Danielsson att det var bisarrt att utse överste Maurice Barber, den rhodesiske luftfartschefen, till haverikommissionens ordförande. Eftersom sökandet av SE-BDY försinkades

Otto Danielsson (1902–1985), kriminal-
kommissarie från Statspolisen, som av
Luftfartsverket sändes som observatör
till de rhodesiska utredningarna. Han var
kritisk mot hur dessa genomfördes och var
inte beredd att utesluta ett attentat. Åter
i Stockholm belades han emellertid med
munkavle av polisledningen (som i sin tur
kan ha påverkats av Luftfartsverket och UD).

av representanter för luftfartsmyndigheterna var Barber "part i målet".

Barber hade inledningsvis gjort en poäng av att piloten kunde ha konsulterat fel landningskarta, den över den kongolesiska flygplatsen Ndolo (en mindre flygplats i Léopoldville) istället för den över rhodesiska Ndola. Landningskartorna finns i ett USA-producerat lösbladssystem för piloter, the Jeppesen Manual. I vraket hittade man manualen uppslagen med kartbladet över Ndolo, Léopoldville, överst. Piloten skulle alltså ha tittat på fel karta och trott att flygplatsen låg mycket lägre än vad som var fallet. Barber var mån om att marknadsföra denna teori om pilotfel. Men teorin är ohållbar. Bengt Rösiö har i sin bok om Ndola påpekat följande:

> Just det faktum att Ndolobladet låg uppslaget visar att det var Ndolabladet som användes: Ingen pilot försöker landa med en tung kartbok uppslagen över knäna utan han tar ut det kartblad han behöver och fäster det i en klämma intill förarsätet – det är därför Jeppesen är ett lösbladssystem. Ndolabladet hade alltså tagits ut, det för Ndolo satt kvar i pärmen.

Barbers teori återfanns inte i haverikommissionens slutrapport.

Den brittiske flygattachén Evans torgförde en annan teori, även den inriktad på pilotfel. Evans menade att det låg nära till hands att besättningen gjort en felavläsning av höjdmätarna. Man kunde ha förväxlat nålarna som angav antalet 100 respektive 1000 fot över havet, ungefär som man ibland kan förväxla den långa respektive korta visaren på en klocka. Piloterna skulle då ha trott sig flyga in på 6400 fot när de i själva verket befann sig på 4600 fot.

Vad som talar emot felavläsningteorin är att natten var klar, även om månen gått ner vid midnatt. Sikten var god och SE-BDY hade just passerat över flygfältet, vars ljus hade siktats. Att en erfaren pilot – det må ha varit Hallonquist eller Litton – inte skulle ha märkt 2000 fots höjdskillnad är inte troligt. Den landning som förbereddes var åtminstone inledningsvis, under passagen över flygfältet, visuell. Senare kan en så kallad instrumentlandning ha kopplats på. Ingendera borde ha förorsakat några problem. Ett horisontgyro bör ha informerat om läget i förhållande till horisonten. Barometertrycket var rätt inställt, på 1020 millibar, efter besked från tornet i Ndola. Varje millibarenhet motsvarar 30 fot och antalet millibar kopplas till höjdmätarna. Något fel på höjdmätarna var det inte, det kontrollerades av tillverkaren, det amerikanska företaget Kollsman.

Felavläsningteorin skulle i princip avfärdas av den kommande FN-utredningen, även om den inte helt kunde uteslutas. Landningsljusen var inte tända vid haveriet. Detta var att förvänta eftersom päronsvängen inte var helt avslutad. Landningsfyren vid Twapia hade inte nåtts och den slutliga raka inflygningen mot landningsbanan hade alltså inte påbörjats. Men det var ett faktum att planet vid haveriet låg 570 meter för lågt.

Den första FN-utredningen

Den 26 oktober 1961 beslöt FN:s generalförsamling att tillsätta en egen utredning med fem höga jurister, de flesta domare. Ordförande var Nepals finansminister, Rishikesh Shaha. Svensk ledamot blev justitierådet Emil Sandström, just avgången ledamot i FN:s kommission för folkrättens kodifiering och progressiva utveckling (International Law Commission), där han verkat sedan 1948. Östeuropa representerades i utredningen av den jugoslaviske domaren Nikola Srzentić, Afrika av domaren Samuel Bankolé Jones från Sierra Leone och Latinamerika av diplomaten Raúl Quijano från Argentina. Quijano var rapportör, det vill säga den som sammanställde den slutliga rapporten. Sekreterare var en britt, Blaine Sloan, med exilryssen Nikolaj Teslenko som ställföreträdare.

FN-utredningen hörde nittio vittnen, varav de flesta hade hörts tidigare. Direktiven till utredarna gjorde klart att man skulle utgå från de rhodesiska kommissionernas arbete. Det hette bland annat att "ingen konflikt bör finnas mellan de olika utredningarna", men slutsatserna kunde bli mer utvecklade eller definitiva. När FN-kommissionen inledde sitt arbete vid årsskiftet 1961–1962 hade Maurice Barber redan "ritat kartan". Rishikesh Shaha tog kontakt med sin föregångare "i syfte att uppnå maximalt samarbete", som det skulle heta i slutrapporten.

FN-kommissionen inledde sina utfrågningar i Léopoldville i januari 1962 och fortsatte i februari till Salisbury, där man bland andra hörde lord Alport och dennes medarbetare på brittiska representationen, David Scott. Därefter begav man sig till Ndola och hörde bland andra läkarna som tagit hand om Harold Julien. Efter ett nytt besök i Salisbury begav man sig till Genève där man under en session i februari–mars hörde vittnen som var stationerade utanför Afrika, bland dem lord Lansdowne.

Av de nittio personer som hördes hade tjugofem inte vittnat tidigare. Nya vittnen hade eftersökts genom den rhodesiska pressen och radion, samtidigt som flygblad med engelsk och lokal afrikansk text spreds i och omkring Ndola. De afrikanska vittnen som nu tillkom sade sig tidigare inte ha vågat framträda av rädsla för repressalier från Federationens vita myndigheter.

Kolaren Lemonson Mpinganjira vittnade att han omkring klockan tio den aktuella kvällen sett ett större plan svänga bort från Ndola i nordvästlig riktning. När planet svängde såg han samtidigt två mindre plan, ett som flög mycket högt, ett som flög lågt. Det plan som flög lägst hann upp det större planet när detta svängde tillbaka mot Ndola. Det mindre planet låg sedan rakt över det större och en röd ljusstråle ("flash") kom mot det stora planet, som då dök. En explosion följde, och därefter en serie explosioner. Det lilla planet cirklade en gång över haveriplatsen och flög bort i riktning mot Ndola.

Kolarkollegan Steven Chisanga lämnade liknande uppgifter, men han hade bara sett ett litet plan. Ett problem med dessa vittnesmål var den tidiga tidsangivelsen, som inte stämde överens med tidpunkten för SE-BDY:s päronsväng. Ett annat problem var trovärdigheten i de båda kolarnas fortsatta vittnesmål. De hade varit i skogen för att bygga upp en kolmila. Det visade sig att de befann sig nära nedslagsplatsen. En halvtimme senare såg de nämligen, enligt egna uppgifter, två Land Rover i hög fart, med släckta strålkastare (!), komma på en stig i skogen i riktning mot det kraschade planet. I vardera bilen satt två "européer". Det kunde man se därför att bilarnas inre belysning var tänd i nattmörkret (!). Efter ungefär en kvart flammade en jättelik eldsflamma upp där planet kunde förväntas ha kraschat. De två bilarna återkom och passerade i hög fart i riktning mot Mufulira. Mpinganjira sade sig vara övertygad om att de fyra vita personerna hade någonting att göra med den plötsligt uppflammande elden.

Två andra problematiska vittnen, Davison Nkonjera och M.K. Kazembe, hade befunnit sig på en soldatklubb (African Ex-Servicemen's Club) cirka två kilometer från flygplatsen. Härifrån hade de sett ett större plan och två mindre jetplan. Deras trovärdighet förminskades emellertid av ett antal uppgifter. Det större planet skulle ha kommit från väster, cirklat tre gånger över flygplatsen och därefter flugit tillbaka västerut. Då skulle ljusen ha släckts på flygplatsen och de två jetplanen skulle ha lyft. Senare hade de sett en eldsflamma från ett av jetplanen mot det större planets rygg. Därefter skulle jetplanen ha landat igen på den nedsläckta flygplatsen. Efter landningen skulle man åter ha tänt ljusen. Detta skulle ha inträffat mellan klockan tio och elva på kvällen.

Talesmännen för det vita Rhodesia hävdade gärna att alla vittnesmål om två flygplan var politiskt planterade för att kasta skulden på den Centralafrikanska federationens myndigheter. I de fall som beskrivits ovan kan detta ha stämt. Vittnet Mpinganjira hade varit ordförande för den i frihetskampen engagerade Malawi African Congress och hans uppgifter om bilar med inre belysning och släckta strålkastare mitt i den afrikanska natten låg inte inom rimlighetens gränser. Uppgifterna från vittnena Nkonjera och Kazembe, om flygplan som lyfte och landade när ljusen var släckta på flygplatsen, var inte heller förtroende- ingivande. Kazembe hade dessutom transporterats till förhöret med bistånd av den nordrhodesiska frihetsrörelsen UNIP (United National Independence Party).

FN-kommissionen hörde naturligtvis även berörda rhodesiska ämbetsmän och brittiska diplomater. De fem domarna fungerade dock under utredningens gång inte som utfrågare utan som lyssnare. De var vana vid rättegångar där frågor ställdes av åklagare och advokater. Den som ställde frågor var oftast kommissionens brittiske sekreterare, men dessa frågor övergick aldrig i intensiva förhör. Bengt Rösiö skriver i sin bok att oklara vittnesmål godtogs utan följd- frågor, man nöjde sig med de svar man fick och mötesprotokollen i FN-utred- ningen präglades av brittisk gentlemannamässighet. Det förutsattes att högre tjänstemän talade sanning. "Man ifrågasätter inte, betvivlar inte, argumenterar inte."

Liksom i den rhodesiska juristkommissionen närvarade advokater som före- trädde inblandade parter. Lorderna Alport och Lansdowne utfrågades och den brittiska regeringens advokat, Stuart Bevan, medverkade. Alport menade att Hammarskjöld, vid tidpunkten i fråga, kunde ha fått något meddelande som gjorde det nödvändigt för honom att ta sig till Élisabethville eller återvända till Léopoldville. Kanske hade han haft radiokontakt med ett av de amerikanska flygplan (Dakota) som befann sig på Ndolas flygplats. Alport introducerade senare i sina memoarer, *The Sudden Assignment*, som publicerades 1965, en icke namngiven amerikansk diplomat som skulle ha sagt att generalsekreteraren avsåg att flyga vidare till Élisabethville.

Lansdowne hävdade i sitt vittnesmål att han var säker på att Hammarskjöld, "till varje pris", var besluten att träffa Tshombe i Ndola. Advokaten Bevan tvinga- des ta ställning mellan de två positionerna (Élisabethville eller Ndola) när han bekräftade att Lansdownes resa syftade till att garantera Tshombe att Hammar- skjöld var på ingående för att träffa honom. Och Ndola var den överenskomna mötesplatsen som Hammarskjöld var helt inriktad på.

Alports vittnesmål om ett beslut att "go elsewhere" föranledde justitierådet Sandström till följande kommentar (i Rösiös översättning):

Skulle det inte ha varit ett ganska egendomligt handlande av herr Hammar- skjöld, som kom för att förhandla med Tshombe, att först ha utsatt sig för denna tröttande nattflygning för att därefter, när han redan var ovanför flygfältet, ge sig iväg igen därifrån utan att lämna något meddelande vart han skulle bege sig eller vad som hade föranlett honom att resa därifrån?

Alport försvarade sig mot dylika påpekanden med att han inte var ensam om sin bedömning, även hans Deputy High Commissioner, David Scott, hade kommit till samma slutsats. Det stämmer att Scott hade gett uttryck för denna mening natten i fråga. Han befann sig i Salisbury och skulle hämta lord Lansdowne när denne anlände i sitt plan från Ndola. Scott frågade trafikledaren i Salisbury, Leslie Thorogood, när Lansdownes plan förväntades och fick då reda på att Hammarskjölds plan dykt upp över Ndola men sedan försvunnit. Scott sade då som sin mening att "då är han väl på väg tillbaka då", detta enligt Thorogoods vittnesmål inför FN-kommissionen.

När Scott hördes om detta bekräftade han att han sagt att det var helt möjligt att Hammarskjöld tagit ett beslut att "go elsewhere". Ingen i FN-kommissionen frågade om dessa ord varit i Alports säck innan de kom i Scotts påse. Ingen frågade om Alport ringt Scott från Ndola. Både chefen för Storbritanniens High Commission och hans Deputy spred således ut samma rykte, att FN-chefen hade ändrat sina planer. Ett rykte som kraschen vid inflygningen visat var felaktigt. Kommissionens ordförande Shaha kommenterade syrligt: "We found this to be a rather perplexing aspect of Mr Scott's evidence".

***

FN-kommissionens slutrapport levererades till FN:s generalförsamling den 24 april 1962 (UN Document A/5069). Slutsatserna var av obestämd karaktär, det var "an open verdict". Till skillnad från den rhodesiska juristkommissionen slog man inte kategoriskt fast pilotfel som förklaring. Budskapet var istället att ingen förklaring kunde vare sig styrkas eller uteslutas:

It [the Commission] has found no evidence to support any of the particular theories that have been advanced, nor has it been able to exclude the possible causes which it has considered.

I fråga om möjligheten till sabotage hette det att planet stod obevakat men låst flera timmar på Ndjili-fältet i Léopoldville. En sprängladdning eller dylikt kunde ha applicerats under lunchtid när plattan var övergiven. Men tidsinställda bomber kunde uteslutas eftersom planet var försenat och en detonering måste ha planerats till långt tidigare än midnatt. En bomb kopplad till landningsställets utfällande var det heller inte fråga om, eftersom inget spår av explosion på planets underrede hade fastställts. Inte heller fanns det något spår av att brand utbrutit i planet innan det havererade i bushen.

Samtliga aluminiumrester av vraket hade smälts ner och analyserats av professor Max Frei-Sulzer, chef för Zürichpolisens kriminaltekniska byrå (Wissenschaftliche Dienst). Ett eventuellt sabotage kunde i stort sett uteslutas, hävdade Frei-Sulzer, eftersom ett sådant i så fall måste ha förberetts på flygplatsen i Léopoldville och den eventuelle sabotören inte skulle ha haft tillräckligt med tid till sitt förfogande. Länge var det dessutom tänkt att Hammarskjöld skulle flyga med DC-4:an OO-RIC, det plan som lord Lansdowne sedan färdades med. Relativt sent blev det klart med SE-BDY som generalsekreterarens plan.

Frei-Sulzer konstaterade vidare att inga kulor från skjutvapen hade påträffats. De hål i metallen som fanns hade inte förorsakats av främmande objekt utifrån och var alltså inte kulhål. Spår av raketbeskjutning saknades. Eftersom planet inte visade några tekniska fel var kraschen "probably due to human failure". Men Frei-Sulzer hade inte undersökt all nedsmält metall och möjligheten till yttre påverkan genom exempelvis varnande lysraketer hade inte beaktats då uppdraget gällde en undersökning av själva vraket. Denna kritik framfördes av de svenska experterna.

FN-kommissionen kritiserade frånvaron av tidiga sök- och räddningsinsatser och konstaterade att den rhodesiska luftfartsstyrelsen och dess chef, överste Barber, bar det övergripande ansvaret för denna underlåtenhet. De arton militära flygplan som fanns på Ndolas flygfält hade inte utnyttjats.

Ansvaret för det uteblivna sökandet hade i den rhodesiska haveriutredningen lagts på flygplatschefen Williams. FN-kommissionen valde en annan ingång och klandrade i detta sammanhang lord Alports teoretiserande om att generalsekreteraren valt att "go elsewhere". Det saknades grund för denna uppfattning som gavs otillbörlig vikt ("undue weight") och ledde till flygtornets stängning.

Den rhodesiska haverirapporten noterade att trafikledaren Martin kontaktade Salisbury klockan 03.10 den aktuella natten för att be om tillstånd att stänga tornet. Trafikledaren Thorogood i Salisbury förnekade emellertid att han fått en sådan begäran. I en förhörsutskrift, som inte publicerades av den rhodesiska kommissionen, säger han att *om* han hade fått en sådan begäran skulle han inte ha gett Ndola tillstånd att stänga tornet. Detta eftersom en eftersökande INCERFA-signal hade gått ut klockan 02.16 och Ndola behövde vara tillgängligt för att kunna ta emot eventuellt inkommande information.

Thorogood uppgav även att han inte vid något tillfälle trodde att Hammarskjöld valt att bege sig "elsewhere". Han ansåg sig ha fått tillräckligt klar information om att SE-BDY skulle landa i Ndola. I Salisbury hade man det övergripande ansvaret för flyg in i Rhodesia och klockan 23.25 hade han lämnat över kontrollen av SE-BDY till Ndola.

FN-kommissionen hade inte tillgång till den fullständiga förhörsutskriften av Thorogood. Den har påträffats senare bland den svenske observatören Bo Virvings efterlämnade papper. Virving, chefsingenjör i Transair, var kritisk mot den rhodesiska utredningens selektiva hantering av vittnesmål. Till FN-kommissionen överlämnade han en egen rapport som utgick från uppgifterna om flera flygplan över Ndola. Han lanserade där en teori om att ett okänt flygplan spelat en ödesdiger roll i sammanhanget. Vi ska återkomma till den teorin senare i berättelsen.

Den svenska arbetsgruppen

FN-kommissionen hade tillsatts den 26 oktober 1961 och tre veckor senare, den 16 november, tillsatte den svenska regeringen en arbetsgrupp som skulle granska det internationella utredningsarbetets resultat, eller som statsminister Tage Erlander uttryckte det "kritiskt granska det material som insamlats". Ordförande blev den då nyutnämnde justitiekanslern Sten Rudholm. Enligt Erlanders pressmeddelande var det lämpligt att till den svenska expertgruppens ledare "utse vår högste åklagare". Rudholm skulle 1967 bli president i Svea hovrätt och 1977 ledamot av Svenska Akademien på stol nr 1.

I den svenska arbetsgruppen ingick vidare hovrättsrådet och ordföranden i ICAO:s juridiska kommitté Karl Sidenbladh, luftfartsinspektören Erland Ljungh samt statspolisens chef intendent Georg Thulin. Sekreterare var UD-mannen och sedermera ambassadören Axel Edelstam. Dessutom ingick särskilda sakkunniga – flygare, tekniker, ballistiker och obducenter. I slutskedet av arbetet inkallades den av FN anlitade experten, professor Frei-Sulzer från Zürich.

När gruppen lämnade sin slutrapport hade man omformulerat sitt mandat från att granska och utvärdera materialet till att sammanfatta de tre tidigare kommissionernas arbete. Samtidigt tycks man ha varit inställd på att få fram en diplomatiskt gångbar produkt. Otto Danielssons och Eyvind Bratts kritiska synpunkter som observatörer negligerades och hemligstämpeln kom fram. Bo Virving, i sin egenskap av Transairs tekniske chef, fick inget stöd för sina synpunkter.

Det passade sig inte att kritisera experter eller diplomater från Centralafrikanska federationen, Storbritannien eller FN. Ändå framfördes viss kritik i marginalen. Det var olämpligt att utse Barber till utredare av sina egna åtgärder. Det hade varit önskvärt med kriminalteknisk expertis i utredningsarbetet, hette det, men samtidigt bortsåg man från Danielssons expertis.

Arbetsgruppen redovisade sin bedömning i en skrivelse till regeringen den 2 maj 1962. Skrivelsen innefattade, förutom bilagor, en promemoria som återgavs i den årliga skriften *Utrikesfrågor* för 1962. Här hette det, något förvånande, om den rhodesiska haverikommissionen:

> Kommissionen har, utan hänsyn till utredningskostnaderna, företagit en allsidig och i allt väsentligt noggrann undersökning. Icke vid något tillfälle har kommissionens ledamöter visat tendens att vilja undertrycka något, som kunnat vara av betydelse för utredningen. De svenska observatörerna, vilka i stor utsträckning biträdde i själva utredningsarbetet, har haft full insyn i utredningsarbetet och de har deltagit i detta i gott samarbete med övriga medverkande.

Om den rhodesiska juristkommissionen hette det att förfarandet "fyllde ifråga om objektivitet och fullständighet högt ställda anspråk", och som sammanfattande omdöme om de tre kommissionernas arbete konstaterades att det "kännetecknats av objektivitet, strävan efter fullständighet och noggrannhet".

Ingenting nämndes således om Otto Danielssons avvikande ståndpunkter, hans rapport hemligstämplades och låstes in. Statspolischefen Thulin valde att totalt desavouera sin underordnade tjänsteman. Som Bengt Rösiö sammanfattat det: "Locket hade lagts på."

Men förfarandet hade följt svensk förvaltningsrättslig praxis. Sekreteraren Edelstams uppgift var inte att utreda utan att sammanställa dokument och argument. Domarna Rudholm och Sidenbladh utredde inte heller utan lyssnade, som vanligtvis i deras yrkesroll, på vad som framfördes av andra och drog därefter sina slutsatser. De som svek var experterna som hade kompetens att ifrågasätta. Resultatet blev en promemoria som väckte ringa intresse bland riksdagsmän, journalister och allmänhet. Den anmäldes i regeringskonselj den 28 juni och, som redaktören för *Utrikesfrågor* uttryckte det, "Kungl. Maj:t beslöt därvid, att den skulle läggas till handlingarna".

Vad som inte uppmärksammades i media var hur frågan om haveriorsaken hanterades av arbetsgruppen. Medan FN-utredningen valt att inte gradera sannolikheten av olika alternativ, valde arbetsgruppen ett motsatt förfarande. I en av fyra punkter hette det:

> Såsom *minst sannolika* av möjliga och rimliga anledningar till haveriet framstår anfall eller störning från annat flygplan, nedskjutning eller annan påverkan från marken samt brand ombord.

Effekten blev att teorin om pilotfel indirekt lyftes fram som mest sannolik, detta till stor sorg och bestörtning för besättningens anförvanter.

TEORIER

Termitstacken

När diplomaterna vid East River i New York den 24 april 1962 mottog utredningen om Hammarskjölds död studsade de kanske till inför följande slutsats från FN-kommissionens sida: "Nevertheless it cannot exclude attack as a possible cause of the crash" (s. 65 i rapporten).

En anledning till att någon form av attack inte kunde uteslutas var Transairingenjören Bo Virvings teorier. Som svensk observatör i den rhodesiska utredningen hade han lämnat in en rapport till FN-kommissionen om den överväldigande sannolikheten ("overwhelming evidence") för att SE-BDY hade kraschat till följd av ett oidentifierat flygplans agerande. Virvings rapport är daterad Salisbury den 23 januari 1962.

Virving menade att ett mindre plan låg i vänteläge när SE-BDY kom in över Ndola. Det kan ha rört sig om en tvåmotorig de Havilland Dove – ett brittiskt mindre passagerarplan för matartrafik. Det kan också ha rört sig om det amerikanska skolflygplanet AT-16 Harvard (som kallades Sk 16 i det svenska flygvapnet). Planet kan ha kommit från Jadotville i södra Katanga eller från Kipushi just vid gränsen till Nordrhodesia.

Genom en sammanställning av tjugo vittnesmål av över hundra undersökta ansåg sig Virving kunna göra troligt att det mindre planet dök mot det ankommande planet, avfyrade två raketer som missade och därefter ytterligare en som träffade. Syftet skulle ha varit att mörda Hammarskjöld och därmed säkra Katangas fortsatta existens.

När vraket undersöktes kunde teorin om väpnad attack dock inte bekräftas. Man fann ett mystiskt hål i noskonen (radardomen) och ett annat hål i ramen till ett cockpitfönster. Den ballistiska undersökningen visade att det åtminstone inte var fråga om kulhål, men hålen skulle kunna vara orsakade av fragment från sprängladdningar utanför flygplanskroppen, något som dock inte påpekades av experterna.

Det har sagts att mot teorin om väpnat angrepp talar det faktum att planet inte dramatiskt ändrade kurs innan kraschen inträffade. Det låg kvar i jämn, närmast plan, kurs, med fem graders vinkel nedåt. Det är framför allt märkligt att SE-BDY, efter den första "beskjutningen", inte valde att sända ut ett "mayday". Istället inledde man, eller fortsatte med, en landningssväng som blev snävare än en normal päronsväng. Men just denna förkortning av päronsvängen tyder på att man hade bråttom, att någonting hade hänt.

Attackteorin kan emellertid modifieras. Den kanske blir mer övertygande om man utgår från att den första eldgivningen var tänkt som en varning: "Följ våra direktiv eller annars ...". Det kan då ha rört sig om spårljusammunition som oavsiktligt skadat SE-BDY:s styrförmåga och stört piloten. Syftet skulle ha varit att kapa *Albertinan* och få henne att lägga om kursen. Ville man kanske tvinga SE-BDY till Kolwezi i södra Katanga? Flygbasen där var inte FN-kontrollerad, till skillnad från Kamina i mellersta Katanga. Kolwezi låg närmare och där skulle Hammarskjöld kunna utsättas för operation övertalning. FN skulle övertygas om att man borde erkänna Katanga som en oberoende stat.

Kapningsteorin öppnar alltså för möjligheten att nedskjutningen var oavsiktlig. Päronsvängen var som framgått ovanligt snäv och kraftig, vilket skulle kunna tala för att piloten var under press. Efter en första varning skulle planet innan landningsskedet ha störts av en ny eldgivning, kanske även den tänkt som varning och påtryckning. Den yttre störning som besättningen utsattes för skulle då ha resulterat i att *Albertinan* havererade.

***

Diskussionen om haveriet i Ndola präglades länge av frågan om en Fouga från Katanga kunde vara inblandad. De flesta bedömare är emellertid ense om att en Fouga Magister, baserad i Kolwezi, knappast hade prestanda nog för detta. Saken undersöktes av bland andra svenska Luftfartsstyrelsen. Aktionsradien, med extratankar, var 2 x 420 kilometer. Från Kolwezi till Ndola var det 426 kilometer. Det skulle innebära att en Fouga inte skulle kunna ta risken att flyga från Kolwezi till Ndola, cirkla där i luften några minuter och sedan återvända. I realiteten skulle en Fouga, för att kunna fullgöra sitt uppdrag, behöva mer tid över Ndola och behöva fylla på bränsle någonstans under återfärden. Ungefär halvvägs till Kolwezi låg Kipushi med en gräsbevuxen landningsbana

Katangas flygvapen, Avikat, disponerade
ett mindre antal franska skolflygplan av
typen Fouga Magister, här nr 93. I resone-
mangen om en eventuell nedskjutning av
det plan Hammarskjöld färdades i figurerar
framför allt typen Fouga Magister, även om
ett sådant plan är sällsynt illa lämpat för att
skjuta ner ett stort flermotorigt flygplan.

som sträckte sig in på Nordrhodesias territorium och en hangar som också var gränsöverskridande. Kan Kipushi ha löst problemet med aktionsradien? Det kan i så fall ha inneburit medverkan av rhodesisk personal.

Hur som helst menade man att enbart *en* Fouga Magister var disponibel den 17 september. Ursprungligen hade det katangesiska "flygvapnet" haft tre Fougor, importerade från Frankrike. En av dessa hade kvaddats i ett tidigt skede (under en flyguppvisning) och en annan hade beslagtagits och gjorts obrukbar av FN i Élisabethville (man hade slagit sönder instrumentbrädan). Men det tredje planet var disponibelt och det var stationerat i Kolwezi. Det hade utrustats med extra bränsletankar och två kulsprutor. Det hade också kapacitet för fyra raketer. Frågan är om det fanns en tillgänglig pilot den aktuella natten.

Den belgiske "majoren" José Delin hade marknadsfört sig själv som Fougans pilot, den som djärvt bombade FN:s enheter och av media döpts till *The Lone Ranger*. Han var i själva verket inte pilot men hade i Sydafrika utbildats till navigatör. Som sådan satt han bakom piloten och var den som talade i radio. Journalisterna fick därför för sig att han var den som förde planet, vilket också kan ha varit fallet någon gång. Hans huvudsakliga funktion var dock markbaserad, han var administrativt ansvarig på basen i Kolwezi. Delin volonterade som vittne inför de rhodesiska kommissionerna och försäkrade då att han inte flugit den aktuella natten. Delins kolleger visste att han talade sanning. Det har nämligen sedermera framkommit att han knappt kunde flyga dagtid, än mindre nattetid. Delin var starkt tilltalad av medias uppmärksamhet och lät sig fotograferas mot en bakgrund av flygkartor.

Fougans ordinarie pilot var den belgiske legosoldaten José Magain. En naturlig fråga blir då: Var han i luften natten den 17–18 september?

Delin påstod emellertid i sitt vittnesmål att Fougan överhuvudtaget inte flög på natten. Landningsbanan i Kolwezi var inte möjlig att använda då belysningen inte fungerade. Nattetid var den ofta belamrad med oljefat för att hindra landning, men just natten den 17–18 september hade Tshombe beordrat bort oljefaten. Anledningen skulle, enligt Tshombe själv, vara att det var en säkerhetsåtgärd ifall generalsekreteraren behövde en reservflygplats.

Om det fanns ett inväntande plan i luftrummet över Ndola kan det också – som Virving hävdat – ha varit ett annat plan än Fougan. Tshombe hade från den kongolesiska försvarsmakten tillskansat sig ett antal de Havilland Doves, varav tre var disponibla för Avikat, det katangesiska "flygvapnet". En Dove var alltså Virvings och även Otto Danielssons huvudmisstänkta plan för händelserna den 18 september. Virving klargjorde för sin del detta i rapporten till FN.

Virving hade nämligen undersökt saken närmare och kommit fram till att Katanga höll tre Dove-plan baserade på flygfältet i Kipushi. Han hade tagit sig dit och funnit loggböcker för de tre planen. Dessa lyste dock med sin frånvaro och uppgavs vara på reparation i Sydafrika. Virving skrev till den sydafrikanska verkstaden, berättade uppriktigt och naivt att han undersökte Ndolakraschen och fick i sinom tid ett svar av typen: "Sorry, we can't help you."

*****

I november 1979 skrev Bo Virving en ny, något reviderad, version av sin utredning. Han ändrade bland annat uppgiften om vilken vapentyp som kunde ha använts. Istället för beskjutning med raketer beskrevs nu att en eller flera mindre bomber kunde ha släppts från ett hål i buken på det attackerande flygplanet. Virving kunde inte släppa tankarna på att han kommit sanningen på spåren. Den nya versionen av rapporten hade emellertid ingen officiell adressat. Nu var det enbart ett privat projekt. Men TV-producenten Gunnar Möllerstedt köpte hans teori om en bombande Dove i serien *Generalsekreteraren* som sändes i svensk TV 1980. Bo Virving avled 1982. Hade han levt längre hade han kunnat finna stöd för sin teori i legoknekten Jerry Purens bok *Mercenary Commander*, som kom 1986. Där beskrivs hur Dove-flygplan i Katanga utrustades med ett system för 12,5 kilos bomber som tillverkades på löpande band av Union Minière.

Bo Virvings son, ingenjören Björn Virving, har sedermera skrivit en bok baserad på faderns material samt dokument från bland annat Riksarkivet. Efter att ha studerat det samlade materialet beslöt han sig för att dokumentera resultatet i boken *Termitstacken* (1996). Titeln anspelar på den termitstack som SE-BDY:s vänstra vingrot slog emot och som fick det kraschade planet att vridas runt och desintegreras. Titeln anspelar också på det politiska läget i Kongo vid denna tid.

Bo och Björn Virvings teorier bygger på de vittnesmål som trots att de var skiljaktiga på flera punkter var samstämmiga i iakttagelsen av ett eldsken mellan två plan i luften. Dessutom var ett annat vittnesmål av intresse. I västra utkanten av Ndola låg David Bermant och hans hustru och sov i sin bostad. De väcktes av ett kraftigt motorljud (som fick huset att skaka). Bermant hörde motorbuller från ett flygplan på låg höjd som nalkades i ungefär syd–nordlig riktning, vilket kan ha varit en Dove som drog på full gas för att hinna upp SE-BDY. En gasande eller dykande tvåmotorig Dove kan ha åstadkommit den typ av motorljud som Bermant hörde.

Katangas flyg

FN-utredaren informerades 2019 om att ett antal brittiska de Havilland Dove varit tillgängliga för Katangas "flygvapen" (Avicat). Ett nytt vittne, belgaren Victor Rosez som arbetade i en militärverkstad i Élisabethville maj–augusti 1961, hade deltagit i tillverkning av 12,5 kilos bomber för flygplanstypen, som han sett i fyra exemplar på olika platser i Katanga. Tidigare hade man uppfattningen att Katangas "flygvapen" (Avikat) endast bestod av tre franska skol-

flygplan av typen Fouga Magister. I den nya FN-utredningen framkom att åtminstone ett av dessa flygplan var operativt den 17 september 1961 och att dessutom ett antal tyska Dornier DO-28 vid denna tid flugits in från München. Dessa plan var bestyckade och utrustade med bombluckor och åtminstone ett av dem var på plats i början av september och skulle ha kunnat attackera Hammarskjölds plan SE-BDY.

En de Havilland Dove, tillverkad i Storbritannien, med bestyckning i form av monterad kulspruta, och med den katangesiska nationalitetsbeteckningen i rött-grönt-vitt, någonstans i luften över Katanga.

Björn Virving tar i sin bok (som han kallar faktaroman) ut svängarna om vad som hände den aktuella natten. Efter att ha beskrivit fakta om *Albertinas* flygning från Léopoldville till Ndola övergår skildringen i "fiction". Han tar oss med in i planet sedan man passerat Ndola och påbörjat päronsvängen. Vad som följer är antaganden om vad som händer i planet. Till bakgrunden av skildringen hör att sergeanterna Persson och Hjelte alltid hade en kortlek med sig för att fördriva tiden under långa väntetider. Detta kan förklara att det första foto som togs av Hammarskjöld efter kraschen visade en del av ett spelkort under den avlidnes slips. Till bakgrunden hör också att man vet att vissa de Havilland Dove-flygplan var utrustade med bombluckor.

Vi följer nu bokens skildring av vad som hände i planet:

Pursern Harald Noork tänder kabinbelysningen och passagerarna sträcker på sig och börjar göra sig redo för landning. Hammarskjöld sitter förstrött och lägger en patiens med kortleken, som han lånat av livvakterna Stig Olof Hjelte och Per Edvald Persson.

Kapten Hallonquist fäller ut landningsstrålkastarna och landningsställen för att vara redo inför inflygningen. Han har ännu inte riktigt bestämt sig för om han skall göra en visuell eller instrumentell inflygning.

Därefter skildras hur en inväntande de Havilland Dove har hunnit ifatt och placerat sig ovanför SE-BDY.

I Doven gäller det nu att handla snabbt. Samtidigt som man dyker ner mot SE-BDY öppnar man bombluckorna i planets buk och strålkastaren som finns där tas fram. Först måste man i det totala mörkret förvissa sig om att det är rätt plan man har siktat. I samma ögonblick som Doven passerar över SE-BDY tänder därför sprängämnesexperten strålkastaren och lyser genom bombluckan ner på SE-BDY. Dovens besättning kan snabbt konstatera att det är rätt plan.

Livvakten Julien i SE-BDY sitter och tittar ner på de försvinnande ljusen från Ndola. [...] Plötsligt ser han ett ljus glimta till i luften. Reflexerna syns på flygplansvingen och i motorkåporna. Han tycker att det ser ut som om någonting gnistrar till utanför flygplanet, eller som om en strålkastare tänds och släcks. Händelsen upprepar sig ytterligare en gång.

Skildringen fortsätter med hur piloten på Doven anropar SE-BDY. Hallonquist svarar och ber den anropande rösten att identifiera sig.

Rösten vägrar att uppge sin identitet och säger att detta är en kapning och begär att SE-BDY omedelbart skall sätta kurs mot Elisabethville. Om inte ordern följs kommer SE-BDY att utsättas för beskjutning.

Hotet har tydligen framförts på franska. Kapten Hallonquist ber via högtalar-systemet den fransktalande Alice Lalande, som sitter i bakre delen av planet tillsammans med Hammarskjöld, att komma fram till cockpit. Hon gör så och efter en kort stund går hon snabbt genom kabinen ner mot Hammarskjöld. Liv-vakten Barrau spänner loss säkerhetsbältet, går in i cockpit och undrar vad som står på. Hallonquist informerar honom om kapningsförsöket och säger att man brådskande behöver Hammarskjölds instruktion om hur man ska agera. Barrau lämnar cockpit, djupt oroad. Han berättar för de andra livvakterna om vad som är på gång. Harold Julien går akteröver för att sätta sig närmare Hammarskjöld.

Alice Lalande står böjd över Hammarskjöld och samtalar med honom, när Julien kommer dit. Julien hinner bara uppfatta att Hammarskjöld säger: *"gå tillbaka"* (go back), innan Lalande med raska steg nästan springer fram genom kabinen.

Hallonquist bestämmer sig för att försöka flyga ifrån det andra planet. DC-6:an var ju ett modernt och förhållandevis snabbt flygplan. Han ger SE-BDY maximal gas. Motorerna vrålar till och farten ökar väsentligt.

I förarkabinen är det nu stor uppståndelse. Barrau står som förstummad och tittar på hastighetsmätaren som stadigt ökar i fart. Alice Lalande kommer in och frågar med upprörd stämma Hallonquist vad han tänker göra. [...]
I radion hörs igen pilotens röst från Doven. Denna gång mycket mer upprörd. Han varnar dem från att försöka smita, för då måste han verk-ställa sitt hot. Lägger de inte om kursen inom tio sekunder så anfaller han.

Författaren väljer, till skillnad från fadern, kapningsteorin. Kapningshotet och explosionerna utanför planet skulle också förklara Julians ord på sjukhuset om att farten var hög – mycket hög ("There was great speed. Great speed"). Hammarskjölds uppmaning "Go back" är dock fortfarande svårtolkad. Det var knappast en uppmaning till passagerarna att ta sig så långt bak i planet som möjligt för att öka chanserna till överlevnad vid en kraschlandning. Hur skulle hans uppmaning kunna höras i flygbullret. De flesta satt fastspända i sina säten längs den långa mittgången. Mer troligt är att han (via Alice Lalande) riktade sig till cockpit och ville se en snabb päronsväng för att därefter komma tillbaka till flygplatsen.

Berättelsen om ett kapningsförsök som resulterade i en väpnad attack var inte ny när Björn Virving gav ut sin bok 1996. En annan, liknande, version hade, som vi ska se, framförts i Paris nästan tre decennier tidigare.

En legopilots historia

Den 9 november 1992 publicerades i brittiska The Guardian en insändare med rubriken "Hammarskjold plane crash 'no accident'". Insändaren handlade egentligen om de risker som FN-piloter löpte i forna Jugoslavien mot bakgrund av att ett FN-plan med italiensk besättning skjutits ner över Bosnien. I förbigående nämndes om händelserna 1961 att bevis fanns för att Hammarskjölds plan hade blivit nedskjutet.

Insändaren var undertecknad av två av Hammarskjölds forna medarbetare, Conor Cruise O'Brien, nu återbördad till Dublin, och George Ivan Smith, Hammarskjölds australiske presschef som efter pensionen hade slagit sig ner i Gloucestershire i England. När journalister frågade Ivan Smith vilka bevis som fanns åberopade han en egen bandinspelning från den 17 september 1981, på dagen tjugo år efter kraschen i Ndola. Han hade då träffat en tidigare FN-diplomat som berättade om ett samtal som denne haft med en legoknekt i Paris i februari 1967. Ivan Smith hade spelat in berättelsen på band. Den ex-diplomat som hade någonting att berätta var den fransk-georgiske affärsmannen Claude de Kemoularia som 1957–1961 hade varit Hammarskjölds assistent. Senare skulle han bli finansiell rådgivare till furst Rainier av Monaco och på 1980-talet fransk FN-ambassadör i New York. Hans besökare var en udda existens med sjavigt yttre som måste ha känt sig malplacerad i de Kemoularias parisiska patriciervåning. Han hade hamnat där via kumpaner som kontaktat en journalist, som i sin tur kontaktat ex-diplomaten. Mannen, en belgare, sade sig ha varit legopilot i Katanga och han hade av misstag skjutit ner Hammarskjölds plan. Han kallade sig Beukels. Hans rätta identitet är okänd eller åtminstone osäker.

Tjugo år efter Hammarskjölds död sitter således de Kemoularia i sin våning i Paris tillsammans med Ivan Smith och minns besökaren från 1967. Legopilo-

Den franske diplomaten (av georgiskt
ursprung) och affärsmagnaten Claude de
Kemoularia (1922–2016), här fotograferad
1959 då han arbetade i FN under Hammar-
skjöld. Han mottog 1967 ett vittnesmål i
Paris från en påstådd pilot som sade sig ha
skjutit ner Hammarskjölds plan 1961.

tens berättelse gås igenom. de Kemoularia översätter sina franska anteckningar till engelska. Ivan Smiths bandspelare snurrar. Det blir fyra kassetter. Banden är numera förkomna men Ivan Smith åstadkom med hjälp av en sekreterare en utskrift på 71 sidor. Kontentan av bandinspelningen och utskriften var följande.

En grupp "viktiga personer" under ledning av en Mr X hade beslutat om en djärv operation. Två Magister Fouga från basen i Kolwezi skulle användas. Varje plan hade plats för två besättningsmän, förutom piloten en radiotelegrafist som sitter bakom piloten. Planen var båda utrustade med två 7,5 mm kanoner laddade med såväl skarp ammunition som spårljusammunition. Beukels och en annan pilot hade beordrats lyfta med var sin Fouga från Kolwezi för att genskjuta *Albertinan* över Ndola. Kontrolltornet där informerades om anflygningen och förväntades ge besked om SE-BDY:s ankomst och position. Avsikten ska ha varit att kapa DC-6:an och föra den till Kolwezi. Där, eller efter förflyttning till Kamina, skulle operation övertalning äga rum. Tanken var uppenbarligen att en grupp europeiska affärsmän skulle övertyga generalsekreteraren om nödvändigheten av ett fritt kapitalistiskt Katanga.

Strax efter midnatt den 18 september identifierade Fouga 1 DC-6:an och lade sig ovanför den under dess landningssväng. Klockan var 00.13 när "vi befann oss direkt ovanför det andra planets passagerarkabin och slog på vårt kraftiga sökarljus, som var monterat under planets buk. Ett klart sken lyste över DC-6:ans kabin". Därefter skulle följande radiomeddelande ha sänts över, på franska:

Calling DC-6, calling DC-6. Avbryt er landning. Ni ombeds vända om till basen i Kolwezi. Vi eskorterar er. Betydande personer önskar möta huvudpersonen ombord. Om ni vägrar har vi order att använda våld. Om OK, svara.

Piloten på SE-BDY ska ha svarat: "Wait I will check." Något svar inkom dock inte varför Beukels, enligt sina instruktioner, avfyrade varningsskott i form av spårljus. Ett av skotten träffade, enligt Beukels, av misstag, DC-6:an i dess bakre del. Planet började vingla och svaja och radiotelegrafisten skrek högt och upphetsat, enligt den engelska uppteckningen: "Shit! You have hit it."

Strax därefter såg besättningen i Fouga 1 det träffade planet brinnande på marken. Fouga 2 var inte inblandat i händelseutvecklingen. Man hade misslyckats med sitt uppdrag och Fouga 1 rapporterade vad som hänt till kommandot i Kolwezi. Därifrån utgick order om att de två planen skulle återvända. Vid ankomsten till basen lastades besättningarna i en helikopter för transport till Kamina. Där, förstod Beukels, väntade räfst och rättarting.

***

Detaljerna i denna historia var inte kända när svenska UD 1992 gav diplomaten Bengt Rösiö, stationerad i Kongo 1960–1961, i uppdrag att närmare undersöka de nya uppgifterna. Han avvisade snabbt Beukels berättelse som ovederhäftig och orimlig. Beukels hade angett Fougans räckvidd till 1 400 kilometer när den i själva verket var 840 kilometer, möjligen tillräckligt för att ta den från Kolwezi till Ndola och tillbaka igen, men inte tillräckligt för att ligga i vänteläge över Ndola. Någon extra tankning av bränsle i Kipushi eller någon annanstans på återvägen ingick inte i berättelsen.

Beukels hade som framgått uppgett att två Fouga var inblandade, men enligt FN var det endast ett plan som var disponibelt i september 1961. Uppseendeväckande var Beukels påstående att ett eller båda av dessa plan kommunicerade med kontrolltornet i Ndola, som därmed alltså skulle ha känt till vad som planerades. Såväl rhodesiska som brittiska medborgare borde då ha känt till konspirationen. Kanske gällde detta även lord Alport. Är dessa förhållanden tillräckliga för att punktera trovärdigheten av Beukels berättelse?

Efter varningsskotten sades SE-BDY ha vinglat och svajat. Detta stämmer inte med planets dokumenterade färdväg som gick snett nedåt i säker kurs och på ett jämnt sätt forcerade genom trädtopparna.

Beukels hade också hävdat att han efter det misslyckade uppdraget flögs i helikopter till Kamina för att förhöras av ledarskapet för den planerade aktionen. Där väntade, enligt Beukels, den mystiske Mr X, som kanske var finansiären och den ideologiske ledaren för operationen. Där väntade också överste Robert Lamouline, de facto Katangas överbefälhavare. Men det är någonting som inte stämmer här. Kaminabasen var kontrollerad av FN och inte av Katanga, även om det också fanns ett civilt flygfält i Kamina. Det kan tilläggas att Beukels påstod att "the Lone Ranger", majoren José Delin, var närvarande vid förhöret i Kamina. Men varför skulle han ha varit det? Han hade sin arbetsplats på den av Katanga kontrollerade basen i Kolwezi.

Dessa inadvertenser torde vara tillräckliga för att avvisa Beukels berättelse, som delvis förefaller vara motiverad av förhoppningar om ekonomisk ersättning. Men påståendet om en tänkt kapning av SE-BDY har emellertid fortsatt att leva kvar i tankevärlden som en möjlighet, även om scenariot "operation övertalning" ter sig politiskt naivt. Vem kunde tro att Hammarskjöld, ens under press, skulle lägga om sin Afrikapolitik till att bli mer "kolonialistisk"?

Ett vittne på Cypern?

Bengt Rösiös första rapport, "The Ndola Disaster", förelåg som en UD-publikation i november 1992. I februari året därpå publicerades en utökad version ("Revised version") av rapporten. Den 3 mars 1993 utlyste UD en presskonferens där Rösiö presenterade sin slutsats att haveriet berodde på att man i *Albertinans* cockpit inte tillräckligt hållit ögonen på höjdmätaren. Planet kom in för lågt i en kontrollerad flygning. Det rörde sig om den inte ovanliga företeelsen *Controlled Flight Into Terrain* (CFIT).

Rösiö fortsatte emellertid sina undersökningar. Han ville framför allt försöka få svar på frågan om vad som låg bakom den fördröjda räddningsinsatsen. Men han försökte även i övrigt spåra personer som kunde belysa olika aspekter av själva händelseförloppet. En av de personer som han önskade komma i kontakt med var amerikanen Charles Southall, som enligt vissa uppgifter kunde ha avlyssnat nedskjutningen av SE-BDY från en signalspaningsstation på Cypern. I UD:s arkiv fanns ett brev från Rabat, Marocko, till UD, Stockholm, daterat den 27 juni 1967, från Bertil Ståhl, som var Sveriges dåvarande chargé d'affaires i Rabat.

Ståhl rapporterade att han på ett cocktailparty hade samtalat med en biträdande amerikansk flygattaché vid namn Southall. Denne hade berättat att han som ung underrättelseman på Cypern (han var då 27 år gammal) lyssnat på en radioinspelning av vilken framgick att Hammarskjölds plan skjutits ner. Ståhl skrev att den avlyssnade rösten, enligt Southall, tillhörde (citat):

> en belgisk mercenär i Ndola på post vid sin luftvärnskanon (eller kulspruta). Enligt upptagningen skulle mercenären ha sett det Hammarskjöldska, inte annonserade flygplanet, komma in mot flygplatsen. Eftersom han var övertygad om att det inte var något av de egna planen, men å andra sidan inte visste vems plan det var, hade han skjutit på det och med upphetsad förtjusning ropat i mikrofonen när planet störtade.

Ståhl avslutade sitt brev med att han vore tacksam för en kommentar till berättelsen, "om inte annat så för att sättas i stånd att bedöma min kollegas trovärdighet. Han pratar rätt mycket och gärna".

Rösiö försökte under våren 1993 få tag i Southall som han trodde var en CIA-man. Han bad därför svenska Washingtonambassaden att fråga amerikanska UD, State Department, om Southall fanns i rullorna och hur han kunde nås. Svaret var att man inte kände till honom överhuvudtaget. Detta visade sig senare vara en missvisande information. En handläggare på Bureau of Intelligence and Research (INR), som var kopplad till State Department, hade brevledes kontaktat Southall och informerat honom om att svenska regeringen sökte information om Hammarskjölds död. Den direkta frågan från INR var: Hade Southall, en tidigare pilot i marinen, någon information att bidra med? Detta brev var skrivet redan i december 1992 men i avsaknad av Southalls adress sändes det till Bureau of Naval Personnel där det blev liggande i tre månader.

Brevet kom Southall tillhanda den 21 mars 1993 och han svarade omedelbart. Han hade läst i New York Times om George Ivan Smiths och Conor Cruise O'Briens insändare och han var mån om att berätta sin egen "story". Ytterligare kommunikationer med INR följde. Southall, som i själva verket varit anställd av avlyssningsorganet National Security Agency (NSA), meddelade INR att han önskade återinträda i tjänst någon månad för att i arkiven söka efter den ljudupptagning som han hört 1961. I ett brev från INR, som han mottog den 14 maj, meddelades att han inte kunde gå in i tjänst och inte kunde ges tillgång till arkiven. Handläggaren, en viss Bowman Miller, gjorde klart att Southall var skyldig att redovisa den information han hade i ärendet. Den svenska regeringen ville kontrollera uppgifter om att han avlyssnat en konversation mellan en pilot i ett Fouga-plan och en markkontakt som tydde på en nedskjutning av SE-BDY. Detta var något annat än Southalls berättelse från 1967, som i Ståhls version, gällde luftvärnseld från marken.

Southall bekräftade i sina kontakter med Miller att han hört en pilot rapportera om hur han genom eldgivning träffat ett annat plan, eventuellt genom att varningsskott som fick oanade konsekvenser. Southall mindes inte om piloten talade engelska eller franska eftersom han, som vuxit upp i det fransktalande Beirut, var tvåspråkig.

State Department hade vid det här laget meddelat svenska ambassaden att Southall var spårad, men att han inte var villig att uttala sig. I själva verket ville han inget hellre. Southall visste att man i Sverige var intresserad av att höra honom och han fick tag i tidningen Expressens man i New York, Staffan Thorsell. Southall berättade då följande, enligt ett reportage i Expressen den 12 januari 1994. (Alla detaljer i berättelsen är inte hämtade från Expressens reportage utan vissa uppgifter kommer från senare intervjuer med Southall.)

I september 1961 tjänstgjorde han på Cypern, i det amerikanska signalspa-
ningsorganet NSA. Han arbetade som operations- och analysofficer vid en
avlyssningscentral utanför Nicosia. Arbetsplatsen var en stor fönsterlös cement-
byggnad där CIA höll till på bottenvåningen och NSA en trappa upp. Där uppe
arbetade dagtid omkring åttio personer i en jättestor lokal fylld med utrustning
för mottagande av öppen och kodad signaltrafik. Meddelanden kom in från
avlyssningsstationer i Afrika och Mellanöstern och delgavs Washington till-
sammans med analyserande kommentarer. Southall var utbildad pilot i marinen
och som sådan väl rustad att förstå radiotrafik från flygplan.

Några timmar före midnatt den 17 september 1961 blir han i sin bostad
uppringd av den vakthavande officeren i avlyssningscentralen: "Kom över hit.
Någonting intressant håller på att hända." Det var inte en order utan en vänlig
uppmaning, den enda gången under tjänstgöringen på Cypern som han blev
inkallad nattetid.

Han ger sig iväg i sin bil och väl på plats, strax efter midnatt, hör han till-
sammans med fyra–fem kolleger, tätt samlade kring en högtalare, en sju minuter
gammal inspelning. Inspelningen har skickats vidare till Cypern från en mark-
baserad avlyssningsstation i närheten av Ndola. Det är en jaktpilot som talar
med någon på marken. "Jag ser ett plan", säger piloten. "Det är långt ner. Vad
är detta? Det borde inte vara här. Jag går ner och flyger in mot det." Ljudet av
automatkanoner hörs på inspelningen. Piloten utbrister: "Jag har träffat det. Det
kommer rök. Planet går ner. Det kraschar."

Inspelningen på Cypern sändes snabbt vidare till uppdragsgivarna i Washing-
ton. Southall begrep först efteråt att han lyssnat på en upptagning som rörde
kraschen i Ndola. Senare gick han vidare i sin karriär med tjänstgöring som
biträdande marinattaché vid amerikanska ambassaden i Marocko.

***

Efter det att Southall tagit kontakt med Expressen kunde även Bengt Rösiö,
som inte fått någon hjälp av State Department, till slut få tag i honom:

> Jag ringde Southall som stod i begrepp att lämna Kalifornien för att flytta
> till Marocko. Vi hade ett långt samtal och jag skickade honom min utred-
> ning. Han svarade med brev och verkade så övertygad om sina uppgifters
> riktighet att jag tyckte det var nödvändigt att tala med honom.

Våren 1994 träffades de i Casablanca. Southall hade tagit in på Sheraton Hotel och Rösiö anslöt sig. De hade där fyra samtal under fyra dagar och Southall berättade på nytt om sin tid i Nicosia då han tjänstgjort i NSA. Under haverinatten hade han lyssnat till en inspelning där en pilot ungefär sagt att "Jag har honom ... han borde inte vara här". Därefter hade det hörts ljud av eldgivning och sedan orden "Jag har träffat honom".

Om piloten hade uppdraget att vänta in det andra planet blir orden "han borde inte vara här" svårförklarliga. Om planet var oväntat, varför beskjuta det? Rösiö ställde en del följdfrågor och tyckte inte han fick tillfredställande svar. Southall kom inte ihåg att han 1967 hade sagt till Bertil Ståhl i Rabat att en belgisk legosoldat beskjutit planet med luftvärn eller kulspruta (men Ståhl var uppenbarligen osäker på vilket vapen som nämnts). Southall menade nu att det var piloten som skjutit och antagligen rapporterat in detta till CIA, som hade en markstation i regionen. Och CIA, menade han, ville absolut röja Hammarskjöld ur vägen.

Till detta kan man foga följande kommentar. Även om CIA-chefen Allen Dulles inte gillade Hammarskjölds politik är det närmast otänkbart att han skulle handla i direkt strid med sin presidents, John F. Kennedys, utrikespolitiska linje. Den innebar stöd till FN och dess generalsekreterare i Kongofrågan. Kennedy ville, i likhet med Hammarskjöld, inte att Katangas utbrytning skulle leda till en sovjetisk närvaro i Afrika. Det låg i Västs, FN:s och världssamfundets intresse att undvika en kris supermakterna emellan i Afrika, att undvika en farlig upptrappning av motsättningarna mellan Öst och Väst. Tanken att CIA skulle ligga bakom kraschen i Ndola motsägs även av det faktum att Allen Dulles då skulle ha varit beredd att ta livet av fyra amerikanska medborgare (experterna Fabry och Wieschhoff samt livvakterna Julien och Ranallo).

Rösiö kom till slutsatsen att Southall var helt otillförlitlig och uppvisade vissa mytomana drag. Den svenske utredaren stod fast vid sin teori om att kraschen var en CFIT, en kontrollerad flygning in i terrängen.

***

När Susan Williams arbetade på sin bok *Who killed Hammarskjöld?* tog hon kontakt med Southall och fick ett helt annat intryck än Rösiö. Hon träffade Southall flera gånger, lärde känna honom och uppskattade honom som person och vän. När boken kom ut 2011 återfanns där följande version av Southalls upplevelse på avlyssningsstationen i Nicosia.

Efter utbildning som pilot i marinen engagerades han i signalspaning. I september 1961 arbetade han för National Security Agency på Cypern, i en byggnad utanför Nicosia där CIA befolkade undervåningen och NSA våningen ovanför. Han tillhörde ett team vars uppgift det var att processa uppsnappade meddelanden, ofta av arabiskt ursprung. Det gällde att dechiffrera det som kunde avkodas, översätta vad som kunde översättas, och sända resultatet till NSA utanför Washington.

Omkring tre timmar före midnatt den 17 september fick Southall ett telefonsamtal i sin bostad från vakthavande på avlyssningsstationen. Han uppmanades infinna sig på arbetsplatsen eftersom något "intressant var på gång". Det var inte en order utan snarare en vänlig inbjudan. Han tyckte det lät spännande, satte sig i sin bil och körde iväg.

Kring midnatt satt han och fyra–fem arbetskamrater samlade kring en högtalare i spänd väntan. Strax efter midnatt hörde de en inspelning från Afrika som då, enligt vad någon påpekade efteråt, var sju–åtta minuter gammal. Omkring sju minuter var den tid som behövdes för att reläa en sådan upptagning till Cypern.

Gruppen kring högtalaren lyssnade spänt. Man hörde det rusande ljudet från en flygplansmotor och rösten från en pilot som rapporterade:

I see a transport plane coming low. All the lights are on. I'm going down to make a run on it. Yes it is the Transair DC6. It's the plane.

Pilotens röst var här lugn och samlad. Sedan hördes eldgivning med någon form av automatkanon. Pilotens röst blev nu exalterad:

I've hit it. There are flames! It's going down. It's crashing!

Southall fick definitivt intrycket att piloten väntade på att planet skulle dyka upp. Han kommer ihåg att någon i den lyssnande gruppen utropade:

It's the Lone Ranger! We know him! He must be waiting for Hammarskjöld's plane!

Detta var alltså vad Southall berättade för Susan Williams. Det ska jämföras med vad han hade sagt till Staffan Thorsell på Expressen. I den versionen hade piloten utropat:

Jag ser ett plan. Det är långt ner. Vad är detta? Det borde inte vara här. Jag går ner och flyger in mot det.

Enligt reportaget i Expressen begrep Southall först efteråt att han lyssnat på en upptagning som rörde Hammarskjölds död i Ndola. Det märkliga är att han hade kallats till en avlyssning av något som *skulle* ske, något som ännu inte hade inträffat. Vem/vilka visste vad i förväg?

De olika versioner som finns av händelseförloppet pekar på behovet av verifiering av någon av de andra som var samlade kring högtalaren i Nicosia den aktuella natten. Det är märkligt att ingen i gruppen hört av sig under årens lopp. Southall erinrade sig att den något yngre marinkollegan och vännen Wat Tyler Cluverius var närvarande. Denne hade senare inlett en framgångsrik karriär som diplomat. Någon gång i början av 2000-talet hade Southall kontaktat Cluverius, som tjänstgjorde i Rom på ett FN-uppdrag, och frågat honom om vad han kom ihåg. Cluverius kunde emellertid inte erinra sig den aktuella händelsen. Southall antydde för Susan Williams att Cluverius, som amerikansk diplomat, kanske kände att saken var så känslig att han inte borde uttala sig. Alternativet var naturligtvis att han av någon anledning helt hade glömt händelsen. Efter detta samtal med Williams försökte Southall ta förnyad kontakt med Cluverius. Han ringde upp hans bostad i Rom men fick höra att Cluverius var för sjuk för att komma till telefonen. Strax därefter avled han.

Några andra vittnen från natten i Nicosia har fortfarande inte hört av sig. Men om Southalls berättelse i stora drag är riktig borde, som han påpekat, inspelningen i fråga finnas arkiverad hos NSA i Washington.

Ett sydafrikanskt spår?

I Sydafrika hade det 1995 etablerats en sanningskommission (Truth and Reconciliation Commission, TRC) för att dokumentera allvarliga människorättsbrott under åren av apartheid. En dag i juli 1998, när kommissionens arbete var i en avslutande fas, dök det upp en pärm med handlingar från september 1961 som syntes bevisa en mordkomplott mot Dag Hammarskjöld. Konspirationen gick under namnet *Operation Celeste* och gick ut på att en bomb skulle fästas vid landningsstället på Hammarskjöld flygplan när det stod parkerat på flygplatsen i Léopoldville – och att bomben skulle utlösas vid landningsställets infällande under start. Av handlingarna framgick att operationen blev framgångsrik, även om bomben inte detonerade förrän vid försöket till landning i Ndola. Dokumenten hade en gemensam logotyp, bilden av en sjöjungfru och texten South African Institute of Maritime Reserch (SAIMR) med en adress i Johannesburg. En specialavdelning inom detta "institut", kallad Delta Operations, sades ligga bakom planerna på *Operation Celeste*. De flesta av dokumenten var rubricerade som "Top Secret" eller "Your Eyes Only". De var antingen handskrivna eller maskinskrivna. De rörde en korrespondens mellan en person i Johannesburg som kallade sig kommendör, två andra personer med militära titlar samt en agent på fältet med kodnamnet *Congo Red*. Anledningen till att Hammarskjöld behövde röjas ur vägen var enligt korrespondensen att han som FN-chef upplevdes som "becoming troublesome".

Dokumenten gav vid handen att CIA-chefen Allen Dulles gett sitt klartecken till operationen, liksom den brittiska regeringen genom MI 5 och vad som angavs som "Special Ops. Executive". Sanningskommissionen (TRC), som alltså var på väg att avsluta sitt arbete, hann inte ta i denna heta potatis, men dokumenten läcktes till en journalist. I det läget utlyste ärkebiskop Desmond Tutu i augusti 1998 en presskonferens där han lät offentliggöra åtta av SAIMR-dokumenten. Han förklarade att den hävdade konspirationen inte var en fråga för TRC, att han inte kunde kommentera sanningshalten, men att dokumenten hade överlämnats till justitieministern Dullah Omar för vidare handläggning. Tutu påpekade emellertid att de mest bisarra händelser inträffat i det förflutna, och han var inte beredd att avvisa möjligheten att dokumenten speglade en sanning.

En talesman för utrikesdepartementet i London (FCO) förnekade kategoriskt varje brittisk inblandning i en mordkomplott: "Intelligence agents of the United Kingdom do not go around bumping people off." Han antydde att sovjetisk desinformation kunde ligga bakom SAIMR-affären. En talesperson för CIA i Washington avvisade likaledes uppgifterna som absurda och utan grund. Sanningshalten kunde vidare ifrågasättas till följd av dokumentens påstående om samtycke från brittiska Special Operations Executive (SOE), ett organ som upphört att existera 1946.

Någon utredning av SAIMR-affären i Sydafrika tycks inte ha skett eller åtminstone aldrig kommit till allmänhetens kännedom. Justitieminister Omar dog 2004 och originaldokumenten är numera försvunna. Vad som finns tillgängligt är svårläsbara fotokopior. Men vi vet att the South African Institute of Maritime Research verkligen har existerat och bedrivit helt legitima aktiviteter, åtminstone under 1980-talet och början av 1990-talet. Men institutet bedrev också, under den legala täckmanteln, en helt annan verksamhet. SAIMR rekryterade legosoldater och var inblandat i den misslyckade invasionen av Seychellerna 1981. Det är möjligt att institutet och dess militära del existerade redan 1961. Äktheten av dokumenten, som uppges vara från denna tid, måste dock ifrågasättas.

De åtta fotokopior som finns bevarade beskriver mordplaner inte bara mot Hammarskjöld utan även mot Conor Cruise O'Brien och general Sean McKeown. Planer i denna riktning kan säkerligen ha funnits, men eftersom originaldokumenten inte kan undersökas vad gäller papperskvalitet och bläckrester, återstår som enda möjlighet en undersökning av texternas innehåll och trovärdighet. Ett av dokumenten, som enbart rör Hammarskjöld, är av den typen att det förefaller kunna verifieras eller falsifieras. Det är handskrivet och daterat den 14 september 1961. Det lyder som följer:

TOP SECRET. YOUR EYES ONLY. By COURIER.

From Captain
To Commodore   14/9/61

OPERATION CELESTE

1) DC 6 aircraft bearing "TRANSAIR" livery is parked at Leo to be used for transport of Subject.
2) Our technician has orders to plant 6 lbs TNT in the wheelbay with contact detonator to activate as wheels are retracted on taking off.
3) We are awaiting Subjects time of departure before acting.
4) Will concentrate on D.
5) Report will follow.

MESSAGE ENDS

"Subject" syftar på generalsekreteraren, TNT är sprängmedlet trotyl, koncentrationen på D (Dag) innebär att ett genomförande av mordplanerna på O'Brien och McKeown får vänta.

Emellertid: dateringen den 14 september är avslöjande. Ingen visste då att generalsekreteraren skulle flyga iväg för ett möte med Tshombe. Mötet initierades av Hammarskjöld först den 16 september och bekräftades (med villkor) av Tshombe först den 17:e på morgonen. Detta framgår av FN-utredningen 1962 (dokument A/5069 s. 7–8).

South African Institute for Maritime Research

5" Floor,
CLINICAL CENTRE,
De Villiers Street,
Johannesburg,
Union of South Africa.
Tel. 23-5611

CLASS.- SECRET   CONFIDENTIAL   EN CLAIR

TOP SECRET. YOUR EYES ONLY   BY COURIER.

FROM CAPTAIN
TO COMMODORE   14/9/61.

OPERATION CELESTE.

1) DC 6 AIRCRAFT BEARING "TRANSAIR" LIVERY
IS PARKED AT LEO TO BE USED FOR
TRANSPORT OF SUBJECT.

2) OUR TECHNICIAN HAS ORDERS TO PLANT 6 lbs
TNT IN THE WHEELBAY WITH CONTACT DETONAT
TO ACTIVATE AS WHEELS ARE RETRACTED ON
TAKING OFF.

3) WE ARE AWAITING SUBJECTS TIME OF DEPART
BEFORE ACTING.

4) WILL CONCENTRATE ON D

5) REPORT WILL FOLLOW.

MESSAGE ENDS.

Utkast till telegram från sydafrikanska lego-knektsorganisationen SAIMR om *Operation Celeste*, ett attentat mot ett Transair-plan som skulle transportera ett "subject", av allt att döma en viss "D". Dokumentets datering tyder emellertid på förfalskning. Den 14 september visste man inte något om Hammarskjölds resplaner.

Vidare: Ingen visste den 14 september var DC-6:an skulle stå parkerad några dagar senare. Den 16:e flög besättningen general McKeown till Élisabethville. Den 17:e var visserligen *Albertinan* åter i Léopoldville, men det kunde man inte veta i förväg. Under förmiddagen stod planet under uppsikt eftersom det då blev servat och tankat. Därefter stod planet låst men obevakat några timmar, innan avfärden skedde vid fyratiden på eftermiddagen. Teoretiskt skulle under dessa timmar en bomb kunna ha fästs vid planets underrede, men faktum kvarstår. Ingen visste den 14 september att Hammarskjöld skulle flyga överhuvudtaget några dagar senare. SAIMR-dokumentet förutsätter i punkt 3 en "departure" som inte var bestämd den 14:e. Allt tyder på att dokumentet är ett falsarium och det sydafrikanska spåret ett villospår.

Man kan fråga sig vad syftet skulle vara med dessa förfalskade dokument. Kanske önskade de legosoldater som varit knutna till SAIMR i efterhand överdriva organisationens betydelse. Flera av dem skrev självbiografier och hade intresse av att påpeka att deras tid i Afrika präglades av storpolitisk dramatik. När apartheidregimen föll och Sydafrika fick majoritetsstyre 1994 försvann SAIMR från den sydafrikanska scenen. Kanske överlevde en rest av organisationen på annat håll. Flera legoknektar, som tidigare försvarat vit överhöghet i Afrika, ville ha nya uppdrag och hade intresse av ett imponerande CV. Medlemskap i en "häftig" agentverksamhet med "rätt att döda" var något att visa upp.

Den grupp personer det rörde sig om var också intresserad av verksamhetens historiska anor. SAIMR:s brevhuvud visade en galjonsfigur i fören på ett skepp, en sjöjungfru. Denna galjonsfigur förekom på klippern *Cutty Sark,* som sjösattes i Skottland 1869. *Cutty Sark* var den snabbaste klippern på rutten England–Fjärran Östern, och hennes passage av Godahoppsudden gjorde att fartyget (och dess galjonsfigur) blev en brittisk symbol för nationell maritim framgång och en lyckad säkerhetspolitik. Från och med 1955 hade Royal Navy rätt att nyttja sydafrikanska hamnar för att försvara sina sjövägar. Under det kalla kriget sågs detta som en viktig del i kampen mot kommunismen.

På motsvarande sätt var denna personkrets kring SAIMR intresserad av brittisk agentverksamhet under andra världskriget. Ett av dokumenten hänvisade som framgått till Special Operations Executive (SOE). Detta organ, som också gick under den romantiska benämningen *Baker Street Irregulars,* hade skapats av Churchill 1940 för sabotage och annan verksamhet till stöd för den militära krigsinsatsen. Att organisationen upplöstes efter kriget hindrade inte att den hänvisades till som existerande 1961 i ett av SAIMR-dokumenten från det året. Även av detta skäl synes dokumentens eventuella trovärdighet ha kollapsat.

MISSTANKAR

En ny fristående utredning

När Susan Williams kom ut med sin bok *Who killed Hammarskjöld?* i september 2011, femtio år efter kraschen i Ndola, var hennes tanke inte att svara på frågan i boktiteln utan att inspirera till en ny undersökning. En person som läste boken i England var Labourpolitikern lord Lea of Crondall och han beslöt att verka för just detta. Han sammankallade i det syftet "an enabling committee". Ett svenskt deltagande ansågs önskvärt och förre ärkebiskopen K.G. Hammar kom att ingå i gruppen. Hammar besökte i december 2011 Zambia i samband med femtioårsminnet av Hammarskjölds död. Han kom då i kontakt med vissa av vittnena från 1961, vars berättelser tydde på att planet kunde ha skjutits ner.

I början av 2012 hade ett slags förtroenderåd, "the Hammarskjöld Inquiry Trust" kommit till stånd, under ordförandeskap av lord Lea. Bland ledamöterna återfanns Susan Williams, K.G. Hammar och Henning Melber, tidigare chef för Dag Hammarskjöld Foundation i Uppsala, samt Hans Kristian Simensen, en privatforskare vars far varit flyginspektör för FN i Kongo 1961. Förtroenderådet etablerade under sommaren en internationell juristkommission vars ledamöter accepterade att genomföra en ny utredning.

Till ordförande i vad som kom att kallas Hammarskjöldkommissionen utsågs en nyligen pensionerad högre domare, Sir Stephen Sedley från Storbritannien. Övriga ledamöter var FN:s tidigare rättschef Hans Corell från Sverige samt domarna Richard Goldstone från Sydafrika och Wilhelmina Thomassen från Nederländerna. Kommissionen understöddes av advokatfirman Field Fisher Waterhouse i London som arbetade utan arvode. Kommissionen knöt också till sig en grupp tekniska och medicinska experter. Trusten tog på sig uppgiften att samla in medel för att täcka kommissionens resekostnader och andra utgifter. Ledamöterna, liksom övriga anknutna, arbetade alla *pro bono*, utan ersättning.

Det uppdrag som kommissionen definierade för egen del gick inte ut på att definitivt lösa frågan om Hammarskjölds död, utan att undersöka om nya omständigheter gjorde det motiverat för FN att återuppta sin tidigare undersökning. Detta var en möjlighet som kommit till uttryck i generalförsamlingens resolution av den 26 oktober 1962. FN-rapporten det året var således inte definitiv, den var vilande i avvaktan på eventuella nya uppgifter.

Den fristående kommissionens rapport var färdig den 9 september 2013 och insändes därefter till FN. Dess slutsats var att tillräckligt många omständigheter förelåg för att motivera en ny undersökning i FN:s regi. De punkter som kommissionen särskilt uppmärksammade kommer här att beröras under särskilda rubriker.

Förhållandena på flygplatsen i Ndola

Det noterades att den sydafrikanske legokommendanten Jerry Puren och två andra legoveteraner var närvarande på flygplatsen den aktuella natten. Ytterligare två kolleger befann sig i staden. Kommissionen kunde inte undgå att nämna misstanken att dessa mäns närvaro eventuellt berodde på att de fått kännedom om att någonting skulle inträffa.

Beträffande lord Alport konstaterades det att han politiskt stödde den rhodesiska federationens politik och att han den aktuella natten visade likgiltighet inför vad som eventuellt kunde ha hänt det försvunna flygplanet. Det noterades att han en vecka senare i en rapport till London klandrade FN för valhänthet och hävdade att centralafrikanska problem bäst hanterades av européer med erfarenhet från den delen av världen.

Trafikledaren i tornet, Arundel Campbell Martin, kunde inte redovisa kommunikationen med SE-BDY genom en bandupptagning, utan nödgades 32 timmar senare göra en uppteckning ur minnet. Uppteckningen var trovärdig, så långt den sträckte sig, men flygledaren Thorogood i Salisbury tog för givet att den var ofullständig. Frågan var om ofullständigheten dolde något av centralt intresse. Martin själv lär inte ha uttalat sig i frågan. Han avled i England 2007.

Vittnesmål om minst två plan i luften

Några afrikanska vittnen såg den aktuella natten ett plan som flög i cirkel, ett annat plan som anlände, ljussken på natthimlen samt därefter ett plan som brinnande gick i backen. Iakttagelsen kan ha två förklaringar. Antingen väntade man in ett annat plan (SE-BDY) eller så fick SE-BDY order från flygtornet att göra ett extra varv före landningen. Bland vittnen som berättade om dessa iakttagelser (helt eller delvis) kan nämnas makarna Kankasa, William John Chappel, John Ngongo, Custon Chipoya, Margaret Ngulube, Davison Nkonjera, M.K. Kazembe, Lemonson Mpinganjira och Steven Chizanga. Med undantag av Chappel var alla dessa afrikanska vittnen. De rhodesiska kommissionerna hade regelbundet nedvärderat afrikanska vittnesmål som mindre trovärdiga, men samma sak hade även drabbat Chappels uttalanden om två plan i luften. Den oberoende kommissionen konstaterade att FN-utredningen syntes ha övertagit den avvisande inställningen till många av vittnesmålen. Av de vittnen som var aktuella i detta sammanhang hade kommissionen för egen del kunnat intervjua Chipoya, Ngongo, Ngulube och Mama Kankasa.

Upptäckten av vrakplatsen

FN-rapporten från 1962 kritiserade den sent igångsatta och därefter utdragna sökningsinsatsen. Exempelvis hade insatta plan beordrats söka i nord–sydlig riktning om flygplatsen, trots att inflygningen skedde i öst–västlig riktning. Vraket siktades från luften vid tretiden på eftermiddagen, men vissa vittnesuppgifter tyder på att polis eller militär besökte vrakplatsen redan tidigt på morgonen.

I en artikel i The Guardian 2011 gav lord Alports privatsekreterare 1961, Sir Brian Unwin, en uppseendeväckande kommentar om sina hågkomster från Ndola. Unwin berättade att när han och Alport vaknade den 18 september, efter några timmars sömn i ett parkerat flygplan, fick de höra att rhodesiskt flyg upptäckt vraket *i gryningen*. När den oberoende kommissionens ordförande frågade ut honom om detta i december 2012 förklarade Unwin att han misstagit sig. Han hävdade nu att han fick beskedet om att vraket hittats först på eftermiddagen.

Som redan framgått hade de tidigare undersökningarna av kraschen till stor del undvikit att använda afrikanska vittnen. Sedan dess har nya vittnesmål tillkommit. Vi har redan nämnt kolaren Custon Chipoya. Han och hans kolleger hade kring midnatt sett ett plan cirkla i luften, hört en smäll och sett ett stort plan fatta eld. Han upptäckte vrakplatsen tidigt på morgonen och fann att den var omgiven av soldater. Chipoya förhindrades att närma sig vraket.

John Ngongo hade med sin numera avlidne granne Safaeli Soft varit i skogen på natten för att lära sig kolarens yrke. De hade sett två plan i luften och ett som fattade eld och störtade. Tidigt på morgonen hade de funnit det rykande vraket. De såg Hammarskjölds kropp lutad mot en termitstack. Hans händer var bakom huvudet och det föreföll som om han var blodig i ansiktet. De såg inte Harold Julien och hörde inga rop på hjälp. Explosioner från vraket gjorde att de snabbt avlägsnade sig.

Journalisten Ian Colvin berättade i en bok 1968 hur han klockan nio på morgonen den 18 september 1961 hade flugit över olycksplatsen i en förhyrd Cessna. Han hade då sett polis röra sig bland vrakresterna på marken.

Strax efter lunch åkte polisdetektiven Ray Lowes i en Land Rover till olycksplatsen. Som vägvisare hade han en kolare som erkänt stöld av en chifferapparat i närheten av vraket. Med i fordonet fanns ytterligare tre poliser samt den civile fotografen Nunn. Man upptäckte förödelsen och fann Harold Julien vid liv. Lowes säger sig ha rapporterat detta till polishögkvarteret, men Julien blev inte förd till sjukhus förrän sent på eftermiddagen. Hammarskjölds lik påträffades i halvsittande ställning, lutad mot en termitstack. Möjligen kan kroppen ha fotograferats av Nunn i denna ställning, men några sådana bilder har inte påträffats. Det finns däremot ett senare fotografi av kroppen lagd på bår. Om det fotografiet tagits av Nunn eller någon annan är oklart.

Det finns andra vittnesmål från afrikaner som befann sig på olycksplatsen, vittnesmål som är problematiska i sina detaljer, men som har det gemensamt att de placerar en grupp vita män i paramilitära kläder ("combat fatigues") runt vraket. Detta ska ha skett tidigt på morgonen, omkring åtta timmar innan vraket officiellt siktades från luften. Men dessa vittnesmål motsägs av vissa andra.

Fotografierna av Hammarskjölds kropp

Det var förvånande att inga fotografier existerade av Hammarskjöld såsom han påträffades i terrängen. De fotografier som fanns hade tagits senare, sedan han lagts på bår för att föras bort från olycksplatsen och därefter vid undersökningen på bårhuset. Kommissionens patologiska experter noterade att blodiga skrubbsår i ansiktet och jordrester tydde på att kroppen slungats ut ur flygplanet och hamnat framstupa på marken. Kroppen kunde därefter ha flyttats och placerats i halvsittande ställning.

Patologerna fann att Hammarskjöld inte hade använt säkerhetsbälte utan att han med stor kraft slungats ut ur planet och krossat bröstkorgen vid tillslaget mot marken. Han kunde då ha varit vid liv, medvetslös, men måste ha avlidit strax därefter.

Den norske FN-officeren Bjørn Egge hade sett kroppen på bårhuset och berättade 44 år senare, två år innan han avled, att han hade sett något som kunde vara ett kulhål på Hammarskjölds panna. De patologiska experterna menade däremot att de märken som syntes på de två fotografierna från bårhuset överensstämde med de skador som måste ha uppstått vid tillslaget mot marken. Att fotografierna retuscherats och manipulerats kunde inte uteslutas, men ingenting tydde på det. De ursprungliga negativen saknades.

Det är nu dags att kommentera det fotografi som visade ett spelkort, spader ess, instucket bakom slipsen på Hammarskjöld. Fotot är taget när kroppen låg på båren vid olycksplatsen. Polisen Ray Lowes, som anlände till platsen strax efter lunch, vägledd av mannen som stulit en krypteringsapparat, berättade att han fann Hammarskjöld på rygg. Han noterade att ansiktet var skrapat, blodigt och jordigt. Hans vittnesmål fortsätter som följer:

> På marken nära generalsekreteraren låg ett stort antal spelkort. Jag kommer ihåg att jag såg spader ess och tänkte hur olycksbådande det var. Jag har förstått att spader ess senare placerades på hans kropp, men jag vet inte när eller hur det skedde.

Vi vet att säkerhetspersonalen på *Albertinan* använde en kortlek för att få tiden att gå. Kanske också generalsekreteraren lade en och annan patiens. Lowes såg alltså kroppen efter att någon hade vänt på den. Därefter kan någon annan (eller samma person) ha stuckit in ett spader ess bakom slipsen, antingen i samband med kroppens placering på båren eller dessförinnan.

Dessa händelser, att okända personer vänt på kroppen och laborerat med spelkort, stärkte slutsatsen att ett antal personer varit närvarande på olycksplatsen långt innan vraket officiellt upptäcktes från luften vid tretiden på eftermiddagen.

Utfrågningen av Harold Julien

Säkerhetsmannen Harold Julien överlevde i sex dagar och svarade sporadiskt på frågor från polis, läkare och sköterskor under denna tid. Svaren var mer eller mindre sammanhängande men ofta intressanta. Inte någon av 1960-talets kommissioner fäste någon vikt vid hans uttalanden. Detta berodde till stor del på att överläkaren, Donald McNab, menade att Julians uttalanden den första dagen på sjukhuset var otillförlitliga eftersom han yrade och var i ett tillstånd av förvirring. Senare var emellertid situationen annorlunda och McNabs bedömning blev missvisande. Sköterskan D.M. Kavanagh hade omkring klockan fyra följande morgon ett samtal med Julien där han uppgav sitt namn, sin militära rang och FN-position och bad henne informera Léopoldville om kraschen. Han bad henne också informera hustrun att han var vid liv och uppgav då hustruns namn och adress. Därefter frågade han: "Am I going to make it?" Svaret var lugnande.

Sköterskan Joan Jones hörde honom minnas ögonblicken före kraschen genom en ständig upprepning av orden "sparks in the sky, sparks in the sky". Man kan här föreställa sig lysraketer nära planet som en av flera rimliga förklaringar. Läkaren McNab förklarade emellertid att Julien led av njursvikt och uremi, vars symtom ofta var en upplevelse av ljusgnistor ("spots and flashes of light before the eyes"). Uremin lär i huvudsak vara det som senare tog livet av Julien. Men det är samtidigt slående hur överläkarens uttalande överensstämde med den rhodesiska regimens önskan att förtränga teorier som inte landade i pilotfel.

Den unge läkaren Mark Lowenthal hade några korta men givande samtal med Julien. Denne hade fått morfin för sina smärtor men kunde ändå stundtals uttrycka sig relativt klart. På frågan om vad som hände med planet upprepade han enligt Lowenthal att "there had been an explosion and a crash, first in that order, then in the other". Dessa uppgifter behöver inte vara motstridiga. Det kan ha rört sig om flera explosioner. Någon form av exploderande yttre påverkan kan ha föregått den explosiva brand som blev en följd av kraschen.

Ex-president Trumans uttalande

Två dagar efter kraschen, den 20 september 1961, rapporterade New York Times att förre presidenten Harry S. Truman sagt följande till några reportrar som bett om hans kommentar till det inträffade:

> Dag Hammarskjöld was on the point of getting something done when they killed him. Notice that I said "When they killed him".

Truman ombads därefter förklara sitt uttalande men han gjorde klart att han inte tänkte utveckla saken närmare. Journalisterna avspisades med kommentaren "Draw your own conclusions".

Den oberoende kommissionen konstaterade i sin rapport att det inte finns skäl att ifrågasätta det korrekta i New York Times rapportering. Truman hade sagt detta dagen efter kraschen, tydligen efter att ha erhållit någon form av information. Kanske från president Kennedy, som han stod i ett nära och uppriktigt förhållande till. Och Kennedy kan ha informerats av CIA.

Washington Post skulle i en artikel många år senare, den 3 juni 1978, göra gällande att CIA kommit till slutsatsen att sovjetiska KGB låg bakom kraschen. Det skulle ha funnits en bomb på planet vars tekniska parametrar entydigt pekade ut KGB. Motivet skulle vara en önskan att bli kvitt Hammarskjöld sedan han stoppat Nikita Chrusjtjovs plan på att ersätta FN:s oberoende generalsekreterare med tre personer, en *trojka*, där en person skulle komma från Öst, en från Väst och en vara neutral.

Ingen av undersökningskommissionerna har emellertid funnit stöd för bombteorin. CIA, och kanske även brittiska MI 6, kunde emellertid ha anat att någonting var på gång. Man kan ha haft information om att planer fanns på att skjuta ner eller kapa planet. Konspiratörerna skulle då finnas i de kretsar som bekostade legosoldaterna i Katanga.

I detta sammanhang har förekommit en något vild teori om att planet skulle ha haft en okänd sjuttonde passagerare. *Albertinan* flög med sexton personer, men ytterligare en person skulle ha smugit sig ombord i Léopoldville för att vid lägligt tillfälle, antagligen genom pistolhot, kapa planet och tvinga piloten att lägga om kursen. Men det vore märkligt att en infiltratör skulle kunna hålla sig gömd under en resa på runt sex timmar. Behövde vederbörande inte vid något tillfälle gå på toaletten? Det är vidare besynnerligt att detta kapningsförsök inte skedde tidigare under resans gång. Varför vänta till dess att landningsproceduren inletts vid Ndola? Och varför hittades inte ett sjuttonde lik vid nedslagsplatsen? Hade medkonspiratörer varit på plats och fört bort den presumtive flygkaparen? Denne måste antingen ha varit död eller svårt skadad. Osannolikheterna och frågetecknen är så många att den oberoende kommissionen med rätta avisade teorin om en sjuttonde passagerare.

Frågan om vad ex-president Truman hade blivit informerad om dröjer sig emellertid kvar.

Vittnet Waddicar

I början av denna skrift framgick hur jag själv under en flygresa fått höra att en person som 1961 var anställd på Ndola Copper Refinery, Mr Ian Waddicar, skulle ha sett kulhål i delar av flygplanskroppen. Mr Waddicar flyttade senare till England, där han avled 1974. Han skulle emellertid ha lämnat anteckningar och klipp från sin tid i Afrika till den avlidna hustruns brorson Martin Ridler. När jag träffade Mr Ridler 1993 på hans pub i en by nordväst om London betedde han sig avvisande och förnekade att Waddicar, som alltså varit gift med Ridlers faster, skulle ha sett några kulhål. Det var inte troligt att han kunde ha gjort det eftersom uppgiften om hans arbetsplats var felaktig. Ian Waddicar arbetade med vaccinering och hushållning av boskap. Ridler visade mig en pärm med tidningsklipp från Afrika som bekräftade detta.

Men Waddicar skulle ändå kunna ha sett delar av vraket som nyfiken åskådare vid något tillfälle. Den oberoende kommissionen kände genom sin svenske ledamot Hans Corell till Ridlers roll i den undersökning som svenska UD genom mig hamnat i. Man beslutade sig för att söka kontakta Ridler och fann att han som pensionär levde i Frankrike. En av kommissionens medarbetare reste dit och intervjuade honom. Jag har redan i ett inledande avsnitt berättat om resultatet. Ridler bekräftade nu (2013), vad han vägrat att bekräfta för mig två decennier tidigare, nämligen att Waddicar påstod sig ha sett kulhål i flygplanskroppen. Waddicar hade berättat för Ridler att vraket var "riddled with bullet holes", antagligen förorsakade av en kulspruta.

Det fanns hål i flygplanskroppen, men inte av kulor utan av hårda utstående delar av planet som trängt igenom vid kraschen. De tekniska undersökningar som kom fram till detta resultat är trovärdiga och har inte bestridits. De utesluter inte att det kan ha funnits kulhål i den metallmassa som inte gick att undersöka. Men vi får acceptera att Waddicar misstog sig eller förhöll sig restriktiv till sanningen. Kanske ville han göra sig märkvärdig. Den felaktiga uppgiften att han arbetade på Ndola Copper Refinery tyder på det.

Ändå är historien om Waddicar och Ridler av intresse i sammanhanget. Inför mitt möte med Martin Ridler i hans pub i Great Missenden 1993 hade han uttryckt stor beredvillighet att ta emot mig och prata med mig. Men när jag kom dit visade han noll intresse, var oartig och motsträvig. Någonting hade hänt. Hade han varit i kontakt med Foreign & Commonwealth Office (FCO) eller "Her Majesty's Secret Service" (MI 6)? Hade han fått direktiv att inte säga något till denne svenske jurist med diplomatpass? Innehöll de brittiska arkiven något som man ville dölja? Ville man från officiellt håll inte se någon ny undersökning om vad som hänt i Ndola? Hade man underrättelseinformation om en sammansvärjning mot FN som man valde att förhålla sig passiv till? Var detta förklaringen till lord Alports underliga beteende på flygplatsen då han fällde kommentaren "they must have gone elsewhere"? Finns det ett samband mellan dessa frågetecken och vad Alports sekreterare 1961, Brian Unwin, skrev i The Guardian 2011, nämligen att han och Alport redan *morgonen* den 18 september hade fått reda på att rhodesiskt flyg upptäckt vraket av SE-BDY? En uppgift som Unwin senare tog tillbaka.

Amerikanska kommunikationer från Ndola?

Den oberoende undersökningskommissionen fäste stor uppmärksamhet vid Charles Southalls vittnesmål om avlyssningen på Cypern den aktuella natten. Men dessutom hade amerikanerna en kommunikationskapacitet i Ndola samma natt. Kommissionens rapport lyfte fram det faktum att de två (eller möjligen tre) Dakota-flygplan från US Airforce som stod parkerade på plattan i Ndola också kunde ha avlyssnat etern och dessutom sänt egna meddelanden. Planen stod med motorerna på, vilket möjliggjorde avlyssning och sändning. Det ena av dessa flygplan hade, på order från Pentagon, flugits dit från Pretoria av den amerikanske flygattachén där, översten Don Gaylor. I Gaylors memoarbok, *From Barnstorming to Bush Pilot* (2010), uppger han att uppdraget var att bistå generalsekreteraren med transporter vid behov. Som flygattaché i Sydafrika var Gaylor i hög grad sysselsatt med underrättelseverksamhet rörande länderna söder om Sahara. Han befann sig i tornet den aktuella natten och tyckte att man där slarvade bort tiden. När gryningsljuset kom nästa morgon startade han sin Dakota och deltog i sökandet längs en naturlig öst-västlig axel. Gaylor var inte den förste att hitta kraschplatsen men han var den förste att fotografera den.

Närmare uppgifter om närvaron av en andra Dakota saknas. Den amerikanska ambassaden i Léopoldville hade beordrat överste Ben Matlick, flygattaché i Kongo som befann sig i Élisabethville, att med sin Dakota ansluta sig till sökningen efter SE-BDY. Matlick anlände till Ndola klockan 13.30 den 18 september och kan alltså inte ha varit parkerad där föregående natt. Men flera vittnen talar om två, kanske tre, nattligt parkerade Dakota-plan. Vad hade dessa för instruktioner? Avlyssnade de nattrafiken och sände de egna meddelanden? Fanns det en koppling till avlyssningsstationen på Cypern?

Arkivens eventuella innehåll

Charles Southall var alltså anställd av National Security Agency (NSA) vid dess avlyssningsstation på Cypern. Kommissionen drog slutsatsen att NSA år 1961 måste ha registrerat, spelat in och arkiverat det pilotmeddelande som Southall rapporterat om. Denna kommunikation, påpekades det, borde idag kunna återfinnas i arkiven hos NSA, kanske också hos CIA.

Kommissionen beslöt att kontakta NSA. Man vände sig till George Washington University för att med dess hjälp, under åberopande av den amerikanska Freedom of Information Act, få tillgång till relevanta inspelningar från den 17–18 september 1961. NSA meddelade att det fanns tre dokument som svarade mot kommissionens förfrågan. Två av dessa "föreföll" inte kunna lämnas ut eftersom de var klassificerade som "top secret". Det tredje dokumentet fanns inte arkiverat hos NSA och dess status i sekretesshänseende var oklart. I juli 2013 fick man det definitiva beskedet att inget dokument kunde lämnas ut. Kommissionen överklagade detta beslut, bland annat med argumentet att om en regel om femtio års sekretess gällde (vilket var oklart) borde dokumenten kunna lämnas ut.

Kommissionens rekommendation

Den oberoende kommissionen konstaterade att den inte hade någon beslutande-rätt i frågan om ärendets fortsatta hantering. Det hade endast FN. Men kommissionens slutsats var att tillräckligt många omständigheter förelåg för att, ur FN:s perspektiv, motivera ett återupptagande av dess tidigare undersökning om Ndola. Kommissionen ville i detta sammanhang framföra en begränsad rekommendation. FN behövde inte göra en ny totalundersökning av alla omständigheter, utan kunde koncentrera sig på frågan om det fanns inspelningar eller uppteckningar av radiotrafik från Afrika natten mellan den 17 och 18 september 1961. Allt pekade på att sådant material fanns arkiverat i USA. Framtagandet av en sådan inspelning eller uppteckning skulle kunna bekräfta eller motbevisa tesen att Hammarskjölds plan blev attackerat eller hotat på ett sätt som ledde till kraschen. Om vad som då framkom skulle motivera ett bredare under-sökande grepp kunde FN:s generalförsamling fatta beslut om detta. Med dessa ord överlämnades kommissionens rapport till FN:s generalsekreterare Ban Ki-Moon i september 2013.

Den nya FN-utredningen

Sedan FN mottagit rapporten från Stephen Sedleys utredning rekommenderade generalsekreterare Ban Ki-Moon generalförsamlingen att ta sig an ärendet. Det resulterade i mars 2015 i tillsättandet av en oberoende expertpanel (Independent Panel of Experts). Den bestod av tre personer under ledning av diplomaten och domaren i Tanzanias högsta domstol Mohamed Chande Othman. De andra två medlemmarna av panelen var en flygsäkerhetsexpert från Australien och en ballistiker från Danmark. Panelen hade ett tidsbegränsat mandat. Den arbe-tade i drygt tio veckor och avlämnade sin rapport till generalsekreteraren i juni 2015. Några definitiva slutsatser kunde inte dras, men panelen tillmätte vissa vittnesmål ett begränsat men inte ointressant bevisvärde ("moderate probative value"). Det gällde Charles Southalls berättelse om den aktuella nattens radio-kommunikation som delvis bekräftats av en annan amerikansk militär, Paul Abram, som panelen fått kontakt med och kunnat intervjua.

Paul Abram var 1961 stationerad på en avlyssningspost under National Secu-rity Agency (NSA) i Heraklion på Kreta. Han sade sig redan några dagar före

den 17 september ha fått information om SE-BDY:s planerade rutt och slut-
destinationen Ndola. Natten mellan den 17 och 18 september hade han i real-
tid hört en radiokommunikation från Kongo där någon sagt: "Här kommer
planet ... det är väl upplyst." Därpå följde på en annan frekvens på bruten
engelska utropet "amerikanerna sköt just ner ett FN-plan". Han och kollegerna
spelade upp sekvensen igen och tog upp den på band. Bandet överlämnades
rutinmässigt till NSA-stationen i Fort Meade, Maryland, och antagligen också
till brittiska säkerhetstjänsten. Den av FN tillsatta panelen tillmätte uppgifterna,
som redan påpekats, ett osäkert men visst bevisvärde.

Samma bedömning om osäkert (men inte ointressant) bevisvärde gjordes
också på två andra punkter, dels beträffande uppgifter om att flygplansvraket
upptäckts tidigare än klockan 15.10, dels beträffande uppgifter om att kodade
FN-meddelanden från Hammarskjölds plan kunde ha uppfångats och avkodats
av amerikanska och brittiska underrättelseorgan.

Den oberoende panelen rekommenderade FN att undersökningarna skulle
fortsätta, på ett eller annat sätt. Så skulle det också bli.

***

I augusti 2016 framlade generalsekreterare Ban Ki-Moon ett dokument där han
uppmanade den kommande generalförsamlingen att utse en eller flera "eminenta
personer" att undersöka all ny information som framkommit. Han meddelade
också att han avhemligat alla FN-dokument som rörde kraschen och han upp-
manade på nytt berörda medlemsstater att öppna sina arkiv i ärendet. Till sin text
fogade generalsekreteraren i appendix de svar som inkommit från olika stater.

Den belgiske FN-ambassadören meddelade i januari 2016 att en legosoldat
med namnet Beukels inte gått att hitta vare sig i de diplomatiska arkiven eller
i de arkiv som rörde företaget Union Minière. Det skulle senare visa sig att
det var oklart om sökningen var fullständig och täckte underrättelsetjänstens
handlingar.

Sydafrika svarade att man för tillfället inte hade något att bidra med, men att
en sökning hade inletts, framför allt rörande organisationen SAIMR.

Svaren från USA och Storbritannien var otillfredsställande. USA svarade
att man inte hade kunnat belägga förekomsten av amerikanskt flyg på Ndolas
flygplats den aktuella natten. Detta svar fick senare korrigeras.

Storbritannien svarade först i slutet av juni 2016 på en fråga som framställts
av FN:s rättschef, portugisen Miguel de Serpa Soares, i november föregående år.

Frågan gällde bland annat om de sökningar som gjorts innefattade arkiven hos MI 5, MI 6 och GCHQ (Government Communications Headquarters). Den brittiska diplomatin undvek i sitt svar att beröra just dessa organ och svarade även i övrigt undvikande.

***

Ban Ki-Moons uppmaning till generalförsamlingen att anta en resolution om ett fortsatt utredande ledde till önskat resultat. I början av 2017 utsåg FN:s nye generalsekreterare, portugisen António Guterres, den förre panelordföranden Mohamed Chande Othman från Tanzania till ensamutredare, eller "Eminent Person", som termen lydde på diplomatspråket. I FN går han i dagligt tal under benämningen Judge Othman, även sedan han lämnat sin post som chefsdomare i Tanzanias högsta domstol.

Othmans första rapport behövde vara klar i juli 2017 för att hinna översättas från engelska till de övriga fem FN-språken i tid till höstens generalförsamling. Den 5 september överlämnade generalsekreteraren rapporten till församlingen. Othman hade särskilt vänt sig till åtta stater som kunde förväntas ha relevant information i sina arkiv. Det rörde sig om Belgien, Frankrike, Storbritannien, USA, Sydafrika, Ryssland, Kanada och Tyskland. Svar inkom från alla utom Frankrike, Ryssland och Sydafrika. Den nya information som framkom och Othmans reflektioner och rekommendationer ska här redovisas under separata rubriker.

Underrättelsekapacitet på plats i Ndola

Från amerikansk sida kunde man för första gången bekräfta att US Air Force den aktuella natten hade två Dakota-plan på plats i Ndola. De föreföll ha stått parkerade vid sidan av landningsbanan. Det ena planet hade förts dit av Don Gaylor från Pretoria, det andra vet vi i skrivande ögonblick inte något om. Ytterligare en Dakota anlände följande dag; enligt Susan Williams var det Ben Matlick som landade klockan 13.30. Dessa tre Dakotas hade sannolikt en radioutrustning som gjorde det möjligt av avlyssna, sända och kommunicera lokalt och globalt. Från såväl amerikanskt som brittiskt håll bekräftades nu att respektive underrättelsetjänst avlyssnade FN:s radiotrafik. Det stod klart att USA hade kapacitet att ta emot och avkoda meddelanden från den kryptomaskin som Alice Lalande hanterade ombord på SE-BDY. Apparaten i fråga, CX-52, hade konstruerats av den svenske uppfinnaren Boris Hagelin. Hagelin, som avled

Mohamed Chande Othman (född 1952),
Chief Justice of Tanzania 2011–2016, sedan
2015 utsedd av FN:s generalsekreterare
att i olika omgångar utreda flygkraschen
i Ndola. Här tillsammans med FN:s general-
sekreterare António Guterres sommaren
2019.

1983, ska medvetet ha konstruerat apparaten så att dess meddelanden nådde NSA och CIA. Det framkom vidare i detta sammanhang att även rhodesiska myndigheter hade möjlighet att avlyssna FN:s kommunikationer. Därigenom var det klarlagt att SE-BDY:s färdplan inte kunde hållas hemlig och kunde läckas till legokretsar i Katanga.

Från brittisk sida rapporterades till FN att agenter från MI 5 och MI 6 var på plats i Ndola eller dess närhet. De agenter som nämndes var Neil Ritchie och David Driver. Det framkom också att den rhodesiska underrättelsetjänsten rapporterade till britterna och att dess arkiv senare måste ha överförts till England. Othmans slutsats var att dagens brittiska arkiv måste innehålla mycket som hittills inte kommit fram. Detsamma gällde de amerikanska arkiven. Det var nu upp till de relevanta staterna att göra sökningar och rapportera om resultaten.

Katangas flygvapen hade oanad militär kapacitet

Den tidigare FN-utredningen drog slutsatsen att Katanga i mitten av september 1961 endast hade en Fouga Magister tillgänglig för militära operationer. En CIA-källa kunde emellertid förmedla att tre Fouga i början av året hade sålts av Frankrike till ett privat bolag i USA och att dessa tre plan, mot den amerikanska regeringens önskan, hade levererats till Katanga med kommersiellt flyg i februari 1961. Informationen om denna leverans kompletterar tidigare uppgifter om att tre Fouga hade sålts till Katanga från Frankrike via Belgien kring årsskiftet 1960–1961. Det föreföll nu, till skillnad från tidigare bedömningar, som om Katanga kunde ha haft två Fouga som var operativa natten mellan den 17 och 18 september. Detta behövde emellertid ytterligare utredas.

Det hade vidare framkommit att dessa Fouga jets vid minst ett tillfälle hade attackerat amerikanskt flyg i luften och att de kunde starta från mindre flygfält som inte var asfalterade. Vittnesmål talade om att start- och landningsbanor av gräs eller grus först spolades med vatten och sedan plattades till med ångvält. Det var ett stort antal flygplatser som, enligt dessa vittnesmål, tillkommit som operativt användbara. Flera fält låg på begränsat avstånd från Ndola, varför det tidigare identifierade problemet med Fougans begränsade räckvidd nu hade förvandlats till ett icke-problem.

Under perioden 15–18 september 1961 rapporterades om dagliga och upprepade luftattacker mot FN-mål i Katanga, förutom den attack som utfördes mot ett amerikanskt plan. Vissa uppgifter tydde på att mer än en Fouga var i luften. Ett belgiskt odaterat dokument listade fjorton flygplan och helikoptrar som tillhörde Katangas flygvapen och som sades vara tillgängliga vid den aktuella tidpunkten. Här ingick plan av typen Douglas DC-3, brittiska de Havilland Dove, tyska Dornier, amerikanska Piper och Beechcraft, några Sikorsky-helikoptrar och en Fouga Magister. Othman fick 2017 bekräftande information från Tyskland om att minst en Dornier DO-28 hade exporterats till Katanga och kan ha varit i luften den aktuella natten. Det fanns gott om tillgängliga piloter. José Delin kunde inte flyga nattetid, men det fanns andra. Namn som nämnts är Magain, Puren, Gelen, Glaspole, Hirsch, Verloo, Wickstead och van Risseghem, även om den sistnämnde (obekräftat) sägs ha varit i Bryssel den 17 september.

Även rhodesiskt flyg kan ha varit inblandat. De rhodesiska resurserna innefattade de arton jetdrivna Canberra-jaktplan som befann sig i Ndola. Dessutom hade Royal Rhodesian Airforce (RRAF) omkring trettio jetdrivna Vampirebombplan och tolv lätta jaktplan av typen Provost.

Flera vittnesmål talade om två plan i luften. Othman noterade att yttre störande påverkan under några sekunder kunde ha varit tillräckligt för att SE-BDY:s besättning skulle förlora kontrollen över nedstigningen.

Bristande samarbetsvilja

Trots att ny och intressant information influtit såg sig Othman tvungen att konstatera att vissa stater, som var intressanta i sammanhanget, inte hade bidragit med full och genuin samarbetsvilja. Vi kan börja med en genomgång av de svar som under åren kommit från USA.

Sedan Bengt Rösiö 1992 fått UD:s uppdrag att påbörja sin utredning bad han svenska ambassaden i Washington kontakta State Department för att få information om Charles Southall. Svaret blev att man inte hade några uppgifter om denne person eller hans tjänstgöring i krigsmakten. Den 8 december 1992 skrivs dock på State Department ett brev till Southall där han informeras om att svenska regeringen söker information om Hammarskjölds död. Har han något att bidra med? Brevet sänds via the Bureau of Naval Personnel och når Southall den 21 mars 1993.

Southalls vittnesmål skulle i någon mån bekräftas av det nya vittnesmålet från amerikanen Paul Abram. Abram hade tagit kontakt med den oberoende panelen och berättat om vad han avlyssnat under sin tjänstgöring på Kreta. Panelen hade bett om bekräftelse från USA om denna tjänstgöring men inte fått något svar under den tid den verkade. Därefter avled Southall 2015 och Abrams vittnesmål blev än viktigare att klarlägga. FN-sekretariatet sände därför en ny förfrågan till USA under 2016. Det svar som till sist inkom i juni 2016 innehöll den enda uppgiften att US Air Force inte hade någon kännedom om Abram.

Sedan Othman tillträtt som ensamutredare sände han en ny förfrågan till USA, nu utökad med detaljerade tjänstgöringsuppgifter som Abram lämnat. Det svar som inkom i juni 2017 var lika negativt som tidigare. Tjänstgöringen kunde inte bekräftas och vad Mr Abram påstod sig ha hört fann inte stöd i den information eller dokumentation som den amerikanska regeringen var i besittning av.

Den 17 juli 2017 inkom emellertid ett nytt meddelande från USA, där de dokument som Abram åberopat som bevis för sin tjänstgöring nu bekräftades. Däremot gjordes det gällande att Abram hade återvänt till USA den 7 april 1961 och således inte befann sig på Kreta i september 1961. Othman frågade Abram om detta och fick till svar att denne genom händelser av personlig art med säkerhet visste att han befann sig på Kreta i september 1961. Othman höll vid det tillfället – i juli 2017 – på att avsluta sin första rapport och kunde då inte driva saken vidare.

När det gällde frågan om hur många jetplan av typen Fouga Magister som fanns i Katanga i september 1961 hade den oberoende panelen fått ett första svar från USA. Det inkom i juni 2015 och gjorde gällande att CIA inte kunde bekräfta närvaron av några sådana plan i Katanga vid den aktuella tidpunkten. Othman fick emellertid ett nytt svar under 2017 med helt annan information. Det framkom nu att State Department i februari 1961 hade uppmanat bolaget Seven Seas Airlines att inte genomföra en planerad leverans av nio franska jetplan till Katanga. Det sades att den amerikanska regeringen skulle se mycket allvarligt på situationen om så skedde. Trots detta levererade det amerikanska flygbolaget tre av de tilltänkta nio planen till Katanga omkring den 16 februari 1961. Följande dag bekräftade den franska FN-missionen i New York i ett press-meddelande att tre franska övningsplan av typen Fouga Magister levererats till Katanga och att Frankrikes regering inlett en undersökning av saken. Det som var allmänt bekant i FN 1961 hade undgått CIA 2015.

Beträffande frågan om hur många Dakotas som befann sig i Ndola den 17 september 1961 svarade man från amerikansk sida 2016 att US Air Force inte funnit uppgifter om att några egna plan befunnit sig där vid den tidpunkten. Gaylor och Matlick hade emellertid redan på 1960-talet vittnat om sin närvaro i Ndola, och Othman bad därför om ett nytt besked från USA. Detta inkom i juni 2017 och nu meddelade State Department att man funnit uppgifter om att tre amerikanska plan befunnit sig i Ndola åtminstone den 18 september 1961.

Denna segdragna motvilja att från början bidra med korrekt information hade 2017 ingen direkt motsvarighet i brittisk svarspraxis. Othman verkar dock ha haft en känsla av att han från det hållet inte fick fullt gensvar i sin strävan efter ett genuint samarbete. När Bengt Rösiö 1993 träffade den brittiske arkivchefen Richard Bone kunde han konstatera att dennes attityd inte tydde på "någon brittisk iver att hjälpa till". Othman skulle senare – under 2018 – komma till samma slutsats. I sin rapport 2017 nämner han hur brittisk diplomati 1962 försökte influera FN-utredningen att fastna för pilotfel som enda förklaring till kraschen i Ndola. I ett brev det året från diplomaten Alan Campbell i New York till Foreign Office i London framgår att man från brittisk sida ville undvika referenser till sabotage eller annan våldshandling som möjliga orsaker. Men Othman nämner detta enbart som ett historiskt faktum, han vill på inget sätt dra några sinistra slutsatser av detta försök till påverkan – som dessutom misslyckades. FN-kommissionen konstaterade ju 1962 att den inte kunde utesluta någon av de tänkbara haveriorsaker som varit på tal ("nor has it been able to exclude the possible causes which it has considered").

Legopilotens berättelse – igen

Man skulle kanske inte vänta sig att legopiloten Beukels berättelse från 1967 skulle dyka upp på allvar i Othmans utredning. Trovärdigheten för Beukels (om han nu hette så?) var inte påfallande. Han hade ju påstått att han som pilot i en av två Fouga lyft från Kolwezi med uppdrag att kapa Hammarskjölds plan och tvinga det i första hand till Kolwezi. Därefter skulle Hammarskjöld uppenbarligen föras till Kamina där Mr X och andra väntade för att genomföra operation övertalning. Valet av Fouga för operationen var märkligt eftersom bränsletanken inte med säkerhet skulle räcka för flygning från Kolwezi till Ndola, vänteläge där, och tillbaka till Kolwezi. Än mindre skulle bränsletanken räcka till Kamina.

Identifieringen av SE-BDY skulle ske med hjälp av tornet i Ndola, där flygledningen var en aktiv del av konspirationen. Detta var minst sagt en uppseendeväckande del av Beukels berättelse. Efter att SE-BDY hade identifierats, belysts med strålkastare och beordrats lägga om kursen inkom inget svar. Hallonquist fortsatte nedstigningen. I det läget avlossades varningsskott i form av spårljus, operationen gick snett och SE-BDY kraschade. Piloterna återkallades till Kolwezi för att därefter föras i helikopter till Kamina för förhör. Där väntade Mr. X, den politiske chefen för operationen, och Katangas militäre ledare, den belgiske överstelöjtnanten Lamouline. Ett problem med denna berättelse var att Kaminabasen kontrollerades av FN, även om där också fanns en mindre civil flygplats som kunde ta emot helikoptrar. Varför höll sig inte konspiratörerna till Kolwezi som de kontrollerade och som var en mindre riskfylld plats? Hittade Beukels på allting? Ville han tjäna pengar på sin historia? Hans kumpaner hade ju först tagit kontakt med en journalist i Paris som i sin tur kontaktade de Kemoularia, affärsmannen med ett FN-förflutet.

Ohtman noterade att de föregående utredningarna hade negligerat vittnesmålen om två plan i luften, om att ett av planen var belyst, liksom Harold Juliens minnesbild om "sparks in the sky". Det föreföll också vara allmänt bekant att Hammarskjöld väntades till Ndola den aktuella natten. Det fanns mycket i Beukels berättelse som verkade stämma, som uppgiften om radiohoten på franska till SE-BDY som fick de fransktalande personerna Barrau och Lalande att bege sig till cockpit. Varningsskott med lysraketer kunde upplevas som "sparks in the sky". Southalls berättelse om pilotrösten som utbrast "I have hit it" blir i Beukels berättelse radiotelegrafistens utrop "Shit! You have hit it" (se Susan Williams bok s. 143 och 179). Othman föreföll inte utesluta att även om det var så att Beukels skarvade kunde belgaren ändå ha information som innehöll korn av sanning. Utskriften av hans berättelse omfattade 71 sidor, något som tydde på att han hade relevant kompetens i saken. Han kunde ha viss kännedom om dåtida planer på en kapning, en kunskap som han som eventuell pilot kunde utnyttja för sin historia. Belgien tillfrågades om man kunde verifiera Beukels som person, men svaret blev nekande.

Tidigare har de Kemoularias egen tilltro till den berättelse han fick höra ifrågasatts, eftersom han inte omedelbart rapporterade vidare till FN eller till franska myndigheter. Othman hade emellertid här fått fram en ny uppgift, nämligen att de Kemoularia verkligen anmälde saken till polisen i juli 1969. Men detta var ändå mer än två år efter det att samtalet med Beukels ägde rum. Frankrike ombads av den oberoende panelen att kommentera uppgifterna. Svaret blev att man inte kände till Beukels person eller rätta identitet och att Utrikesministeriets arkiv inte innehöll något om hans berättelse. Polisens arkiv, som i första hand var det som borde undersökas, nämndes inte. Inte heller framkom det om säkerhetstjänstens arkiv hade undersökts. Mellan raderna stod det klart att Othman inte var nöjd med den samarbetsvilja som visats.

Ensamutredarens rekommendationer

I sin egenskap av "Eminent Person" avslutade Othman sin rapport 2017 med tre rekommendationer. För det första rekommenderade han att FN:s generalsekreterare skulle finna en modell för att fortsätta den utredning som påbörjats.

Främst till följd av bristande samarbete från vissa staters sida förelåg det flera utestående frågor. Sydafrika hade inte svarat någonting om *Operation Celeste*, USA hade inte gett klargörande svar om personerna Southalls och Abrams militära tjänstgöring, relevanta stater (läs USA och Storbritannien) hade inte klargjort om det fanns arkiverade uppgifter om radiotrafik som rörde SE-BDY i Ndola, relevanta stater (läs Frankrike och Belgien) hade inte lyckats spåra personen "Beukels" och Frankrike hade inte kunnat spåra den avlidne de Kemoularias ursprungliga anteckningar och band rörande Beukels "vittnesmål", trots att dessa kunde ha lämnats in till Parispolisen 1969. Den senare aspekten (Pariskopplingen) påpekades inte särskilt av Othman, men han konstaterade rent allmänt att bevisbördan rörande vad som hänt och inte hänt 1961 nu låg på berörda stater.

Den andra rekommendationen tog sikte på att vissa särskilt berörda stater skulle utse seniora oberoende ämbetsmän för att gå igenom interna arkiv och inrapportera relevant ny information till FN. Othman hade dragit slutsatsen att det fortfarande fanns hemlig information i nationella arkiv, att sådan information nu borde kunna offentliggöras mer än femtio år efter Ndola och att bristande tillgång till sådan dokumentation var det största hindret för att nå sanningen.

Den tredje rekommendationen var en uppmaning till FN att gå igenom sina egna arkiv och offentliggöra relevant material som kunde vara hemligstämplat.

Den fortsatta hanteringen i FN

Generalförsamlingen antog, på svenskt initiativ, den 24 december 2017 en resolution om det fortsatta utredningsarbetet. Resolutionen 72/252 bad generalsekreteraren att förlänga Othmans mandat. Den uppmanade vidare FN:s medlemsstater att redovisa all relevant dokumentation i ärendet och i det sammanhanget upphäva eventuell sekretess eftersom det gått mer än femtio år sedan händelsen i fråga. Resolutionen ombad också de medlemsstater som var särskilt berörda att, som Othman föreslagit, utse en senior oberoende ämbetsman för att gå igenom egna arkiv i sökandet efter ny information.

I mars 2018 meddelade generalsekreterare António Guterres att Othmans mandat hade förlängts. FN:s budgetkommitté ville emellertid ha ett ord med i laget och förordnandet för Othman och hans fåtaliga medarbetare begränsades till arton månader. Othman skulle avge en delrapport i december 2018 och slutrapporten förväntades vara klar sommaren 2019. Generalsekreteraren upprepade maningen till gruppen av särskilt berörda stater – Sverige hade nu tillkommit och utökat gruppen från åtta till nio – att utse en oberoende ämbetsman som arkivutredare och rapportör till FN. Belgien, Frankrike och Sverige svarade snabbt och positivt. USA, Kanada och Tyskland meddelade strax därefter att en utredare var på gång och Ryssland lät förstå att man arbetade med frågan. Storbritannien och Sydafrika dröjde med sina besked.

Den svenska regeringen utsåg i april 2018 förre ambassadören Mathias Mossberg, huvudsekreterare i 2001 års ubåtsutredning, till svensk utredare med mandat att undersöka hemligstämplade dokument och leverera en delrapport till Othman under hösten 2018. En svensk slutrapport till FN planerades till våren 2019.

Den 8 november 2018 var Othmans halvårsrapport klar. Den presenterades för generalförsamlingen av FN:s rättschef, de Serpa Soares, i början av december. Othman tackar i sin rapport de ämbetsmän från Belgien, Frankrike, Tyskland och Sverige som i oktober 2018 lämnat in delrapporter. Listan med tillfrågade länder hade nu utökats med Angola, Demokratiska Republiken Kongo (DRC), Portugal, Zambia och Zimbabwe. Republiken Kongo och Zimbabwe hade svarat positivt och direkt utsett en oberoende ämbetsman för att rapportera till FN.

De rapporter som redan inkommit (häribland den svenska) sades innehålla potentiellt viktig information rörande omständigheterna kring kraschen i Ndola. Uppgifterna, som delvis var av konfidentiell natur, rörde bland annat närvaron av paramilitär personal och underrättelseagenter i Kongo med närområde i september 1961. Informationen innefattade även värdefulla uppgifter om militära styrkors kapacitet i regionen vid samma tid. Othman skulle nu utvärdera den nya informationen och meddela sitt resultat i slutrapporten sommaren 2019. Han påpekade särskilt, vad gällde själva flygkraschen, att *eftersom tesen om yttre påverkan vunnit i styrka* (!) var det särskilt viktigt att berörda stater bemödade sig om transparens och gott samarbete.

Av de stater som uppmanats utse en oberoende rapportör utmärkte sig Storbritannien och Sydafrika fortfarande negativt. Othman påpekade att man från brittisk sida först undvikit att svara i närmare ett halvår. Därefter hävdade britterna att all relevant information redan var överlämnad och att man inte tänkte utse en särskild utredare. Detta trots att Othman menade att allt tydde på att just brittiska arkiv borde innehålla ytterligare information i saken.

Från sydafrikansk sida, där Othman hoppats på information om organisationen SAIMR och den mystiska *Operation Celeste*, hade man överhuvudtaget inte svarat på Othmans kontaktförsök. Halvårsrapporten utmynnade därför i allvarlig kritik mot Storbritannien och Sydafrika för bristande samarbetsvilja.

En talesman för det brittiska FN-förbundet, en oberoende medborgarrörelse som bevakar FN-frågor, påpekade för journalister att den politiska tystnaden göder misstankar om att man har någonting att dölja. En rubrik i Dagens Nyheter den 12 december 2018 tog fasta på just detta:

Hammarskjöldgåtan: "Göder spekulationerna om att man har någonting att dölja".

Rubriken samma dag i engelska The Guardian var inte lika spetsig, men ändå "to the point":

Dag Hammarskjöld crash inquiry: UK and South Africa criticised for not cooperating.

***

När jag kommit till denna punkt i mitt manus var det januari 2019. Hittills hade jag skrivit om det förflutna. Nu hade jag kommit ikapp nuet. Det skulle dröja ett halvår innan ytterligare information var att vänta från FN. Jag hade beslutat mig för att nu var tillfället att söka upp ett "vittne", en man jag talat med 26 år tidigare på en pub i England.

Resan till Devon

Den minnesgode läsaren kommer ihåg hur författaren tidigare beskrivit ett besök i byn Great Missenden nordväst om London. Jag hade alltså fått information om att en person som 1961 bodde i Ndola hade sett kulhål i flygplansvraket. Denne person var avliden, men en yngre anförvant hade saker att berätta och var villig att ta emot mig. Han drev puben The Cross Keys i Great Missenden och jag sökte upp honom där. Det var år 1993. Genom brittiska Frälsnings-arméns center för spårning av personer hade jag fått höra att han gärna tog emot mig. Samtalet med pubägaren, Martin Ridler, blev emellertid, som framgått, en stor besvikelse. Han hade ingenting att förtälja om några kulhål och var överhuvudtaget inte särskilt meddelsam. Jag fick en känsla av han haft kontakt med någon myndighet och blivit tillsagd att inte berätta någonting för mig.

Många år senare, när den oberoende Hammarskjöldkommissionen hade startat sitt arbete, blir jag uppringd av en av dess ledamöter, Hans Corell. Han var den som under sin tid som rättschef på UD gav mig mandat att utöka en tjänsteresa till undersökningar av Hammarskjöldärendet. Nu undrade han vad namnet var på den person som jag intervjuat i England på 1990-talet. På så sätt blev Martin Ridler en person som Hammarskjöldkommissionen tog kontakt med. Han hade som pensionär tillsammans med sin hustru flyttat till Frankrike och han intervjuades där av en från kommissionen utsänd delegat. Nu kunde han som nämnts berätta att hans fasters avlidne make, Ian Waddicar, i Ndola med egna ögon sett hur flygkroppen var genomborrad av kulhål ("riddled with bullet holes"). Detta noterades i kommissionens rapport till FN där Martin Ridler i en bilaga är listad som vittne nr 20 bland andra vittnen.

Under hösten 2018 försökte jag förgäves spåra Ridler i Frankrike. Men genom kontakt med Henning Melber, som varit knuten till Hammarskjöldkommissionen som "trustee", fick jag en relevant e-postadress. Jag fick kontakt med Ridler, som svarade att han hade flyttat tillbaka till England. Han var villig att träffa mig. Han bodde nu i South Devon i närheten av Plymouth. När kunde jag komma?

Jag hade nämligen låtit honom förstå att ett telefonsamtal eller en e-postkommunikation inte skulle räcka till. Vi behövde träffas. Jag önskade höra honom utveckla sitt vittnesmål om kulhål i vraket. Jag ville också fråga honom om han varit i kontakt med någon myndighetsperson inför mitt besök 1993. Hade han blivit instruerad att hålla mig kort? Här gällde det att agera diplomatiskt och få till stånd ett bra samtalsklimat.

Förmiddagen den 28 januari 2019 står jag på Paddingtonstationen i London, beredd att äntra tåget mot Plymouth. Väl på plats i kupén tar jag fram den nya upplagan av Susan Williams bok *Who killed Hammmarskjöld?* Jag hade träffat Susan och hennes man (och medarbetare) Gervase Hood på mitt Paddington-hotell kvällen före. Vi diskuterade läget i FN-undersökningen. Det var tveksamt om mycket nytt skulle komma fram. USA vägrade att informera om vad som fanns i NSA:s arkiv, och brittisk lag gjorde det möjligt för MI 5 och MI 6 att konstant hemlighålla vad man önskade hemlighålla. Susan var ändå mycket nöjd med att hennes bok fyllt sitt syfte, att trigga igång en ny FN-undersökning. Gervase påpekade att boken blivit en vattendelare, den hade åstadkommit ett före och ett efter. Tidigare hade teorin om pilotfel varit en majoritetsuppfattning, nu var teorin om yttre påverkan en majoritetsuppfattning.

I boken hade nya omständigheter lyfts fram, som att MI 6 var närvarande i Ndola. Agenten Neil Ritchie hade i uppgift att förbereda mötet med Tshombe och hans rapport om detta fann Susan i ett öppet arkiv. Men Ritchie måste också ha rapporterat om säkerhetsläget inför Hammarskjölds ankomst. Denna rapportering, som naturligtvis var av hemligt slag, måste finnas i MI 6:s eget arkiv.

En annan ny omständighet som lyftes fram i boken var det sydafrikanska spåret. Susan hade fått tag i åtta dokument rörande organisationen SAIMR. Flera av dem kunde vara falska, manipulerade efterhandskonstruktioner, men Susan misstänkte att det kunde ligga något i den påstådda kopplingen till CIA. Den av SAIMR möjligen planerade *Operation Celeste*, om utplacering av en bomb på DC-6:an, sades i dokumenten ha stöd av CIA-chefen Allen Dulles. Vi diskuterade hur troligt det var att Dulles, som låg dåligt till hos president Kennedy efter Bay of Pigs (den misslyckade invasionen av Castros Cuba), skulle våga utmana sin presidents linje om stöd till Hammarskjöld och FN. Själv var jag tveksam. Men märkligt var att medan Grisbuktsinvasionen ägde rum redan i april 1961 avskedades inte Dulles av Kennedy förrän i slutet av november 1961. Allen Dulles var fortfarande i tjänst under Ndola och sparkades av Kennedy först därefter. Var Dulles och hans CIA inblandade i kraschen? Förstod Kennedy detta? Var det en konspiration mellan legoknektar och CIA som expresident Truman syftade på då han sa till journalister att Hammarskjöld var på väg att få någonting gjort "when they killed him"? Kunde man utesluta ett sådant scenario?

Dagen efter denna diskussion anlände jag till den lilla turiststaden Totnes, där jag och Martin Ridler stämt träff på ett hotell och värdshus med anor från 1700-talet. Robinson Crusoes författare Daniel Defoe hade varit där. Och Martin Ridler kom dit som planerat. Jag kände inte igen honom. Han hade blivit äldre, tyngre och fryntligare, mer pratglad och meddelsam. Sedan några år var han änkling och tyckte nog att det var trevligt med ett möte som avbröt den dagliga rutinen. Han verkade helt enkelt sällskapssjuk.

Vi pratade länge om Ian Waddicar, den man som hade tjänat Royal Air Force i bombplan under andra världskriget och fått en utmärkelse för tapperhet. Som skytt hade han under ett uppdrag framgångsrikt försvarat sitt bombplan mot attackerande jaktflyg. I en nödsituation hade han i tid lyckats fixa en trilskande kulspruta. Han var tekniskt begåvad.

Efter kriget flyttade Ian till Afrika och verkade i ett statligt biståndsprojekt för samväldesländer. Han hjälpte massajfolket att bättre utnyttja och vårda sina husdjur. År 1955 gifte han sig med Martins faster och slog sig ner i Ndola. Där befann han sig i september 1961. Paret flyttade senare tillbaka till England där Ian köpte ett garage i Worcestershire och lagade bilar. Det var då, i slutet av 1960-talet, som Martin som ung man (född 1939) vid flera tillfällen hörde honom tala om kulhålen i Hammarskjölds plan. Ian Waddicar var en social person och han rörde sig fritt bland kontakter och arbetsplatser i Ndola. Vid något tillfälle, oklart när och var, hade han sett åtminstone en del av flygplansvraket och noterat att det var "riddled with bullet holes". Hans iakttagelse var trovärdig, menade Martin. Ian hade ju erfarenhet av flygplan, luftstrider och "machine gun fire". Han var tekniskt intresserad och kunnig. Han kunde identifiera kulhål och han var följaktligen övertygad om att planet skjutits ner. Men när hade han fått tillfälle att se delar av flygplansvraket, var hade detta skett och hur kom det sig?

Martin insåg att det var olyckligt att frågan om "när och var" förblev obesvarad. Ians närvaro hade behövts – men han gick bort 1974 – och vår diskussion kom inte längre i sakfrågan. Vi började istället tala om Martins eget liv. Han hade arbetat i hotellbranschen och bott några år med familjen i Jamaica, där han haft överinseende över två hotell. Kriminaliteten hade ännu inte satt sina klor i landet och familjen trivdes. Men dotterns skolgång motiverade till slut en återflytt till England. Han blev pubägare i Buckinghamshire.

Vid det här laget hade vårt samtal pågått i över en timme och vi hade blivit goda vänner. Jag kände mig mogen att slänga fram påpekandet att han vid vårt möte 26 år tidigare inte hade berättat om kulhålen. Hur kom det sig?

Han blev ställd och uppriktigt förvånad. Var det verkligen så? Han hade bara ett vagt minne av vårt tidigare sammanträffande och kom egentligen inte ihåg särskilt mycket. Jag ställde frågan om han hade blivit uppringd av någon inför mitt besök, kanske av en person från en officiell myndighet. Vi visste att någon från Frälsningsarméns "Family Tracing Service" ringt upp honom och frågat om det var okej med mitt besök, men hade han fått ytterligare något telefonsamtal?

Ändringen av samtalsämne påverkade inte på något sätt den goda stämningen oss emellan. På min fråga utbrast han spontant och så hastigt att jag knappt han ställa den färdigt: "Absolut inte. Jag fick inte något sådant samtal. Jag minns knappt samtalet från Frälsningsarmén, men ett konstigt samtal från en myndighet skulle jag komma ihåg." Han blev livligt engagerad i saken och upprepade: "Nej, det var ingen som ringde mig."

Den stämning av ömsesidig avspändhet och "sällskapssjuka" som rådde i vår diskussion gjorde att jag direkt upplevde att han talade sanning. Det var min spontana övertygelse, en ögonblickets känsla. Men hur kom det sig, frågade jag, att han inte berättade för mig om kulhålen? Kunde det vara så att han var på dåligt humör den där eftermiddagen 1993? Han hade en besökare som tog hans tid när jag anlände. Rörde det pubens ekonomi?

Martin svarade eftertänksamt. Nej, sa han, puben gick bra. Han kunde inte förklara saken. Jag ställde inte frågan om han kunde vara irriterad till följd av äktenskapliga problem. Han hade tidigare förklarat för mig hur mycket han saknade sin avlidna hustru. Och jag tvivlade inte på hans uppriktighet. Vi skildes som nya och goda vänner och skulle hålla e-postkontakt framöver.

Jag insåg nu att jag var tvungen att överge min varmt omhuldade konspirationsteori. MI 5, MI 6, FCO eller någon annan bokstavskombination hade inte kontaktat honom. Min självupptagna tes att jag hade varit föremål för övervakning hade kollapsat. Mitt tänkta avslöjande av officiellt brittiskt "fulspel" hade uteblivit. Men varför Martin 1993 inte hade berättat den historia om kulhål som han flera år senare så gärna berättade var ett mysterium. Martin kunde inte förstå det själv. Och jag trodde honom. Här förelåg ytterligare ett av dessa olösta mysterier som världen möjligen är full av.

Filmen *Cold Case Hammarskjöld*

I slutet av januari 2019 hade en dokumentärfilm på över två timmar premiär på Sundance Film Festival i Park City, Utah. Den hade föregåtts av en hel del publicitet och hade titeln *Cold Case Hammarskjöld*. Filmskaparna – producenten Peter Engel och regissören Mads Brügger – förmedlade tesen att ett annat flygplan förorsakat *Albertinans* krasch. Filmen var ett dansk-svenskt projekt där Sida-mannen Göran Björkdahl och journalisten Andreas Rocksén framstod som huvudmän. Björkdahl hade arbetat för Sida i Afrika och därefter verkat som privatforskare i Ndolafrågan. Filmen var baserad på hans resultat, nya vittnen, nya infallsvinklar, och hade tagit sex år att göra. Ett tjugotal researchers hade sökt efter vittnen och grävt i arkiv i femton länder på fyra kontinenter. I Nationalarkivet i Harare, Zimbabwe (det vill säga i Salisbury i dåvarande Sydrhodesia), hade man funnit en mapp med 226 bilder rörande kraschen i Ndola. Ett fotografi, som uppgavs aldrig ha visats tidigare, visade ett apelsinstort hål i planets stjärtfena. Filmmakarna menade att det hade förorsakats av granatsplitter eller en missilkrevad.

Filmen drev alltså tesen att planet hade blivit attackerat i luften och pekade ut en av de legopiloter som man visste flugit för Katangas flygvapen. Det var belgaren Jan van Risseghem, som under andra världskriget hade flugit för brittiska RAF. Han skulle under ett fallskärmsläger i Belgien 1965 ha erkänt för en vän, Pierre Coppens, att han med sin Fouga Magister hade attackerat DC-6:an. Han hade agerat på order, men utan att veta vem som var ombord. Till Coppens skulle

Det så kallade apelsinhålet, som har upp-
märksammats av filmmakarna bakom filmen
Cold Case Hammarskjöld som ett even-
tuellt kulhål. En troligare förklaring är dock
att hålet förorsakats av grenar eller kvistar
som penetrerat den spända tältduken på
vingens stjärtfena.

han ha sagt: "Ibland måste man göra saker man inte vill." Jan van Risseghem avled 2007, men hade vid det laget förnekat att han var inblandad i kraschen. Hans namn var inte obekant för FN-utredaren Othman. I dennes material ingick information om hur USA:s dåvarande ambassadör i Kongo, Ed Gullion, rapporterat om Katangas jetplan. Den 16 september 1961 telegraferade Gullion till Washington att en amerikansk kommersiell pilot hade rapporterat att en katangesisk jet närmat sig under en flygning och en kort stund flugit "wing to wing" med honom. Han hade känt igen den skäggige piloten som "van Reisseghem", det katangesiska flygvapnets instruktör. Följande dygn skulle alltså van Risseghem kunnat ha befunnit sig i Ndolas luftrum. Den 18 september telegraferade Gullion till State Department att SE-BDY kunde ha blivit nedskjutet av samma pilot som tidigare angripit amerikanska plan, nämligen van Risseghem.

Andra uppgifter tydde emellertid på att denne då var i Bryssel. Othmans dokumentation utvisade att van Risseghem i sin egenskap av legosoldat hade arresterats av FN den 28 augusti 1961 i Élisabethville och att han den 7 september "repatrierades" från Kamina till Bryssel. Belgiska myndigheter hade på Othmans förfrågan rapporterat att van Risseghem befann sig i Belgien mellan den 8 och 16 september och att han inte hade kunnat hinna vara tillbaka i Kongo natten mellan den 17 och 18 september. Det kunde emellertid inte uteslutas att han den 17 september befann sig i Paris och då var på väg till Kongo. Men möjligheten för honom att följande natt sitta vid spakarna i en Fouga kunde betvivlas. Othman menade att saken behövde utredas ytterligare.

I sin rapport hösten 2017 nämner Othman att han under arbetets gång kontaktades av en representant för ett filmteam som erbjöd honom information som han dock inte fick rapportera om, inte förrän filmen visats offentligt långt senare. Erbjudandet avvisades eftersom FN-utredningen förutsatte full öppenhet. Othman tog inte emot någon information och riktade i sin rapport viss kritik mot filmmakarna. Vi vet nu att filmprojektet var *Cold Case Hammarskjöld*.

Filmens producent, Peter Engel, förklarade senare för media: "Självklart kan vi inte ge bort research till FN som vi lagt fem miljoner danska kronor på."

Det är känt att van Risseghem, när han senare förnekat att han var inblandad, hänvisat till sin loggbok över flyguppdrag som alibi. De belgiska myndigheterna förefaller också ha utgått från loggboken. Enligt denna skulle han vid tidpunkten i fråga inte ha befunnit sig i Kongo. Enligt filmen är emellertid loggboken förfalskad. Han skulle ha kunnat vara på plats och startat från ett mindre flygfält som tidigare inte varit känt. Därmed skulle problemet med Fougans bränslebehov och aktionsradie vara löst.

Bengt Rösiö fick under sina undersökningar 1993 kontakt med van Risseghem, som enligt vad som då framkom hade varit operativ chef för Katangas flygvapen. Rösiö ringde upp honom för att fråga om den då aktuelle José Delin nattetid kunnat flyga från Kolwezi till Ndola för att skjuta ner Hammarskjöld. "Delin?" råmade van Risseghem i luren. "Delin flyga på natten? Fanskapet kunde ju inte ens flyga på dagen."

Efter denna telefonkontakt överenskom herrarna om ett personligt möte i Antwerpen. Rösiö önskade få en fullständig genomgång av Katangas flygplan och piloter. Han betvivlade inte att van Risseghem var sanningsenlig när han uppgav att han haverinatten varit i Belgien på semester. Frågan var vilka av övriga piloter som kunde ha flugit till Ndola. Men mötet började med att belgaren med glädje berättade om sitt liv och hur han kom till Katanga. I slutet av andra världskriget hade han tjänstgjort i Royal Air Force och sedan flög han femton år för Sabena innan han av misstag fick reda på att tre franska plan skulle flygas ner till Katanga (i regi av det amerikanska bolaget Seven Seas Airlines, vet vi nu). Man sa åt honom att "nu vet du redan för mycket, du kan lika gärna flyga ner dem". Så blev det och han stannade kvar som operativ chef för Avikat, det katangesiska flygvapnet.

Rösiö ger i sin bok *Ndola* (1996) en kostlig bild av van Risseghems personlighet:

> Han berättar med glädje om sitt liv, skräder inte orden och skryter en del, dock inte med sin duktighet utan med sitt galenpanneri, sin kroniska uppkäftighet, sitt självironiska gamänglynne. Han visar bilder av sig själv som fräsig flygofficer, bland annat i sällskap med en bevåget uppflinad Tshombe som såg ut som om han svalt ett piano men inte kunnat få ner tangenterna.

Samtalen hade också en seriös framtoning. Man gick igenom de piloter som stod till Katangas förfogande, som Magain, Dagonnier, Dubois, Melot, Puren med flera. Någon Beukels fanns inte, men den Lamouline som förekommer i den Beukelska berättelsen var känd. Han var chef för den civila flygplatsen i Kamina Ville (alltså inte FN-basen). Kamina Ville kontrollerades av katangesiska styrkor.

Man gick också igenom de flygplan som stod till Katangas förfogande. Tshombe hade från centralregeringen tillskansat sig ett antal de Havilland Dove, varav tre användes i luften, vidare sex Piper och två helikoptrar. Man disponerade även ett par Dakota som ägdes av Air Katanga. Sedan hade de tre Fouga-planen, KAT 91, 92 och 93, tillkommit. Men 91:an var kvaddad av Dagonnier, 92:an hade konfiskerats av FN, medan 93:an flögs av Magain. Enligt van Risseg-hem hade man senare köpt en Dornier 28 från Tyskland, men den levererades inte förrän efter Ndolakraschen (nya uppgifter till Othman tyder dock på en tidigare leverans). Efter den 18 september kom en Dornier 28 att användas mot FN-trupp, med gräsbanan i Kipushi som hemmafält. Jan van Risseghem var alltså en flitig uppgiftslämnare.

"Vi talade mycket och länge", skriver Rösiö, "inte bara om Katanga, utan även om stolliga äventyr och brutalt allvar". Belgaren följde honom sedan till järn-vägsstationen och stod på perrongen, "vinkande med sitt varma breda leende, en gammal man som mindes de lyckliga stunderna blott".

Det är upp till läsaren att avgöra om denne pratglade åldring, som glade-ligen lade ner mycken tid på att gå igenom det förflutna, kunde göra detta med emotionell behållning om han samtidigt förde sin samtalspartner bakom ljuset beträffande sin egen roll. Tja, omöjligt är det väl inte. Eller var det som han berättade för en vän på ett fallskärmsläger 1965 exempel på ett behov av att vara i centrum. Han "skräder inte orden och skryter en del", hade Rösiö skrivit.

***

Filmen *Cold Case Hammarskjöld* drev alltså tesen att van Risseghem var inblan-dad. Hans hustru skulle efter hans död ha erkänt att loggboken var manipulerad. DN-journalisten Jens Littorin hade innan världspremiären i USA intervjuat filmmakarna och redovisat deras position, men i två senare artiklar tog han upp kritiska synpunkter som framförts av intervjuade experter.

Bland annat framgick att det apelsinstora hålet i planets stjärtfena hade en naturlig förklaring och att bilden i fråga inte var ny. Experten Björn Virving, son till Bo Virving som 1961 var teknisk chef på Transair och deltog i de första utredningarna, påpekade att hålet sannolikt hade förorsakats av en trädgren eller annat föremål i naturen vid planets våldsamma kontakt med terrängen. Rodret på en DC-6:as stjärtfena var täckt av hårdspänt tyg ("canvas") och inte av aluminium. Det krävdes inte mycket för att ett hål skulle uppstå. Den rhode-siska utredningen beskrev flera skador av denna typ, men endast i vaga allmänna ordalag.

Sven Hammarberg, en haveriutredare som anlitats av Othman i den nya FN-utredningen, avfärdade också granatteorin liksom påståendet att hålet i fråga inte tidigare uppmärksammats. Han hade funnit bilden vid en sökning i FN:s öppna arkiv. Förekomsten av bilden där visade med all tydlighet, påpekade han, att hålet analyserats och avskrivits som bidragande orsak till haveriet. Att hålet inte särskilt beskrivits i den rhodesiska rapporten var inte det minsta konstigt, eftersom vraket var fullt av liknande hål och skador. Hammarberg trodde själv på teorin *Controlled Flight Into Terrain* (CFIT).

Så långt den svenska pressdiskussionen om filmen innan dess världspremiär i USA den 26 januari 2019. Filmen fick bra kritik i amerikansk press, med undantag av i New York Times, där skribenten Matt Apuzzo varnade för flödet av konspirationsteorier. Sverigepremiären ägde rum någon vecka senare, på filmfestivalen i Göteborg den 2 februari. Dagen därpå befann jag mig i Göteborg, inklämd i den folkmassa som trängde på för att komma in i biosalongen vid Götaplatsen.

Filmen började trevande utan att något blev bevisat, men den tog sig successivt och hade till slut bra tryck och driv. Det berodde på att det sydafrikanska vittnet Alexander Jones övertygande bekräftade SAIMR:s existens i det förflutna; han hade tillhört dess väpnade gren och kunde visa upp ett övergivet träningsläger. Samtidigt ändrades berättelsens fokus från Hammarskjöld och Ndola till hiv/aids-frågan. Påståendet var att SAIMR hade försökt sprida hivsmitta bland den svarta befolkningen i länderna i södra Afrika för att åstadkomma vit supremati i denna region. Det var på denna punkt som New York Times riktade in sin kritik mot filmen. Flygkraschen hamnade i bakgrunden i artikeln, på samma sätt som den plötsligt också gjort i filmen.

Alexander Jones hade uppfattningen att SAIMR på något sätt var inblandat vid Ndola, men han visste inte hur. Med anledning av uppgiften om att ett spelkort hittats vid Hammarskjölds krage, ett spader ess, kom han med en sensationell uppgift som föreföll hämtad ur en rövarroman. Alla i underrättelsebranschen visste att CIA markerade (och därmed också erkände) sina politiska mord med utplacering av ett spader ess på liket. Huruvida denna uppgift eroderade Jones trovärdighet även på andra punkter är en ofrånkomlig fråga. Två exempel: Han menade att SAIMR styrdes från London, antagligen av MI6. Han påstod vidare att organisationen hade rekryterat kanske 5 000–6 000 legoknektar i sina träningsläger.

Vad som var sant beträffande SAIMR kunde filmmakarna i de flesta fall inte fastställa. Det framkom således att de SAIMR-dokument som dykt upp i den sydafrikanska "Truth and Reconciliation Commission" (TRC) 1998, och som talade om en bomb på Hammarskjölds plan genom agenten *Congo Red*, mycket väl kunde vara förfalskade. Förfalskaren skulle i så fall vara en Keith Maxwell, vars manipulativa personlighet tog sig alltmer udda uttryck i slutet av hans liv. Sanningskommissionen (TRC) visade sig ovillig att reda ut hiv-anklagelserna och kopplingen till SAIMR. Denna ovillighet tycks fortfarande råda på syd-afrikansk myndighetsnivå och blir då en förklaring till varför Pretoria inte har producerat några handlingar överhuvudtaget till hjälp för FN-utredningen.

Filmmakarna tonade ner den Beukelska berättelsen om en pilot som sköt ner Hammarskjölds plan. Visserligen kunde man spåra en avliden legoknekt med namnet Beuckels, men denne var inte pilot utan vanlig soldat tillgänglig för markstrider. Men allt talar för att det var samma person som talat med ex-diplomaten de Kemoularia i Paris. Han beskrivs såväl i filmen som i skildringen från 1967 som psykiskt störd, alkoholiserad och sjukligt avmagrad (jämför Susan Williams bok s. 176).

Den belgiske piloten van Risseghem, också avliden, förekom i filmen som en möjlig baneman. Men man avstod från att försöka bevisa hans närvaro över Ndola den aktuella natten. Påståendet att hustrun skulle ha erkänt en förfalsk-ning av makens loggbok förekom inte. Den korta filmsekvensen med hustrun på gatan visade bara att hon inte var villig att yttra sig.

Filmen avslutas med en berättelse om hur en SAIMR-ledare, en viss Wag-man eller Wagner, efter kraschen i Ndola, tar emot en rapport om att agenten *Congo Red* levererat önskat resultat i *Operation Celeste*. Det framgår inte om det rörde sig om en bomb eller en nedskjutning. Filmmakarna har vid det laget gett upp tanken på att bevisa det ena eller det andra. Man nöjer sig med att slå fast att det rörde sig om en internationell konspiration som syftade till att släcka Hammarskjölds liv.

Filmens värde ligger bland annat i avslöjandet av den Beukelska historien som ett falsifikat. Den Beuckels som man kunnat spåra var inte pilot och måste ha fått hjälp av andra att sätta ihop en historia som nedskriven fyllde 71 sidor. Filmmakarna har vidare grävt fram ny information som, i linje med Susan Williams forskning, bekräftar SAIMR:s existens under 1960-talet och fram till åtminstone 1989. Informationen innefattar även uppgifter om organisatio-nens syfte (vit supremati i Afrika) och arbetsmetoder (militära och subversiva insatser). Någon "smoking gun" har dock inte producerats. Gåtan Ndola är fort-farande olöst. Men visst finns det bitar av ny information som med rätta har vidarebefordrats till FN-utredningen.

En personlig reflektion. Under filmens gång intervjuas två sydafrikaner vars uttalanden i bild i ögonblicket upplevs som klart sanningsenliga. Således gav en tidigare chef för den sydafrikanska säkerhetstjänsten, Tienie Groenewald, intryck av att han inte kände till SAIMR: "I mitt jobb skulle jag ha vetat om det." Filmmakarna missar här att "det" syftar på att SAIMR skulle ha varit en aktör som betydde något i praktiken. Groenewald förnekar inte att han känt till organisationen, endast att den varit betydelsefull. I filmen påstås att han förnekat kännedom om SAIMR:s existens. Groenewald gör sig ändå skyldig till en lögn eftersom en organisation med kanske 5 000 medlemmar inte är en marginell företeelse.

En annan person som mer uppenbart ljuger i filmen är en påtänkt ny chef för SAIMR, René Goor. Dokument som filmmakarna kommit över utpekade honom i denna roll, men Goor förnekade varje kännedom om sammanhanget och organisationen. Både Groenewold och Goor gör alltså ett trovärdigt intryck när de intervjuas. Vid filmens slut framstår emellertid deras uttalanden som uppenbart lögnaktiga. Det fick mig att tänka till ytterligare en gång om mitt samtal med Martin Ridler i Devon. Det jag upplevde i stunden som sanningsenligt, kunde det ändå vara ett avsiktligt missvisande besked? Hade han ändå 1993 av någon blivit tillsagd att tiga? Väntade sig Ridler hela tiden en fråga om detta och var förberedd på den? Var det därför hans svar kom så snabbt, knappt innan jag hade hunnit ställa frågan? En liten punkt av gnagande osäkerhet hade infunnit sig. Jag tänkte på vad Bengt Rösiö berättade om sin intervju med den tidigare flygplatschefen Williams, som sa "att han blivit uppringd av en Mr Bone, arkivchef i Foreign Office, och nu inte ville ställa upp".

Jag [Rösiö] åkte ju i alla fall men kunde inte få ut något av honom mer än intrycket att han uppenbarligen blivit tillsagd att tiga. (Öppet brev, *Särimner grymtar åter,* september 2012.)

En ny teori: Misslyckad nödlandning

Ungefär samtidigt som media började rapportera om att filmen *Cold Case* var på gång publicerades en intressant artikel med en ny twist i samma ämne. Rubriken var dock av traditionellt slag: "Who or What Brought Down Dag Hammarskjöld?" Artikeln, daterad den 11 januari 2019, förekom i nätmagasinet *Counter-Punch,* en publikation som marknadsför sig själv med en viss ton av uppkäftighet. På första sidan berömmer man sig av "Fearless Muckraking since 1993".

Artikeln om Ndola var skriven av den brittiske författaren Matthew Stevenson och en flygexpert i Alaska, Joseph Majerle III, som hade fyrtio års erfarenhet som mekaniker och pilot. Stevenson hade besökt Ndola 2017 och bildat sig en uppfattning om terrängen, den var jämn och slät. Han intervjuar i artikeln Majerle, som menar att det inte var pilotfel utan att besättningen visste precis vad den gjorde. Höjdmätarna fungerade och besättningen flög lågt med avsikt, detta för att undvika förföljare. Inflygningsbanan mot Ndola var jämn och okomplicerad. Det låg inte någon kulle i vägen som besättningen kunde ha missat. Landningsstället var nedfällt och låst och vingklaffarna var nedfällda i trettiogradersläget, något som normalt görs först när landningsbanan är i sikte. Här indikerade inställningarna och den låga farten en avsikt att omedelbart försöka genomföra en nödlandning. Att farten var låg framgick av den relativt korta gata som planet plöjde upp i trädkronorna. En oavsiktlig kraschlandning skulle ha resulterat i en kanske tre gånger så lång plöjd gata i terrängen.

Majerles slutsats var således att piloten sänkte farten och flög lågt i hopp om att kunna genomföra en nödlandning. Anledningen var antagligen att ett spårljusskott träffat en bränsletank i vänstra vingen och att planet riskerade att snabbt förvandlas till ett eldhav. Besättningen insåg detta och gjorde ett desperat försök att omedelbart ta ner planet och rädda alla ombord. Försöket misslyckades.

***

Teorin om en beskjutning som satte en bränsletank i brand har stöd av Harold Juliens vittnesmål. Händelsen skulle då ha inträffat strax efter det att SE-BDY passerat flygplatsen i västlig riktning och innan man hunnit påbörja päronsvängen. Julien hördes av den rhodesiske polisinspektören Paddy Allen när han anlänt till sjukhuset. Konversationen återgavs i det rhodesiska utredningsmaterialet och citeras här från Williams bok (s. 100):

Allen: The last we heard from you, you were over Ndola runway. What happened?
Julien: It blew up.
Allen: Was this over the runway?
Julien: Yes.
Allen: What happened then?
Julien: There was great speed. Great speed.
Allen: What happened then?
Julien: Then there was the crash.

Allen: What happened then?
Julien: There were lots of little explosions all around.
Allen: How did you get out?
Julien: I pulled the emergency tab and I ran out.
Allen: What about the others?
Julien: They were just trapped.

Senare på sjukhuset kunde Julien tillägga att efter "the flash and bang" hade Hammarskjöld ropat "Go back, go back!" Eftersom man fortfarande flög västerut kunde det betyda "vänd tillbaka till flygfältet". Därefter påbörjades päronsvängen, tidigare än normalt och snävare än normalt.

Detta tänkbara händelseförlopp överensstämmer med Majerles tes. SE-BDY skulle ha utsatts för beskjutning, kanske med spårljus, och satts i brand. Majerle utesluter tanken på att en bomb skulle ha släppts ner på DC-6:an och åstadkommit detta resultat. En bomb som faller från ett plan i rörelse kan – rent statistiskt – nästan aldrig träffa ett annat plan i rörelse. Men en träff från en spårljusbeskjutning är tänkbar. Då ligger det attackerande planet bakom det andra planet. Huruvida en eventuell sådan träff var avsiktlig eller tänkt som ett hot och markering blir då fortfarande en olöst fråga.

En ny bok: *The French Connection*

I mitten av april 2019 utkom en gedigen bok om Hammarskjöld, det kalla kriget, Kongokrisen, de finansiella gruvintressena i Afrika och kraschen i Ndola. Det var en fransk utgåva, en självständig uppföljare till Susan Williams "game changer" från 2011, och tonvikten låg även här på gåtan om Hammarskjölds död. Titeln löd "Dom har dödat Monsieur H – franska legosoldaters komplott mot FN" (*Ils ont tué Monsieur H: Congo, 1961. Le complot des mercenaires français contre l'ONU*). Författare var journalisten Maurin Picard, New York-baserad korrespondent för tidningarna Le Figaro i Paris och Le Soir i Bryssel. Boken uppmärksammades livligt i franska media och Picard fick berätta för 2000-talets TV-tittare vem Hammarskjöld var: ämbetsman från det neutrala Sverige, generalsekreterare, idealist, kulturprofil, bergsbestigare, naturfotograf med mera.

Bokens titel syftar på ex-president Harry S. Trumans uttalande efter Ndola: "They killed him." Picard identifierar nytt material om de finansaktörer från främst Bryssel och London som var kopplade till Union Minière och anglo-amerikanska bolag i Tanganyika och Sydafrika. Dessa kommersiella vinst-

Ex-president Harry S. Truman och Dag
Hammarskjöld i FN-högkvarteret den 3 juli
1953. Trumans uttalande "They killed him"
gav titeln till Maurin Picards bok 2019,
"De har dödat Monsieur H" (översättning
från franskan). Truman var USA:s president
1945–1953 och hade avgått när Hammar-
skjöld tillträdde som generalsekreterare.

maskiner i kopparindustrin såg FN som ett ekonomiskt hot. Picard visar samtidigt på en fransk militär närvaro i Kongo som var riktad mot FN:s globala anspråk. Ett kapitel har rubriken "Det franska hatet" och syftar närmast på de Gaulles och franska diplomaters känslor efter det att Hammarskjöld och FN agerat mot fransk stormaktspolitik i Suezkrisen 1956 och Bizertekrisen 1961. Den senare rörde fransk militär närvaro i Tunisien och nådde sin kulmen i juli 1961, alltså samtidigt som Kongokrisen gick igenom en av sina mer dramatiska faser.

De franska legosoldaterna, *les affreux* ("de fruktansvärda"), hade erfarenheter från Främlingslegionen, från krigen i Indokina och Algeriet. Många av dem befann sig i Katanga av äventyrslusta och ville fortsätta som yrkessoldater, även om det också fanns lycksökare som opererade på kortare sikt. Några som anlände relativt sent var trion Trinquier, La Bourdonnaye och Faulques, alla experter på psykologisk krigföring, det vill säga de hade utvecklat och praktiserat olika former av tortyr mot medlemmar av den algeriska frihetsrörelsen FLN. De hade chockats av att president de Gaulles givit upp Algeriet och blivit fanatiska antigaullister. Men de Gaulle var samtidigt emot FN:s intervention i Kongo av principiella skäl, och hans försvarsminister Pierre Messmer drog sig inte för att rekrytera friställda veteraner som legosoldater i Katanga med uppgift att skydda utbrytarstaten. FN-resolutionen av den 21 februari 1961 syftade till att få bort alla legoknektar från Katanga och gjorde Messmers initiativ till en synnerligen känslig sak. Den grupp på sex personer som i slutet av februari 1961 flög till Rhodesia tog sig in i Katanga maskerade med lösskägg och utrustade med falska papper. De hade fått lämna den franska krigsmakten för att inte kompromettera det officiella Frankrike om deras rätta identiteter skulle avslöjas. Våren 1961 anlände en ny grupp av krigare från Algeriet, Picard namnger dem alla i sin bok.

Regeringen i Paris hade alltså sin hand i flera värvningar efter de misslyckade kolonialkrigen i Vietnam och Algeriet. Fallskärmsjägaren La Bourdonnaye berättade för en journalist hur han tillsammans med Roger Faulques och en kapten Égé inför avresan till Afrika hade kallats till ett möte i en Parisbistro på Avenue George V. Där hade trion diskret avlönats med tjocka sedelbuntar som de trodde kom från Union Minière i ett samarbete med Elyséepalatset.

Detta officiella dubbelspel hade sin grund i en ideologisk preferens för det frankofona på bekostnad av det universella. President de Gaulle uppskattade inte FN:s globala ambitioner om antikolonial frigörelse. Han önskade genomföra Frankrikes avkolonialisering på sitt eget sätt och skapa en franskspråkig transkontinental gemenskap, en politisk kraft som styrdes från Paris och inte från New York.

På liknande sätt var de franska legosoldaterna influerade av en ideologi, men mindre nationalistiskt inriktad på franskt ledarskap och mer på fortsatt vit supremati i Afrika. De lät sig villigt utnyttjas av de finansiella aktörer som bekostade deras närvaro i Katanga. I september 1961, när FN gick till offensiv genom operationerna *Rumpunch* och *Morthor*, svarade man med en strategi av gerillakrigföring. Här spelade Roger Faulques en central roll som kommendant för det katangesiska gendarmeriet. Picard publicerar i sin bok ett kostligt foto av Faulques som gerillakrigare, i civila kläder med cigarett i mungipan och en granat i ena handen.

I de finansiella kretsarna återfanns Charles Waterhouse, ordförande i brittisk-afrikanska konglomeratet Tanks (Tanganyika Concessions) och styrelsemedlem i Union Minière. Waterhouse citeras i Picards bok genom ett brev från hans residens i London till Union Minière-chefen Herman Robiliart i Bryssel. Brevet är daterat måndagen den 18 september 1961. Det är ett märkligt brev om det nya läge som uppkommit. Hammarskjölds död nämns i förbigående som en självklarhet. Brevet bevisar ingenting men ger ändå en obehaglig känsla av att brevskrivaren hade någon form av förhandsinformation. Picard tvekar inte om att det i dessa finansiella kretsar fanns beslutsfattare som var beredda att ta extrema beslut för att säkra egna ekonomiska intressen.

Picard listar i slutet av sin bok ett antal egendomligheter. Några exempel:

– *Vad hade egentligen lord Lansdowne för uppdrag i Ndola?* Officiellt skulle han förbereda Hammarskjölds möte med Tshombe, men detta hade redan lord Alport gjort med hjälp av MI6-agenten Neil Ritchie. Och varför blev lordens avresa från Léopoldville försenad två timmar? Därmed sinkades också Hammarskjölds avresa och SE-BDY tvingades anlända till Ndolas luftrum först vid midnatt. Det har sagts från brittiskt håll att Lansdownes sena avresa orsakades av "problem med bagaget". Vilka var dessa problem? Förseningen gjorde att SE-BDY:s avslutande rutt och väntade ankomst inte längre kunde hemlighållas. Ett fientligt plan fick möjlighet att i tid lyfta från ett mindre flygfält i närheten och invänta SE-BDY.

– *Upptäcktes planet mycket tidigare än vad som officiellt uppgetts?* Runt midnatt den 18 september kör den 22-årige vite sydafrikanen Edwin Wren Mast-Ingle på sin motorcykel genom terrängen väster om Ndola. Han har deltagit i en rugbymatch på eftermiddagen och därefter hälsat på sin flickvän. Nu är han på väg hem till Bancroft för att få lite nattsömn inför arbetet följande morgon.

Han är välkänd i ungdomliga musikkretsar eftersom han startat kopparbältets enda rockband, The BlueJeans. Han hade anlänt till regionen 1960 och fått ett jobb som PR-man i ett anglo-amerikanskt gruvbolag. Där han kör på vägen hör han plötsligt en våldsam krasch i skogen. Han ställer ifrån sig motorcykeln, går in bland träden och kommer fram till flygplansvraket, på vilket han ser en rad knytnävsstora hål på ena vingen. Märkligt nog menar han att vraket knappast brinner, även om det flammar upp efter en kraftig vindstöt. Han ser sedan hur två bilar anländer, jeepar eller Land Rovers, ur vilka kliver en grupp på sex–åtta kamouflageklädda vita soldater. En av männen närmar sig honom med en pistol och väser till honom med sydafrikansk boerbrytning: "Stick härifrån, snabbt!" Mast-Ingle blir livrädd och åtlyder uppmaningen direkt.

Vittnesmålet hade tidigare registrerats av Susan Williams men Picard följde upp det och träffade Mast-Ingle i Johannesburg. Mast-Ingles beskrivning av händelserna överensstämmer med vad vittnet Lemonson Mpinganjira (och dennes vän Steven Chisanga) berättat. Båda hade sett två Land Rovers med vita män närma sig nedslagsplatsen. Mast-Ingles vittnesmål är ändå obegripligt. Sträckan Luanshya–Bancroft, som han uppger sig ha färdats på, ligger klart väster om Ndola och platsen för kraschen. Han kan inte ha sett vraket såvida han inte kom från Ndola, men detta är inte vad han sagt till Williams och Picard.

– *Cirkulerade inte uppgiften om Hammarskjölds död misstänkt tidigt?* Ett annat vittne som Picard spårade upp var belgaren Victor Rosez. Numera bodde denne i Hongkong men 1961 befann han sig som sextonåring i Élisabethville. Han hade sett sin bäste vän, Jean-Claude, bli nedmejad av kulspruteeld från irländska FN-soldater när ungdomarna på sina cyklar närmade sig en barrikad. Victor hatade FN och dess personal. Han hade blivit tröstad av översten Norbert Muke i Katangas gendarmeri. Klockan tio på morgonen den 18 september informerar överste Muke sjuttonåringen att Hammarskjöld är död. Den officiella upptäckten av det kraschade planet sker inte förrän fem timmar senare. Samma dag vid middagstid i Kipushi meddelar Katangas inrikesminister Munongo sina medarbetare: "Monsieur H a été abattu" (Monsieur H har fällts/ skjutits ner), flera timmar innan planet officiellt upptäcktes.

– *Kan en tysk stridspilot ha attackerat Albertina?* Sommaren 1961 godkände den västtyske försvarsministern Franz Josef Strauss en försäljning av fem tvåmotoriga Dornier DO-28A till Katanga. Leveransen från München var planerad till oktober men ett av planen anlände redan den 28 augusti till Katanga via Angola. Detta var vid tidpunkten för FN-operationen *Rumpunch*. Planet var militärt utrustat med bombluckor och kulsprutefästen. Piloten, Heinrich Schäfer (1909–1993), var kapten i Luftwaffe under andra världskriget, utbildad för nattstrid och dekorerad för sina utförda uppdrag 1944. Han var fram till 1960 flygplanstillverkaren Dorniers främste provflygare. År 1961 var han inte anställd av Dornier utan tog uppdrag som frilans. Picard har fått fram uppgifterna via den tyske historikern Torben Gülstorff.

Mycket tyder på att ett Dornier-plan, fört av Schäfer, roterade mellan gränsstäderna Kipushi och Sakania under striderna i september. Sakania, en ort i Katanga som tidigare inte varit med i diskussionerna, låg endast femton kilometer från Ndola. Den svenske FN-soldaten Stig von Bayer berättade för Picard att en Dornier bombade svensklägret i Élisabethville varje natt, men inte just natten till den 18 september. Var befann sig planet då? Över Ndola?

– *Hade den brittiska diplomatin en dubbel agenda?* Britterna hade åtagit sig att säkra mötet mellan Hammarskjöld och Tshombe. När det gällde Tshombes personliga säkerhet fungerade detta väl. Neil Ritchie sökte upp Tshombe i Kipushi, ledsagade honom till Ndola och placerade honom under polisskydd. Hammarskjöld insåg att FN:s civila flygplan behövde militärt skydd och hade tackat ja till ett etiopiskt erbjudande om jaktplan. Men detta luftburna skydd, som SE-BDY behövde, kom inte till stånd eftersom regeringen i London inte gav de etiopiska planen rätt att flyga över eller tanka på territorium i brittiska Östafrika. Planen behövde flyga över Kenya och tanka i Uganda för att nå Kongo. Effekten blev att medan Tshombes säkerhet var garanterad gällde inte detsamma för Hammarskjöld. Katangas ledare skyddades men inte FN:s generalsekreterare.

– *Tyder inte allt på att ett fientligt plan inväntade SE-BDY?* Picard noterar att fem vittnen den aktuella natten såg två flygplan i luften, där eldsken från det ena planet mot det andra uppenbarligen ledde till kraschen i bushen. Picard hade, vid sitt besök i Ndola, tagit ett foto av terrängen som visade en slät yta av trädtoppar och inte någon kulle. Piloten på SE-BDY, menade han, kunde inte ha tagit fel på höjd och av det skälet ha plöjt ner bland träden. Farten var låg och det kan ha rört sig om ett desperat försök till nödlandning.

Frånvaron av projektiler som kan ha bidragit till kraschen menar Picard låter sig förklaras av att till en början vänstra vingen var totalförstörd av brand. Den brann redan i luften, antagligen till följd av en projektil som träffat bränsletanken, en projektil som inte längre gick att spåra. Vidare var åttio procent av planets kabinstruktur förstörd genom total nedsmältning och enbart vissa metalltackor var åtkomliga för den schweiziske experten Frei-Sulzers analys.

Frei-Sulzer var engagerad till följd av sitt gedigna rykte som framgångsrik teknisk brottsutredare, men Picard menar att han misslyckades med sin uppgift och förstörde relevant undersökningsmaterial för gott.

Picard påpekar dessutom att Frei-Sulzers expertrykte senare helt krackelerade genom två uppmärksammade fall. Det första var 1973, då han av Vatikanen fick i uppdrag att bedöma äktheten av en svepning, förvarad i Turin, som Jesus sades ha svepts i efter hans nedtagande från korset. Frei-Sulzer fann pollen på duken som var kompatibla med plantor i Palestina under Jesu tid och han utfärdade ett äkthetsintyg. Men en senare undersökning enligt kol 14-metoden daterade duken till medeltiden.

Det andra fallet var 1982, då det gällde att bedöma äktheten av ett fynd som kunde vara "Hitlers dagböcker". Frei-Sulzer utfärdade på nytt ett äkthetsintyg, men det visade sig senare genom en undersökning av papper och bläck att anteckningarna var gjorda på 1970-talet.

– *Fördröjdes upptäckten av vraket medvetet?* Sedan SE-BDY efter sin överflygning av Ndola inte återkommit för landning utspelade sig märkliga scener i tornet. Picard ställer sig frågan om lord Alport, genom den roll han spelade vid tillfället, faktiskt saboterade den räddningsoperation som borde ha kommit till stånd. Frågan är något oegentligt ställd, eftersom man inte kan sabotera något som inte pågår, men svaret på frågan var ja.

När eskaderchefen John Mussel tog över ansvaret över flygplatsen klockan sju på morgonen borde beslut om sökinsats ha tagits med en gång. Det dröjde till 9.40 och det första flygplanet lyfte först klockan tio.

De första planen som kom iväg var två rhodesiska Percival Provost. Men de blev hänvisade till en sökyta längs en axel nord–syd i förhållande till flygplatsen. Detta var ett bisarrt uppdrag eftersom den normala inflygningen till Ndola var i riktningen öst–väst, en kurs som också det försvunna planet hade följt.

Den amerikanske piloten och flygattachén Don Gaylor hade anlänt från Pretoria till Ndola föregående dag med sin C47 Dakota. Morgonen den 18 september bad han om tillstånd att lyfta för att ta del i sökandet. Rhodesierna förvägrade honom detta med argumentet att luftrummet redan var belamrat.

Picard menar att vraket redan var upptäckt av en grupp kamouflageklädda män, men att dessa inte hade något intresse av att rädda överlevande. Den grupp som var först på nedslagsplatsen försäkrade sig om att Hammarskjöld var död och någon stack in ett spelkort, spader ess, i hans krage. Den ende som överlevde kraschen, Harold Julien, låg något längre bort än de övriga och upptäcktes kanske inte vid detta tillfälle. Julien fördes senare till sjukhuset i Ndola där han dog efter fem dagar av njursvikt, trots att hans medicinska prognos dessförinnan var god. Han skulle ha kunnat flyttas till ett annat sjukhus (i Sydafrika) som var bättre lämpat att hantera hans skador, men detta tycks inte ha varit något som chefsläkaren i Ndola övervägde.

Picard tror att SE-BDY kontaktades på radio, eventuellt av en mobil markstation, att ett inväntande plan avlossade någon form av projektil, att vänstra vingen stod i brand och att Hallonquist försökte nödlanda. Picard kan emellertid i sin jakt på potentiella skyldiga inte peka ut någon eller några. Men han anar en sammansvärjning mellan industrialister och legosoldater. Han kan mycket väl föreställa sig en komplott av gruvdirektörer för vilka ett människoliv inte var värt ens ett gram koppar eller uran. Han är säker på att ett brott har blivit begånget. Det rör sig inte om det perfekta brottet, alltför många indicier om fult spel föreligger till allmänt beskådande. Men de år som gått utan att klarhet vunnits tyder på att brottet är "nästan perfekt". De som bär ansvaret för Hammarskjölds och femton andras död är fortfarande okända.

Ett nästan tomt försättsblad i Picards bok bär rubriken "Klargörande". Därefter står en enda mening: "Alla personer som omtalas i denna berättelse skall än så länge betraktas som oskyldiga."

NULÄGET

Judge Othmans "slutrapport"

I början av augusti 2019 meddelades det att Judge Othman hade överlämnat sin slutrapport till FN:s generalsekreterare. Det var något senare än väntat. Fördröjningen berodde bland annat på att ytterligare stater behövde utse undersökande högre ämbetsmän för att kunna uppnå en mer heltäckande genomgång av nationella arkiv. Storbritannien hade utsatts för operation övertalning, detta från FN:s sida men också från svenskt diplomatiskt håll. I maj 2019 hade man i London slutligen utsett en ansvarig ämbetsman som skulle rapportera till Othman.

Othmans rapport var överlämnad i månadsskiftet juli/augusti men ännu inte offentliggjord. De som bevakade frågan fick ge sig till tåls. Generalsekreteraren, António Guterres, förväntades presentera och överlämna rapporten till generalförsamlingen sedan denna samlats till sin nya session. Han förväntades göra detta kring den 17–18 september för att samtidigt uppmärksamma årsdagen av Hammarskjölds död. Vid detta tillfälle lade han ner en krans till åminnelse av FN:s andre generalsekreterare, men rapporten var fördröjd. Offentliggörandet sköts upp till början av oktober eftersom, som det sades, översättningen av rapporten från engelska till de andra FN-språken tog sin tid. Samtidigt gick det rykten om att vissa särskilt berörda stater fått nys om innehållet och försökte få till stånd en viss revidering av texten. Det talades om eventuellt ytterligare uppskov med offentliggörandet.

Den 7 oktober blev i alla fall rapporten tillgänglig och dess 95 sidor överlämnades till generalförsamlingen. Men det stod klart att Othman inte såg den som en slutrapport i ärendet. Han hade fortfarande inte fått "uttömmande" information från Storbritannien, USA och Sydafrika. De två förstnämnda staterna hade 1961 underrättelsefolk på plats och med den kapacitet på signalspaning som var tillgänglig hade han förväntat sig ytterligare information från arkiven. Han vände sig särskilt mot Storbritannien och USA med viss skärpa.

Britterna hade i september 1961 gett MI 6-agenten Neil Ritchie en central roll i Ndola. Han hade tillsammans med sin chef lord Alport anlänt från Salisbury och fått uppdraget att förbereda mötet mellan Tshombe och Hammarskjöld. Han måste rimligen ha lämnat rapporter till London. På plats som stödperson fanns även MI 5-agenten David Driver, även han utsänd från Salisbury. Djupt involverad i händelseutvecklingen var även den brittiske konsuln i Katanga, Denzil Dunnett, som eskorterat Tshombe till Kipushi. Och på ambassaden i Léopoldville tronade MI 6-agenten Daphne Park, anmäld som diplomat. Ändå, trots denna massiva underrättelsenärvaro, noterade Othman att United Kingdom (härefter UK) inte hade redovisat en enda kommunikation rörande omständigheterna kring kraschen.

USA hade ett antal Dakotas på plats på flygplatsen i Ndola det aktuella dygnet, med signalspaningskapacitet, man kunde både avlyssna och sända meddelanden. Exempelvis kunde man avlyssna SE-BDY:s kommunikationer med tornet. Ändå hade inte någon enda relevant kommunikation redovisats, vare sig från NSA eller CIA. USA hade endast motvilligt bidragit med information rörande vittnena Abram och Southall. Nu låg bevisbördan allt tyngre på de stater som sade sig ha redovisat allt, att så verkligen var fallet. Absolut noll information om SAIMR hade inkommit från Sydafrika. I själva verket stod det klart att UK, USA och Sydafrika sannolikt måste inneha "important undisclosed information". Det var ord och inga visor. Detta påpekande i procedurfrågan framstår som det tyngsta avsnittet i rapporten. Othman drar sig inte för att i just detta sammanhang påminna om att en av dessa stater (läs UK) 1961–1962 verkat för slutsatsen pilotfel.

I sakfrågan upprepade Othman sina slutsatser från 2017 års rapport. Det hette på nytt att det mot bakgrund av all tillgänglig information var rimligt att anta att kraschen förorsakats av yttre påverkan, antingen genom en direkt attack från annat flygplan eller genom hotfullt uppträdande som förorsakat "momentary distraction of the pilots". Pilotfel, kunde inte uteslutas, men denna teori var helt obekräftad så länge inte ytterligare information inkommit.

Othman betonade alltså att han inte fått "uttömmande" information från UK, USA och Sydafrika, men att även Ryssland undvikit att ge tillfredställande besked. Bland de fjorton länder som på hans begäran utsett oberoende seniora ämbetsmän för arkivkontroll tackade han särskilt Belgien, Frankrike, Sverige och Zimbabwe för insända bidrag.

UK och Sydafrika hade först efter femton månader, i maj 2019, utsett en oberoende ämbetsman och UK svarade redan månaden därpå, detsamma som man sagt tidigare, att all relevant information var överlämnad. Från Sydafrika hördes ingenting.

USA utsåg en oberoende ämbetsman 2018, meddelade att man genomsökte arkiven, men någon specifik information levererades aldrig. Beträffande under-rättelsemannen Paul Abram som sade sig på Kreta ha avlyssnat en nedskjutning i Kongo den aktuella septembernatten hade man svarat att Abram lämnade sin tjänstgöring på Kreta i april 1961. Abram kunde dock relatera till viktiga personliga händelser på Kreta som gjorde att han var säker på sin tidsangivelse. Något klarläggande gensvar inkom aldrig från USA:s sida.

Ryssland utsåg aldrig någon oberoende ämbetsman men lät meddela att lämplig personal hade genomsökt arkiven. Någon specifik information inrap-porterades inte.

Othman var emellertid tacksam för den information som influtit från författ-tarna Susan Williams och Maurin Picard, från filmmakarna bakom *Cold Case Hammarskjöld*, från vittnet Victor Rosez som var sexton år 1961 och då bodde i Élisabethville, samt från ett antal utsedda ämbetsmän (*Independent Appointees*). Det tyska bidraget rörde det till Katanga levererade Dornier-planet och piloten Heinrich Schäfer, det franska bidraget pekade på motsättningar inom den dåva-rande franska regeringen, där premiärministern Michel Debré ville skydda Afrika från kommunismen och stödde Katangas oberoende medan utrikesministern Couve de Murville gick på FN:s linje. Othman tackade speciellt den särskilt utsedde svenske ämbetsmannen, Mathias Mossberg, för dennes bidrag. Mossberg hade fungerat som bollplank när det gällde utredningens metod och kontext.

Till de bidrag Mossberg lämnade hörde tidigare okända fotografier med vad som kunde vara kulhål i delar av flygplanskroppen. Fotografierna hade förvarats av det nordrhodesiska polisbefälet Michael Cary, som deltog i den första utred-ningen av kraschen. Dennes efterlevande hade lämnat ifrån sig fotografierna och Mossberg hade fått dem via ambassaden i London. De har därefter under-sökts bland annat av den svenska polisens organ Nationellt Forensiskt Centrum (NFC), som antytt att hålen kan vara kulhål från ett finkalibrigt vapen. Othman har deponerat fotografierna hos FN inför en framtida ballistisk undersökning. Saken behandlas vidare i Mossbergs text i slutet av den här boken och i bild-texterna till Cary-fotografierna.

Beträffande NFC:s referens till finkalibriga vapen skulle sådana skotthål möjligen kunna härröra från de provskjutningar som ägt rum i samband med den rhodesiska utredningen. Någon rapport rörande detta har inte dykt upp, men några av Cary-fotografiernas skotthål kan komma från dessa provskjutningar. Med ett finkalibrigt vapen, som Fougans kulsprutor på 7,62 mm, är det möjligt att störa ett flermotorigt flygplan. Men för att med säkerhet kunna skjuta ner ett flygplan som DC-6:an krävs kraftigare vapen, som automatkanoner. SE-BDY kan möjligen ha träffats av spårljus som satt en bränsletank i brand. Vittnesmålen om ett eller två eldsken på natthimlen tyder på att det som hände hade sitt ursprung i luftrummet. Det finns inga vittnesmål om eldgivning från marken.

Det är emellertid värt att notera att Othman på ett sent stadium, sommaren 2019, tagit emot en anonym inlaga som hävdar att SE-BDY kan ha beskjutits med markeld från två identifierade positioner i bushen (s. 81 i rapporten). Dessa positioner var utvalda med vetskap om den normala landningsproceduren (men här kan invändas att SE-BDY:s päronsväng var snävare än normalt). Den anonyme informatören påpekar att en "machine gun" av typen Browning M2 eller M1919 kan ha varit tillräcklig för att störa planet så pass mycket att det kraschade. Othman lämnar saken öppen för vidare utredning. Han nämner i detta sammanhang att Bo Virving 1961 identifierade ett hål i noskonen/radardomen och ett hål i ramen till ett cockpitfönster (se Bo Virvings bilder här till höger).

Othman flaggar i sin rapport för att ett antal personer och omständigheter bör utredas närmare i en fortsatt undersökning. Exempelvis, var det möjligt för den belgiske piloten van Risseghem att från Paris anlända till Katanga i tid för en flygning den 17–18 september? Var det möjligt för legoknektsorganisationen SAIMR att genom *Operation Celeste* förbereda ett sabotage mot SE-BDY genom att placera en tidsinställd bomb på landningsstället? Existerade överhuvudtaget SAIMR redan år 1961? (här behövdes sydafrikansk efterforskning och samarbetsvilja). Var befann sig den tyske tidigare stridspiloten Heinrich Schäfer den aktuella natten? Och – eftersom nya uppgifter inkommit om att den västtyska underrättelsetjänsten (BND) hade en agent i Kongo/Katanga i september 1961 – finns det rapporter från denne agent? Vidare behövdes det efterforskning om hur brittisk utrikespolitik påverkats av den brittiska kommersiella närvaron i Katanga, genom Tanganyika Concessions och dess företrädare överste Charles Waterhouse.

Othman fäste också uppmärksamheten på ett antal egendomliga omständigheter. Varför fanns det ingen bandspelare i tornet i Ndola som kunde dokumentera kommunikationen med SE-BDY? Nu visste man, genom meddelande

Mystiska hål i vrakresterna (fotograferade 1961 av Bo Virving, då teknisk chef på Transair), ett hål i noskonen/radardomen (överst) och ett i ramen till ett cockpitfönster (nederst). Kulhål från en eventuell nedskjutning eller en skada som uppstått när en bult eller nit slitits loss?

från Zimbabwe, att krav på bandupptagning hade gällt sedan 1958. Varför förstörde flygledaren Martin sina anteckningar om kontakten med planet? Dessa anteckningar var underlaget för hans ofullständiga redogörelse 36 timmar efter kraschen, men de var inte tillgängliga när han senare hördes av de rhodesiska kommissionerna.

Varför började man inte söka efter det saknade planet vid solens uppgång. Flygplatschefen Williams hade väckts på sitt hotell klockan 03.30 och fått information om ett tidigare eldsken i luften. Hans kommentar var att man ingenting kunde göra förrän i gryningen ("until first light"). Solen var uppe 06.00 men Williams anlände inte till flygplatsen förrän klockan nio. Ett FN-plan med norsk besättning anlände klockan sju och vill hjälpa till med sökandet. Norrmännen placerades av rhodesisk polis under arrest. Först klockan tio inleddes sökandet från luften.

Flera vittnesmål tyder på att flygplansvraket var lokaliserat redan under natten och inte, som den officiella versionen löd, först runt klockan tre på eftermiddagen. Motorcyklisten Wren Mast-Ingle hörde kraschen, tog sig till vraket och såg strax därefter ett par Jeepar eller Land Rovers anlända. Sex till åtta vita män i kamouflageuniformer med skärmmössa steg ur och beordrade honom att försvinna från platsen. Othman nämner att enligt vad journalisten Picard funnit kan uniformerna ha tillhört den franska främlingsarmén. Men Picard och Othman har inte noterat att Mast-Ingles vittnesmål är behäftat med geografiska oklarheter. Han borde ha startat sin motorcykelfärd i Ndola om han passerade vrakplatsen. Men Mast-Ingle säger sig ha besökt en flickvän i Luanshya och startat därifrån på sin färd mot nordväst. I så fall kan han inte ha passerat vrakplatsen som låg bakom honom i öster.

Det nya vittnet Victor Rosez minns hur djungeltelegrafen verkade i Élisabethville förmiddagen den 18 september. De katangesiska gendarmerna talade om något som hänt i Rhodesia, Hammarskjölds plan hade kraschat. Först på sena eftermiddagen kom bekräftelsen via radio Katanga och tillresande från Ndola och då hette det att planet skjutits ner av det katangesiska flygvapnet, Avikat.

Flera afrikanska vittnen, som på 1960-talet inte tagits på allvar, hade den aktuella natten sett två plan i luften, flera eldsken och hur det större planet brinnande störtat till marken. Det stod numera klart att Avikats militära kapacitet vid den aktuella tidpunkten omfattade en Magister Fouga, fyra de Havillands Dove, en Dornier DO-28 samt ytterligare plan. Enligt Victor Rosez hade han personligen deltagit i tillverkningen av bomber för Avikat i en Union Minière-fabrik i Élisabethville under perioden maj till augusti 1961. Han såg också hur ett bombsystem installerades på den Dornier DO-28 som anlände i augusti.

Othman noterade också, i motsats till vad man tidigare trott, att det fanns många flygfält som var tillgängliga i närheten av Ndola, förutom Luano i Élisabethville även Kolwezi, Kipushi, Kitwe, Kisengi och Dilolo. Enligt vad som framgått av Picards bok kan man tillägga Sakania. Dessutom hade efterforskningarna visat att det fanns gott om tänkbara piloter, inte bara van Risseghem och Schäfer. Förutsättningarna för en väpnad attack mot SE-BDY fanns där.

Othman avslutade sin rapport med fyra rekommendationer: (1) att undersökningen skulle fortsätta, (2) att de länder som inte utsett oberoende ämbetsmän skulle uppmanas göra så, (3) att näste utredare skulle rapportera om relevanta staters samarbete och ange vilka slutsatser som kunde dras av eventuell bristande samarbetsvilja samt (4) att FN även fortsättningsvis skulle hålla relevant information tillgänglig "on line".

Den tredje punkten, om bristande samarbete, var känslig. I Othmans introduktionsbrev till rapporten (*Letter of transmittal*), som var daterat redan den 31 juli (2019), sade han sig bifoga det slutbrev han sänt till de tre motsträviga staterna där han specificerade vilken typ av information som efterfrågades. När rapporten blev tillgänglig i FN den 7 oktober saknades dessa brev som bilagor. Man ställer sig frågan om detta hade någonting att göra med att rapportens framläggande blev försenad. Hade berörda stater fått viss förhandsinformation och hade någon eller några av dem hört av sig med synpunkter? Men även om bilagorna saknades i generalförsamlingen bör de ha arkiverats i samband med att rapporten överlämnades den 31 juli.

Othman drar i punkten 404 av sin rapport slutsatsen att mer information finns att hämta i vissa länders arkiv. Några stater (läs USA) hade ändrat sina ställningstaganden i frågor där man tidigare sagt sig inte ha någon kunskap. Att dessutom några stater (som UK) har varit ovilliga att bidra med ytterligare information har utvecklats till en faktisk (underförstått försvårande) omständighet i undersökningen. Men denna "material fact" till trots, Othman finner *inte* att man nått till en punkt där *bristande samarbete kan sägas uppgå till medvetet hemlighållande* ("where non-cooperation may be said to amount to purposeful concealment"). Kursiveringen är gjord här till följd av formuleringens potentiella sprängkraft. Många bedömare, som jag själv, håller inte med. Vi är många som tycker att det är fråga om just ett medvetet fördöljande och hemlighållande. Så tycker antagligen Judge Othman också, men han föredrar att vara diplomatisk, för att inte störa utsikterna till framsteg i en fortsatt utredning.

En fortsättning var också nödvändig, så kände åtminstone svenska UD, där bland andra kabinettsekreteraren Annika Söder engagerat sig i ärendet. FN-ambassadören Olof Skoog introducerade i generalförsamlingen den 12 december 2019 ett svenskt förslag om fortsatt utredande. Det sponsrades av inte mindre än 127 stater som ställde upp som medförslagsställare (däribland Belgien, Frankrike, Ryssland och Sydafrika men inte USA och UK). Förslaget antogs som resolution 74/248 den 27 december 2019. Judge Othman föreslogs på nytt som utredare och det hette i resolutionstexten att de stater som särskilt "refererats till i rapporten" (läs de stater som där kritiserats för bristande samarbete) nu borde känna ett särskilt ansvar för att bidra till utredningen. Resolutionen kunde behändigt antas utan omröstning, det vill säga ingen stat var beredd att motsätta sig den. Den hade också kunnat antas med acklamation och konsensus, vilket hade varit en ännu starkare signal om allmän uppslutning. Men situationen innehöll politiskt känsliga moment (om vissa alltför slutna arkiv) och de stater som önskade gå vidare i ärendet var nöjda med den enighet som uppnåtts. Det var en allmän mening att minnet av FN:s andre generalsekreterare, och dem som förolyckats tillsammans med honom, krävde en fortsatt utredning om Ndola.

Vem mördade Dag Hammarskjöld?

Vilka slutsatser kan då dras av FN-utredningen och det nya material som kommit fram under resans gång? Teorierna om orsaken till kraschen har varit legio och de flesta kan avföras. Den mest extrema teorin är den om DC-6:ans sjuttonde passagerare, en person som skulle ha smugit ombord på planet i Léopoldville med uppdrag att kapa det eller få det att störta. Om det rörde sig om ett självmordsuppdrag borde en medförd sprängladdning ha utlösts någon av färdens första timmar. Om det rörde sig om försök till kapning borde detta ha genomförts i god tid innan kapten Hallonquist meddelade sin ankomst till tornet i Ndola. Planet var fullt av säkerhetsvakter och Harold Julien hade uppenbarligen inte noterat någon inkräktare. Efter kraschen hittades femton lik och en överlevande på nedslagsplatsen. Vart tog den sjuttonde personen vägen? Togs kroppen om hand av medkonspiratörer som tidigt anlände till platsen? Var kroppen inte bränd till oigenkännlighet, som fallet var med de flesta andra? Ytterligare kommentarer är överflödiga.

Teorin om att piloterna tittat på fel landningskarta, över den kongolesiska flygplatsen Ndolo istället för Ndola, kan också avvisas. Att Ndolokartan låg uppslagen i pärmen för ett lösbladssystem var helt naturligt eftersom kartan för

Ndola plockats ur och med klämma rutinmässigt satts fast framför piloternas ögon. Dessutom är det uppenbart att besättningen kände till den mindre flygplatsen Ndolo i Léopoldville (som var hemtam mark) och inte kan ha blandat ihop den med Ndola.

I den rhodesiska haverikommissionen framförde den brittiske flygattachén Evans en annan teori som också innebar pilotfel. Besättningen kunde ha gjort en felavläsning av höjdmätarna. Man kunde ha förväxlat nålarna som angav antalet 100 respektive 1 000 fot över havet, ungefär som man ibland kan förväxla den långa och korta visaren på en klocka. Piloterna skulle då ha trott sig flyga på 6 400 fot när man i själva verket befann sig på 4 600 fot. Men 6 000 fot var den normala inflygningshöjden till Ndola, det visste besättningen och tornet hade uppmanat SE-BDY: "Report reaching 6 000 feet". Inflygningen hade börjat och varför skulle man då acceptera en avläsning på 6 400 fot. Det var inget fel på höjdmätarna (det vet man) och barometertrycket var rätt inställt efter besked från tornet. Men SE-BDY rapporterade aldrig att man nått 6 000 fot. Hade man blivit distraherad av något och var det därför som päronsvängen påbörjats snävare än vanligt?

Felavläsningsteorin avvisades i princip av FN-utredningen 1962 (natthimlen var klar, ljusen vid Ndola hade siktats och besättningen borde visuellt inte ha misstagit sig på skillnaden mellan 6 400 och 4 600 fot), men en svårförklarad felavläsning kunde ändå inte helt uteslutas.

Teorin om sabotage var kopplad till att planet, före avfärd mot Ndola, stod obevakat men låst flera timmar på flygplatsen Ndjili i Léopoldville. En sprängladdning kunde ha applicerats under lunchtid när plattan var övergiven. FN-utredningen från 1962 avvisade emellertid sabotageteorin. En tidsinställd bomb på flygkroppen borde nämligen ha varit inställd på detonation under resans första timmar och inte så sent att planet kunde ha landat. En bomb kopplad till landningsställets utfällande var det heller inte fråga om, eftersom inga spår av explosion på planets underrede hade konstaterats.

Teorin om nedskjutning kommenterades i den första FN-utredningen av den schweiziske ballistikexperten Frei-Sulzer. Inga kulor från externa skjutvapen hade påträffats i de vrakrester som kunnat undersökas, däremot hade viss ammunition tillhörande säkerhetsvakterna frigjorts inne i planet vid branden. De hål i planets metallkropp som fanns hade inte förorsakats av främmande objekt utifrån och var alltså inte kulhål.

De svenska experterna hade under den rhodesiska utredningen konstaterat att cirka en femtedel av vraket, omkring fem ton metall, smälts ner och under-

sökts i fyrkanter med tjugo centimeters sida. Otto Danielsson hade förgäves
krävt att dessa metallkakor skulle smältas ner på nytt för att se om några kulor
kunde påträffas. Eyvind Bratt skrev till UD den 15 februari 1962 att genom en
omsmältning "skulle det vara möjligt att vid olika temperaturer sortera ut olika
i kakorna ingående metaller, däribland eventuellt förekommande granatsplitter
eller annan metall från projektiler, som kunde tänkas ha blivit avfyrade mot
flygplanet". Eftersom man från rhodesisk sida avvisade det svenska förslaget är
frågan om kulhål fortfarande ouppklarad.

Teorin om någon form av nedskjutning, avsiktlig eller genom varningsskott,
stöds av två amerikanska militärers berättelser, även om dessa på flera punkter
skiljer sig från varandra. Det gäller Charles Southalls vittnesmål om avlyss-
ning på Cypern och Paul Abrams vittnesmål om avlyssning på Kreta. Teorin
om nedskjutning stöds även av "legopiloten" Beukels berättelse från 1967, även
om filmen *Cold Case* avslöjade att han inte var pilot utan en nedgången tidi-
gare fotsoldat vid namn Beuckels (härefter används den korrekta stavningen).
Beuckels, som hade svårt att försörja sig till följd av alkoholproblem, måste ha
fått hjälp av andra att sammanställa en berättelse på 71 sidor, som trots att den
innehåller vissa orimligheter ändå pekar på en professionell "inside information"
från medhjälparnas sida. Dessa kan ha känt till existerande planer på att tvinga
generalsekreterarens plan till annan flygplats och skarvat ihop en "story" som
gick att sälja.

Det sydafrikanska institutet SAIMR, som hyste en legoknektsorganisation,
hade säkerligen planer på att eliminera Hammarskjöld, kanske genom en *Ope-
ration Celeste*, även om de påträffade dokumenten om en bomb på SE-BDY är
falsarier som utarbetats av en mytoman. Filmen *Cold Case* avslöjade att SAIMR-
profilen och ledarfiguren Keith Maxwell ständigt berättade historier och för-
färdigade dokument som manipulerade sanningen. Dessa dokument användes
i propagandasyfte när organisationen skulle värva nya medlemmar och hade
behov av att framstå som betydelsefull. SAIMR existerade av allt att döma
1961, tränade legosoldater och tog gärna uppdrag från dem som kunde betala.
Man delade Union Minières och andra företags önskan om vit supremati i det
mineralrika Centralafrika. Men bevis för att organisationen låg bakom kraschen
i Ndola föreligger inte.

Att FN-utredarens frågor till Sydafrika inte har besvarats kan bero på Jacob
Zumas och andra politikers märkliga inställning till hiv/aids-frågan. I *Cold
Case* gjordes gällande att SAIMR arbetade på att sprida hiv-smittan till den
afrikanska befolkningen i regionen.

Teorin om att en Fouga Magister eller ett annat plan inväntade SE-BDY har visats sig helt möjlig. Tidigare lade man vikt vid att Katangas "flygvapen" endast förfogade över en Fouga den aktuella natten och att flygbränslet knappt räckte tur och retur Kolwezi. Men nu har den Othmanska utredningen visat att ytterligare plan var disponibla, en från Tyskland importerad Dornier DO-28 och några de Havilland Dove (importerade från England?). Det har också framkommit att primitiva flygfält på närmare håll kunde utnyttjas, liksom flyg-platsen i katangesiska Kipushi där start- och landningsbanan sträckte sig in på rhodesiskt område. Även katangesiska Sakania hade ett flygfält, femton kilo-meter från Ndola.

Teorin om ett försök att tvinga SE-BDY till kursändring har stöd av den Beuckelska berättelsen och går att förena med Southalls och Abrams utsagor om beskjutning. Eldgivningen skulle då ha varit tänkt som varningsskott. Tanken på bombfällning från en lucka i det inväntande planets underrede (Virving i boken *Termitstacken*) är tänkbar som en metod för varnande explosioner i luften, men inte som ett sätt att träffa flygande mål.

Det som Julien uppfattade som "sparks in the sky" kan *Albertinas* besättning ha uppfattat som en väpnad attack eller varning om en sådan. I ett försök att skydda planet från eldgivning kan man då ha sänkt flyghöjden och misslyckats med att gå fri från trädtopparna. Teorin om att det rörde sig om ett försök till nödlandning övertygar knappast. Den skogiga terrängen inbjöd inte till ett sådant desperat försök, inte ens om en bränsletank skulle ha stått i brand. Men denna bedömning kanske faller om en bränsleexplosion upplevdes som hotande nära.

När man ska bilda sig en uppfattning om vad som hände tränger sig verkli-gen teorin om ett inväntande flygplan på (eller vad tycker läsaren?). Flera afri-kanska vittnesmål tyder på två plan i luften den aktuella natten. Att SE-BDY på något sätt blev approcherat under inflygningen stöds av Juliens vittnesmål om Hammarskjölds reaktion. Dennes uppmaning "Go back, go back!" indikerar ju att något dramatiskt inträffat. Ordet "back" indikerar i sin tur att planet, efter att ha passerat ljusen vid Ndola, fortfarande befann sig på kurs västerut, kanske i början av päronsvängen. "Tillbaka" skulle då ha varit tillbaka till Ndola, och det skulle förklara att päronsvängen blev häftigare och snävare än vad som var rutin inför landning. Syftet från ett inväntande plans sida kunde då ha varit att tvinga fram en kursändring och en landning någon annanstans. Detta skulle i sin tur förklara lord Alports yttrande "they must have gone elsewhere". Lorden kunde ha anat eller haft vetskap om en sådan plan. Han hade kontakt med de kretsar som hatade FN:s närvaro i Katanga och han delade själv denna FN-fientliga inställning.

Den brittiska utrikespolitiken gentemot FN 1961 var dubiös. Vi vet idag att Katanga hade tillgång till fler flygplan och flygplatser än vad som var allmänt bekant. Men redan då upplevde den amerikanske ambassadören i Kongo, Ed Gullion, att katangeserna på ett farligt sätt dominerade luftrummet. Även amerikanska plan blev attackerade och prejade av Fouga-piloter. När Hammarskjöld anlände till Léopoldville den 13 september och informerades om luftattacker mot civila och FN-enheter sände han ut en allmän vädjan om flygunderstöd. FN-trupperna behövde kompletteras med skyddande jaktflyg och Tshombes militära dominans i luften behövde brytas. Etiopien besvarade FN:s vädjan positivt och aviserade en leverans av tre jaktplan till Kamina den 17 september. Men det fanns ett problem. Planen behövde flyga över delar av Brittiska Östafrika (Kenya och Uganda) och dessutom tanka i Uganda som (i likhet med Kenya) fortfarande var en brittisk koloni. Den brittiska regeringen Macmillan vägrade emellertid att ge sitt tillstånd. Detta trots att Macmillan hade gjort sig känd som en förespråkare av avkolonisering genom sina tal om "wind of change".

Hammarskjöld talade i Léopoldville med den brittiske ambassadören Derek Riches för att understryka FN:s behov av flygunderstöd, men det svar som inflöt från London några dagar senare var fortsatt negativt. Det hette att en tillförsel av de etiopiska jaktplanen skulle innebära en eskalering av konflikten och en militarisering av luftrummet. Argumentet var ihåligt eftersom Katanga redan (ensidigt) militariserat luftrummet och konflikten redan eskalerat genom katangesiska luftattacker och den pågående FN-operationen (*Morthor*). Som plåster på såren fick lord Alport i Salisbury uppdraget att, genom sina kanaler, nå Tshombe med en begäran att avstå från vidare luftattacker. Vi får anta att MI6-agenten Ritchie, som var stationerad i Salisbury och skulle träffa Tshombe, framförde denna begäran.

***

Låt oss så övergå till frågan hur vissa berörda länders diplomati reagerat på FN-utredningarna och frågan om vad som kunde ha förorsakat kraschen. Brittiska Foreign Office var missnöjt med kontentan av 1962 års FN-utredning, som inte slog fast pilotfel utan höll alla möjligheter öppna. Utfallet blev "an open verdict". En talesman för Foreign Office kommunicerade den 26 april 1962 vad som förföll vara en så kallad *Sprachregelung*, det vill säga talepunkter för de egna diplomatiska representanterna gentemot omvärlden. Enligt detta uttalande var det beklagligt att FN-utredningen inte, som motsvarande brittiska utredningar, fastslog den mest troliga orsaken till nytta för relevanta aktörer. En "open verdict" gav inga hållpunkter för framtiden. Nyttoaspekten gick förlorad.

FN-utredaren Othman har dessutom hänvisat till ett brev 1962 från diplomaten Alan Campbell, vid brittiska FN-delegationen i New York, till Foreign Office i London. Här framgår igen hur angelägen man var från brittiskt håll att FN skulle utesluta *foul play* och fastna för pilotfel, eller åtminstone ange pilotfel som den mest troliga orsaken. Även om man inte kan dra några slutsatser av detta är det i sammanhanget värt att notera Othmans missnöje med den bristande samarbetsvilja som han upplevt i kontakterna med London.

Pilotfelsteorin omhuldades inte bara av brittisk diplomati, utan även av CIA. I Langley, Virginia, intresserade man sig mycket för en svensk skrift på tjugo sidor, skriven av SAS-kaptenen Bengt-Åke Bengs, som tjänstgjorde i Kongo 1960–1961. Skriften i fråga, *The Ndola Accident: a theory as to the cause of the accident and facts not accounted for and not known to the public*, publicerades i Stockholm 1966. Den sögs upp av CIA som åberopade den och spred den vidare 1982. Bengs hävdade att SE-BDY:s besättning missat att kontrollera höjdmätarna, antagligen begått ytterligare misstag och därefter flugit in i trädtopparna. I England uppmärksammade lord Alport kapten Bengs inlaga och åberopade den 1993 som stöd för pilotfelsteorin. Inom parentes kan sägas att de båda herrarnas deltagande i debatten därmed var avslutat. Bengs avled redan 1973 (vid 49 års ålder) och Alport gick ur tiden 1998 (vid 86 års ålder).

FN-utredaren Othman var således missnöjd med samarbetsviljan i London och även kontakterna med Washington skulle visa sig problematiska. State Department och US Air Force förnekade först kännedom om sagesmännen Southall och Abram, och Othman tvingades därefter med tång dra ut de tjänstgöringsuppgifter som hela tiden funnits i arkiven.

På samma sätt förnekades först från amerikanskt håll kännedom om antalet Fouga Magister i Katanga 1961 – CIA hade tillfrågats av State Department – men senare framkom att ett amerikanskt bolag hade levererat tre Fouga till utbrytarstaten och att detta varit allmänt bekant i FN 1961.

På samma sätt förnekades först kännedom om antalet Dakota i Ndola den aktuella natten, men till slut medgav State Department att US Air Force varit närvarande med tre plan, åtminstone den 18 september 1961. Dessa tre plan hade radioutrustning som gjorde det möjligt för dem att avlyssna och sända meddelanden, det är rimligt att anta att deras närvaro i Ndola var kopplad just till ett uppdrag att avlyssna. Inspelningar torde finnas och bör vara arkiverade hos NSA. De amerikanska beskeden om att inget relevant material existerar är knappast övertygande.

FN:s kontakter med Belgien förefaller ha fungerat någorlunda tillfredställande. Othmans förfrågningar om ex-piloten van Risseghems vistelseorter besvarades med att han befann sig i Bryssel strax före kraschen i Ndola, men enligt denna information kan man ändå inte utesluta att han lyckats ta sig till Kongo via Paris någon dag senare. Men det finns fler tänkbara piloter som kunde flyga en Fouga den aktuella natten. Vad som framstår som märkligt i kontakterna med Bryssel är de belgiska myndigheternas oförmåga att bekräfta förre legoknekten Beuckels existens – när nu filmteamet bakom *Cold Case* lyckades med detta.

Kontakterna med Frankrike uppvisar också frågetecken. Othman hade fått fram uppgiften att ex-diplomaten de Kemoularia hade anmält Beuckels berättelse till Parispolisen i juli 1969. Frankrike ombads kommentera detta och svaret blev negativt och undvikande. Beuckels person var okänd och Utrikesministeriets arkiv innehöll ingenting om saken. I svaret undvek man att nämna det som verkligen var relevant. Vad innehöll polisens och underrättelsetjänstens arkiv? Hade man inte undersökt dessa?

Frånvaron av meningsfulla kontakter mellan FN-utredningen och Sydafrika har redan påpekats.

Den diplomatiska seghet och bristande samarbetsvilja som flera länder visat gentemot FN-utredningen kan kontrasteras mot Sveriges agerande i frågan. Den svenska FN-representationen i New York har kontinuerligt drivit kravet på utredning. När ambassadör Olof Skoog i november 2015 introducerade ett resolutionsförslag om öppnande av arkiven med mera hade han stöd av 74 stater som medförslagsställare, däribland Belgien och Frankrike. USA och Storbritannien valde att inte stå med som medförslagsställare. Redan den resolutionen kunde antas utan omröstning.

År 2016 föreslog Sverige en resolution om att utse en "eminent person" som utredare, den resolution som ledde fram till Othmans nya uppdrag. Othman hade ju tidigare lett en oberoende undersökningspanel.

Sverige låg också bakom den resolution 2017 som rekommenderade särskilt berörda stater att utse en hög ämbetsman för att gå igenom nationella arkiv. Senare skulle Belgien, Demokratiska Republiken Kongo, Frankrike, Kanada, Sverige, Tyskland, USA och Zambia utse en sådan undersökande person. Från svensk sida blev det som nämnts ambassadören Mathias Mossberg, medan man från brittisk sida först lät meddela att ingen person skulle utses eftersom all relevant information redan hade överlämnats och var offentligt tillgänglig. Senare och under tryck utsågs en ämbetsman i denna roll men budskapet blev detsamma.

Vad som sticker ut i en samlad bedömning av det diplomatiska agerandet är den brittiska och amerikanska motvilligheten.

Vad som torde vara uppenbart, och Othman har understrukit det, är att brittiska arkiv måste innehålla en rapport från MI 6-agenten Neil Ritchie. Ritchie var stationerad vid Storbritanniens High Commission i Salisbury och han befann sig i Ndolaområdet de aktuella dagarna i september 1961. Hans uppdrag var att ta emot och ledsaga Tshombe inför mötet med Hammarskjöld. Ritchie hade regelbundna kontakter med ledande personer i Union Minière och vi vet att han träffade dess vice VD Henry Fortemps i Kipushi när han var där för att hämta Tshombe den 17 september. Som underrättelseagent var det naturligt för honom att suga åt sig information kopplad till Kongokrisen. Han måste regelmässigt ha rapporterat till högkvarteret i London (vid Caxton Street, Westminster) och minst en rapport i MI 6:s arkiv måste ha avsett säkerhetsläget inför mötet i Ndola och/eller spekulationer kring kraschen. FN:s rättschef frågade i november 2015 Storbritannien om den åberopade arkivgenomgången också innefattade arkiven hos MI 5, MI 6 och GCHQ (Government Communication Headquarters). Svaret kom sent och var intetsägande och undvikande.

Det som hände i Ndola är fortfarande ouppklarat. Sexton personer på FN-uppdrag förlorade sina liv, däribland FN:s generalsekreterare. Rubriken "Vem mördade Dag Hammarskjöld?" är därmed inte sakligt korrekt, vi vet inte om han blev mördad. Men det är ändå en rubrik som fångar in frågan om vad som hände och varför. Den må vara motiverad som en form av *licentia poetica*. Klart är att flera privata aktörer 1961 hade motiv att med våld påverka händelseutvecklingen. Och klart är att de var beredda att gå långt för att nå sina syften. Underrättelsetjänsterna i USA, Storbritannien, Frankrike och Belgien visste om detta. Vissa visste mer än andra. Man iakttog en händelseutveckling och utvärderade den. Kanske var det så illa att man inte informerade FN i tid om den fara som hotade utan bara avvaktade. Troligen var det så att man efter kraschen mycket väl anade bakgrunden men inte fullt ut samarbetade med FN. Oavsett de exakta omständigheterna var det fråga om *foul play* (någon form av "fulspel"), en bristande vilja att informera, kanske kan man tala om medskyldighet.

Ex-presidenten Harry S. Truman sa till reportrar att "they killed him", utan att kommentera vilka han syftade på. Det skulle kunna vara de industriella kretsarna i Katanga, de inhyrda legosoldaterna i regionen, eller kanske statliga aktörer, KGB eller CIA. I Kreml ville Chrusjtjov bli kvitt såväl generalsekreteraren som hans ämbete. CIA-agenten Larry Devlin hade i Kongo varit utrustad med en förgiftad tandkrämstub för att ta livet av Lumumba. CIA-chefen Allen Dulles stod bakom denna mordiska plan, som dock aldrig behövde förverkligas. Dulles inställning till FN och avkoloniseringen präglades av fruktan för en vänstervåg i Afrika. Han såg den afrikanska nationalismen som ett hot i kampen mot kommunismen. Sympatierna låg helt klart hos de västliga kapitalintressena. Men att Dulles, sedan president Kennedy tillträtt och markerat stöd för FN, skulle ha använt CIA i en attack mot Hammarskjöld är knappast troligt. Kennedys ambassadör i Kongo, Ed Gullion, engagerade sig starkt för FN-insatsen. Men misstanken om någon form av *foul play* från CIA:s sida dröjer sig kvar.

President Kennedy inbjöd den 14 mars 1962 Hammarskjölds medarbetare Sture Linnér till ett möte i Vita huset. Linnér hade då lämnat Kongo och befann sig i New York. Samtalet rörde den avlidne generalsekreteraren och presidenten bad om ursäkt för den politiska press som USA utövat på FN under Kongokrisen. Hammarskjöld hade vid ett tillfälle utsatts för ett hot från Vita huset. Det var när den av Sovjet finansierade Antoine Gizenga hade vind i seglen och tycktes närma sig presidentposten. President Kennedy hade då personligen låtit meddela att USA var berett att lämna FN om inte organisationen upphörde med sin "kommunistvänliga politik". Hammarskjöld hade emellertid följt sin egen moraliska kompass i en uttolkning av säkerhetsrådets mandat och FN-stadgan. Han hävdade att FN-styrkorna i Kongo, ONUC, inte kunde blanda sig i Kongos inre angelägenheter. Kennedy sa till Linnér att han nu förstod detta, men att han som president hade varit pressad av det kalla krigets stämningar i kongressen och i det amerikanska samhället i stort. Eftersom det nu var för sent att be Hammarskjöld om ursäkt ville han istället framföra en sådan till Linnér. Jag inser, sa Kennedy, att i jämförelse med Dag är jag en liten man. "Han var den störste statsmannen i vår tid."

Truman kan ha fått sin information om Ndola i ett förtroligt samtal med Kennedy. Detta samtal kan ha rört CIA:s roll i Kongo och den information som CIA innehade om vad som rörde sig i belgiska, brittiska och franska industrikretsar i Kongo. Att Kennedy skulle ha inbjudit Linnér till ett samtal i full vetskap om att CIA "mördat" den man han så respekterade är inte troligt. Däremot kan presidenten ha haft dåligt samvete över att CIA inte avvärjde en komplott som man haft kännedom om.

Det dåliga samvetet borde i dagens läge gälla också för de nutida regeringskanslierna i London och Washington. Särskilt Foreign and Commonwealth

Office (FCO) har undvikit en öppen attityd i förhållande till FN-utredningen, även det en form av *foul play.* Genom denna undvikandets politik har vi fortsatt inte nått klarhet i vad som hände i luftrummet ovanför Ndola natten den 18 september 1961. Mycket talar för att ett annat plan dök upp med ett hotande budskap. Dag Hammarskjöld hann nog förstå vad som hände, han ropade "go back, go back", men han liksom de övriga i planet tog med sig vad de visste in i döden.

EPILOG

Hans tankar om liv och död

Hammarskjölds heta önskan om en personlig livsgärning i ett meningsfullt liv har redan berörts i prologen. Det var tankar som tidigt fångade honom. Karl Birnbaum har i sin bok *Den unge Dag Hammarskjölds inre värld. Inblickar i en människas tillblivelse* (1998) samlat anteckningar från ungdomen. Den andra noteringen, kanske från 1925 då Dag var tjugo år, inleds med orden: "Längtan efter värde inför livet förutsätter tro på livet och tvingar till äkthet, till allvar inför livet."

Det globala uppdrag för fred och säkerhet och mellanfolklig förståelse, som anförtroddes honom 1953, måste ha upplevts som en gudomlig nåd.

Efter kraschen i Ndola fann man i hans bostad i New York ett manuskript med titeln *Vägmärken*. Där låg också ett odaterat brev till kabinettsekreteraren Leif Belfrage i UD. Det innehöll bland annat följande ord:

> Käre Leif,
> Kanske du minns att jag en gång berättade för dig att jag trots allt förde en sorts dagbok som jag ville att du en gång skulle ta hand om. Här är den.
> [...] Om du finner dem [anteckningarna] förtjänta att tryckas har du rätt att göra så – som en sorts "vitbok" rörande mina förhandlingar med mig själv – och Gud.

Allt tyder på att en anledning till detta brev var att Hammarskjöld förutsåg att han skulle kunna dö i tjänsten. Om han hade fått leva vidare skulle han med säkerhet ha fortsatt med ytterligare noteringar. Nu blev det sista vägmärket daterat den 24 augusti 1961.

Vägmärken utkom som bok 1963. Den översattes till engelska av den brittisk-amerikanske poeten W.H. Auden och Leif Sjöberg 1964. Titeln blev något oegentligt *Markings*, ett begrepp som inte tillräckligt fångade tidsperspektivet, nämligen en kronologisk sekvens av tankar längs livets väg. *Waymarks* hade varit en mer adekvat titel. En omvälvande händelse i Hammarskjölds liv var naturligtvis beskeden från New York i månadsskiftet mellan mars och april 1953. Hans namn hade föreslagits från brittisk och fransk sida. Man efterfrågade hans inställning. Den relevanta dagboksanteckningen löd: "Att säga ja till livet är att säga ja också till sig själv."

Det är inte helt lätt att få närmare besked om hur Hammarskjöld sökte vägledning för sitt professionella liv, men hans levande intresse för religiös filosofi och skönlitteratur ger vissa öppningar. Han intresserade sig redan i ungdomen för medeltidsfilosofer, kristna mystiker som Mäster Eckhart (cirka 1260–1328) och Thomas a Kempis (cirka 1380–1471), vars skrifter inspirerade till meditativ avskildhet, reflektion kring den mänskliga naturen, förhållandet till Gud och den individuella förmågan att göra skillnad. *Vägmärken* innehåller flera citat av Eckhart och också några av Thomas av Aquino (cirka 1225–1274). Den senares filosofi innehåller tankar om människans potential, om utvecklandet av intellektuell och moralisk färdighet ("dygd"), om fullkomnandet av det rätta handlandet.

Hammarskjöld kunde finna att flera av dessa tankespår går igen i Fjodor Dostojevskijs *Bröderna Karamazov* (1880), en roman som alltid hade en plats på hans nattduksbord. Själv har jag sett en svensk översättning i två volymer insorterad i bokhyllan i huset i Backåkra, den skånska sommarbostaden som han aldrig hann flytta in i. I *Bröderna Karamazov* spelar klostermunken fader Zosima en betydande roll. Zosima förespråkar en doktrin av broderskap och medmänsklighet, en värld av universell integritet där individen har ett ansvar för andra individer och besitter en potential för handling i mänsklighetens tjänst. Dostojevskij låter Zosima ge uttryck för uppfattningen att:

> Var och en av oss är ansvarig för alla och allting i världen, icke blott genom den allmänna världsskulden, utan varje enskild för alla människor på jorden.

Samtidigt präglas Dostojevskijs text av en dualism genom romanfigurernas vacklan mellan tro och vetande, mellan makt och rätt, mellan egoism och altruism, mellan juridiskt och moraliskt ansvar, mellan passiv askes och aktivt självförverkligande. Det viktiga för Hammarskjöld var just teserna om självförverkligande och tjänande i mänsklighetens tjänst, ett tänkande som pekade fram emot Albert Schweitzers etik om "vördnaden för livet".

Schweitzer hade som teolog vid universitetet i Strasbourg åstadkommit flera banbrytande exegetiska verk före första världskriget. Från 1924 hade han kunnat förverkliga sin filantropiska livsfilosofi genom att verka som tropikläkare i Västafrika, detta för att, som Gustaf Aulén uttryckt det, "därmed betala åtminstone en skärv av den vite mannens omätliga skuld till Afrikas svarta folk". Schweitzer hade tilldelats Nobels fredspris 1952 och mottog det 1953. Som generalsekreterare planerade Hammarskjöld att besöka honom i Lambarene i Gabon, men den hårt intecknade kalendern gjorde det aldrig möjligt. Han kände att han var influerad av Schweitzers universella tänkande och världsvida utblick.

Hammarskjöld var också inspirerad av några av världslitteraturens fiktiva och mest beslutsamma personligheter, som Herman Melvilles kapten Ahab i *Moby Dick* (1851), Henrik Ibsens präst Brand i dramat med detta namn (1865) och Joseph Conrads skeppsbrutne styrman i *Lord Jim* (1900). Det rör sig i samtliga fall om envetna huvudpersoner som går sin egen väg, vägledda av en inre beslutsamhet och övertygelse, oavsett vad omvärlden tycker och tänker. Kapten Ahab är besluten att jaga den vita valen till en dödlig sluttuppgörelse, oavsett vem av dem som överlever. Herman Melville skildrar en jakt på det absoluta, det ultimata, något som Hammarskjöld kunde identifiera sig med. Ibsens präst Brand tar strid i den norska fjällvärlden för en intensiv religiositet som leder till konflikt utan återvändo, och Conrads lord Jim går i döden som en konsekvens av sin utstakade livsväg för moralisk upprättelse. Ingen av dem blir "herre över sitt eget öde", som Conrad uttrycker det i sin roman, men det är personer som valt en livsväg och följer den, som inte är rädda för motstånd i livets uppförsbacke. Hammarskjöld förklarade i det amerikanska radioprogrammet *This I believe* 1953 att han bejakade utmaningar. Han sa också att han ärvt en tro på att ingenting var viktigare än ett liv ägnat åt oegennyttig tjänst i det allmännas eller mänsklighetens intresse. Detta krävde en uppoffring av det personliga och ett mod att stå för sina övertygelser, "your convictions concerning what was right or good for the community, whatever … the views in fashion".

Hans första tid som generalsekreterare var relativt odramatisk, men i slutet av 1954 fick han uppdraget att försöka frita en grupp amerikanska flygare i Kina som tillfångatagits i efterspelet till Koreakriget. Han reste till Peking i januari 1955 och sammanträffade med premiärministern Zhou Enlai. I det sammanhanget kände han stöd av den israeliske religionsfilosofen Martin Bubers tankar i boken *Ich und Du* (1923). Buber betonade värdet av dialog och "det äkta mötet" i mänskliga relationer. Hammarskjöld, som trodde på en personlig diplomati, kände att hans möte med Zhou Enlai var just "äkta" och präglat av intellektuell gemenskap. Och hans samtalspartner tycks ha känt på samma sätt. Under Hammarskjölds följande sommarsemester i Skåne, och i anslutning till hans femtioårsdag, inkom ett telegram från Peking som meddelade att flygarna hade frisläppts. Den personliga diplomatin hade fungerat.

Som generalsekreterare definierade Hammarskjöld sin roll på ett expansivt sätt genom en kreativ tolkning av FN-stadgan. Framgångarna uteblev inte. Suez-krisen 1956 löstes genom en innovation – ett oskrivet kapitel 6½ i FN-stadgan och därigenom tillkomsten av de fredsbevarande operationerna ("peace keeping operations", PKO). Generalsekreterarämbetets oberoende ställning försvarades och organisationens integritet hävdades. Hammarskjöld formade bilden av ett dynamiskt FN som tog ett steg från traditionell mellanstatlig samlevnad till nyskapande aktivt samarbete. FN-stadgans rättsliga principer från 1945 låg fast, men organisationens arbetsmetoder borde hela tiden utvecklas för att svara mot tidens krav. Han gjorde ingen skarp skillnad mellan juridik och politik, och inte heller mellan skriven folkrätt och diplomatisk praxis. Det fanns tillfällen när paragraferna måste vika. Ny internationell praxis borde utnyttjas för att föra rättsutvecklingen framåt. Det var fråga om en dynamisk inställning till folkrättens utveckling.

Hammarskjölds vision av FN som något mer än ett forum för de mäktiga staternas intressepolitik gav organisationen trovärdighet. Den internationella journalistkåren lät sig imponeras. Uttrycket "Leave it to Dag" myntades.

Hammarskjöld kunde inför Kongokrisen känna att han var på väg att lyckas i sin livsgärning. Samtidigt blev denna kris även en kris för hans modell av beslutsfattande, nämligen instruktioner som kunde bestå av svårtolkade resonemang. Det var det som hände inför operation *Morthor*. Men han tog på sig ansvaret för det som gick fel. Säkerligen hade han läst Martin Bubers lilla skrift *Der Weg des Menschen nach der Chassidischen Lehre* ("Människans väg enligt den chassidiska läran") som kom ut 1960. Där står följande, här citerat i Monica Engströms svenska översättning från 1964:

Du ska inte plåga dig med allt du har gjort fel utan använda dina själskrafter som nu går åt till självförebråelser till att fullfölja den verksamhet i ditt liv som du är bestämd för. Du skall inte befatta dig med dig själv utan med världen omkring dig.

Och tidigare i samma textavsnitt heter det:

Vad ska jag välja min egen väg till? Vad ska jag eftersträva en inre helhet till? Svaret är: inte för min egen skull. Därför heter det att man måste börja med sig själv. Börja med sig själv men inte sluta där. Att utgå från sig själv men inte bli kvar där.

I augusti 1961 är Hammarskjöld i brevkontakt med Buber (de hade träffats 1958) och han får sig tillsänt ett exemplar av *Ich und Du* som han vill översätta till svenska. Dagen före avresan från New York till Léopoldville skriver han till Buber för att meddela att Bonniers accepterat att ge ut boken.

Hammarskjöld var inte oerfaren som översättare. Han hade bland annat 1960 översatt diktverket *Chronique* av den franske diplomaten Saint-John Perse (Alexis Léger). Antagligen hade han också, i sin egenskap av ledamot i Svenska akademien, verkat för att denne tilldelades Nobelpriset i litteratur 1960.

Efter ankomsten till Léopoldville den 13 september 1961 bor generalsekreteraren hos sin civile representant i Kongo, Sture Linnér. I dennes gästrum lämnar han kvar de tolv första sidorna av Buberöversättningen inför resan mot Ndola. På flygplanet tar han bara med sig sin portfölj. I den finns Nya testamentet och Psaltaren på engelska. I portföljen ligger också exemplaret av *Ich und Du*, en engelsk översättning av denna bok, samt ett skrivblock för hans eget översättningsarbete.

Efter katastrofen beordrade Sture Linnér, som civil chef i Léopoldville, den norske översten Bjørn Egge att bege sig från Élisabethville för att ta hand om de dödas kroppar och tillhörigheter. Hammarskjölds portfölj hade påträffats på ett mindre avstånd från det utbrända flygplansvraket. Den var helt oskadd och saknade brännmärken. Av någon anledning hamnade portföljen i lord Alports besittning, och han behöll den länge – enligt egen utsago för att kunna överlämna den till den tillreste brorsonen Knut Hammarskjöld. Egges försök att för FN:s räkning få tag i portföljen stoppades av Alport. Lorden överlämnade till sist portföljen till den nordrhodesiske polischefen, som i sin tur överlämnade den till Pier Spinelli, då FN:s högste representant i Ndola. Innan dess kan Alport ha lagt beslag på ett och annat FN-dokument. Bjørn Egge undersökte saken och menade att den så kallade Lovanium-rapporten saknades. Rapporten var uppkallad efter universitetet i Léopoldvilles utkant och innehöll tankar om hur Kongo skulle administreras efter konfliktens slut. Portföljens privata innehåll överlämnades till sist till Knut Hammarskjöld.

Kvar i Sture Linnérs gästrum låg Dag Hammarskjölds plånbok, checkhäfte, nycklar, en färdigskriven artikel om Uppsala för Svenska Turistföreningens årsskrift, Thomas a Kempis bok *Kristi efterföljelse* samt de tolv översatta sidorna ur *Ich und Du*.

***

Det var ingen tillfällighet att Hammarskjöld hade med sig Thomas a Kempis *Kristi efterföljelse* på sin sista resa. Den kristna efterföljelsetanken, som sammanfaller med offertanken, var central för Hammarskjöld. I Matteus 16:24–25 säger Jesus: "Om någon vill efterfölja mig, så försake han sig själv och tage sitt kors på sig: så följe han mig. Ty den som vill bevara sitt liv, han skall mista det; men den som mister sitt liv, för min skull, han skall finna det."

Jesus offrade sig för andra (för andras synder) och Hammarskjöld var beredd att göra samma offer, men först ville han genomföra det uppdrag han fått och mottagit. Mellandagarna 1955 noterar han i *Vägmärken*: "Vägen till helgelse går i vår tid med nödvändighet genom handling." Men det egna handlandet får inte bli en grund till självförhävelse. Den 29 november 1956 citerar han William Faulkner om allas vår önskan att rita på väggen vårt "Kilroy was here". Han noterar således:

Vi kan offra oss helt för det som är utom och över oss – och *ändå* hoppas att minnet av vårt val skall förbli knutet till vårt namn, eller åtminstone att en framtid skall förstå varför och hur vi handlade.

Det egna jagets fåfänga måste motarbetas. Och i detta sammanhang skriver han: "I believe that we should die with decency so that at least decency will survive."

På födelsedagen 1958 reflekterar han:

Än några år, och sedan? Livet har värde endast genom sitt innehåll – för andra. Mitt liv utan värde för andra är värre än död. Därför – i denna stora ensamhet – tjäna alla.

Hammarskjöld refererar ofta till döden I sina anteckningar, och han menar att man lugnt kan acceptera den om man gjort vad man kunnat av sitt liv. I en anteckning 1951 refererar han till den död som lord Jim i Joseph Conrads roman accepterar och utsätter sig för. Jim hade gjort vad som var möjligt "för dem som nu avkrävde honom livet". Han var, enligt texten i *Vägmärken*:

"Lugn och lycklig. Som vid en ensam vandring på havsstranden."

Här tänker man på det fotografi som några år senare, en sommardag, togs av Hammarskjöld vandrande barfota och med bar överkropp längs den skånska stranden i naturreservatet Sandhammaren.

Sedan han tillträtt som generalsekreterare, och i synnerhet sedan FN engagerat sig i Kongokrisen, var dödsrisken en ständig följeslagare på hans resor. Situationen i Katanga var livsfarlig för FN-personalen. Samtidigt innebar FN-insatserna för Kongos del att krisen inte hade övergått i ett omfattande inbördeskrig. Stormakterna hade avhållits från att intervenera och en tänkbar eskalering hade undvikits. Så långt kunde Hammarskjöld vara nöjd. I september 1961 önskade han träffa Tshombe för att uppnå vapenvila i Katanga. Skulle han misslyckas tydde allt på att han var beredd att avgå som generalsekreterare. Han hade gjort allt som var möjligt inom ramen för sitt uppdrag. Och han såg inte enbart FN-organisationen som sin uppdragsgivare, på det personliga planet fanns det också ett förhållande till den Gud han trodde på. Julaftonen 1956, i samband med den lyckosamma hanteringen av Suezkrisen, hade han noterat i *Vägmärken*:

Din egen insats "verkade det icke", blott Gud – men gläd dig om Gud fann bruk för din insats i sitt verk.
Gläd dig om du kände att vad du gjorde var "nödvändigt", men inse att även så var du blott redskapet för den som genom dig lade ett litet grand till den helhet han gestaltade för sina syften.

Annandag jul 1956 väcks tanken på ett postumt publicerande av anteckningarna. Hans liv har förändrats och han kan nu tänka sig möjliga läsare. Han skriver: "För någon kan det dock få betydelse att se en ödesväg om vilken den levande ej ville tala." Någon gång därefter har den odaterade instruktionen till Leif Belfrage tillkommit – om eventuell publicering.

Han lämnade dagboken hemma, antagligen för att han insåg dödsrisken i tjänsten. Redan 1955 hade han gjort reflektionen:

Tidigare var döden alltid med i sällskapet. Nu är den en bordskamrat: jag måste bli vän med den.

Och mot slutet av 1957 skriver han:

> Din kropp skall vara förtrogen med sin död – i alla dess möjliga former
> och grader – såsom ett självklart, närliggande och känslomässigt indiffe-
> rent steg på vägen mot mål du funnit värda ditt liv.
> Döden, såsom led i offret, är väl fullbordan men oftast förnedring och
> aldrig upphöjelse.

Den senare kommentaren speglar en pessimism som skiljer sig från den tidigare
nedteckningen av lord Jims känslor och som också skiljer sig från den allmänna
reaktionen efter Ndola, då eftermälet i stort präglades av "upphöjelse".

Den sista noteringen i *Vägmärken* är daterad den 24 augusti 1961. Den
innehåller inga onda föraningar utan uttrycker i diktens form en harmoni kopp-
lad till drömmar och minnen av ett bergsland:

> Årstiderna växlat
> och ljuset
> och vädret
> och timmen.
> Men det är samma land.
> Och jag börjar känna kartan
> och väderstrecken.

Men precis innan avresan till Kongo, den 11 september, får han anledning att
tänka på döden. Sekreteraren Hannah Platz frågar vem som är hans testaments-
exekutor. Svaret blev: "Magnus Lindahl, min advokat i Stockholm." Hon undrar
vem hon ska ringa om något händer, Per Lind? Han nickar bekräftande.

Nästa dag postar han ett brev till UD-kollegan Per Lind och ber honom ta
hand om hans papper om något händer. Något kunde alltid hända – och Lind
mottog brevet bara någon dag efter Ndola. Ett brev hade även postats till Magnus
Lindahl. Hammarskjöld hade dessförinnan gjort upp räkningen med vad han för-
väntade sig av sig själv i sitt liv. Den 3 december 1960 hade han diktat i *Vägmärken*:

> Vägen,
> du skall följa den.
> Lyckan,
> du skall glömma den.

Kalken,
du skall tömma den.
Smärtan,
du skall dölja den.
Svaret,
du skall lära det.
Slutet,
du skall bära det.

Slutet kunde vara döden. Han fruktade den inte. I en annan Vägmärkestext, den 8 juni 1961, hade han diktat om en spänd båge och vinande pilar:

Vad fruktar jag?
Om de träffa
och döda,
vad är detta
att begråta?
Andra ha gått före.
Andra följa –

SVERIGE OCH
FN:S UTREDNINGAR

Av Mathias Mossberg, ambassadör och utredare
på svensk sida i 2018–2019 års FN-utredning

De senaste åren har den flygkrasch där Dag Hammarskjöld och de personer som åtföljde honom tragiskt omkom fått alltmer uppmärksamhet, inte minst internationellt. Därför är det glädjande att Ove Bring tagit initiativet till en ny och aktuell presentation av skeendena också för en svensk publik.

När jag nu fått den hedrande möjligheten att bidra med en text till hans bok vill jag berätta lite om mitt utredningsuppdrag för den senaste FN-utredningen. Jag vill också understryka vissa aspekter av det Bring tar upp samt av det som FN-utredaren Othmans rapport, och min egen rapport till honom, innehåller. Men jag vill också belysa vissa aspekter av det svenska agerandet i frågan genom åren.

Frågan om vad som orsakade flyghaveriet – den mänskliga faktorn eller yttre påverkan – har utretts upprepade gånger men är fortfarande olöst.

De första rhodesiska utredningarna 1961 och 1962 ville få det till att det handlade om pilotfel, medan FN-utredningen 1962 lämnade haveriorsaken öppen. Den svenska officiella uppfattningen kom i många år att i vissa avseenden ligga något närmare den rhodesiska synen än FN:s och en förnyad utredning 1992–1993 bekräftade detta.

De senaste årens intensifierade strävanden efter klarhet, och särskilt den år 2017 återupptagna FN-utredningen, har enligt FN-utredaren Mohamed Chande Othman emellertid lett till att fokus förskjutits från den mänskliga faktorn mot möjligheten av yttre påverkan.

Det var som Ove Bring beskrivit en internationell juristkommission som med sin rapport 2013 fick FN:s generalförsamling att 2014 återöppna frågan om utredning av de omständigheter som ledde till flygkraschen i Ndola 1961. På svenskt initiativ togs frågan 2014 åter upp på generalförsamlingens dagordning, och 2015 tillsatte FN:s generalsekreterare en expertpanel, under ledning av förre ordföranden i Tanzanias högsta domstol, Mohamed Chande Othman.

Expertpanelens rapport ledde till att generalsekreteraren år 2017 tillsatte Othman att som "Eminent Person" fortsätta arbetet att söka ytterligare klarhet. Othman har i sin slutrapport 2019 dragit slutsatsen att det är rimligt att tro att en attack eller ett hot förorsakade kraschen. Othman har också dragit slutsatsen att det fortsatt finns hemligstämplad information som är relevant för fallet i några arkiv hos underrättelse- och säkerhetstjänster och att bristande tillgång till all relevant dokumentation är det största hindret mot att få ett slutligt svar på vad som hände. Vidare har FN-utredaren sedan länge framhållit att bevisbördan för ytterligare klargöranden i allt högre grad övergått från FN till medlemsländerna.

Det är bakgrunden till FN:s och Othmans uppmaning 2017 till ett antal medlemsländer, bland andra USA, Storbritannien, Frankrike, Belgien, Tyskland och Sydafrika, men också Sverige, att tillsätta seniora oberoende ämbetsmän för att gå igenom respektive lands underrättelse-, säkerhets- och militära arkiv i syfte att tillförsäkra att allt relevant material i frågan kommit FN till del.

Utrikesminister Margot Wallström meddelade den 20 april 2018 att hon avsåg att tillsätta en särskild utredare för att säkerställa att all relevant information i svenska arkiv har nått FN-utredningen. Den 19 juni fattade regeringskansliet beslut om att tillsätta mig som utredare med uppgift att gå igenom de svenska arkiven och säkerställa att all relevant information om saken nått FN. Jag fick senare också ett tilläggsuppdrag, att mot bakgrund av min genomgång av allt material i arkiven redovisa vunna erfarenheter och belysa viktiga aspekter av den svenska hanteringen av frågan.

Inte minst detta senare uppdrag gav anledning att betrakta det föreliggande materialet i ett vidare perspektiv och försöka se de längre linjerna och de eventuella sambanden mellan olika element i den mängd material som finns i svenska arkiv om omständigheterna kring Hammarskjölds död. Och i den betraktelsen kom jag att notera vissa förbryllande omständigheter i den svenska hanteringen av frågan.

Klart är dock att det inte är de svenska arkiven som är de mest intressanta i sammanhanget, utan arkiven i Storbritannien, den forna kolonialmakten, dit inte minst en hel del av de forna koloniernas arkiv överförts. Av stort intresse är också arkiven i USA, vars resurser på underrättelseområdet, liksom Storbritanniens, var i spel i sammanhanget. Det är därför beklagligt att Storbritannien och USA på olika vis förefaller dra benen efter sig i denna fråga.

Andra viktiga aktörer som kan ha mer att dela med sig av är Sydafrika,

Frankrike och Belgien, som alla hade intressen i det aktuella området i Afrika, liksom också företag som Union Minière och Tanks.

Det är därför glädjande att FN-utredaren Othman i sin senaste rapport betonar behovet av förnyade ansträngningar från dessa länders sida.

Vad kunde dölja sig i de svenska arkiven?

Att det handlade om en svensk generalsekreterare, ett svenskt plan, med svensk besättning, att nio av de sexton omkomna var svenskar och, inte minst, att Sverige deltog från början som observatör i utredningsarbetet, har medfört att det finns ett omfattande material i de svenska arkiven. Inte minst finns det mycket material från den första tiden i utredningsarbetet. Detta material låg nära i både tid och rum till händelserna och är därmed av stort värde.

Att det finns mycket material i Sverige betyder dock inte nödvändigtvis att man kunde förvänta sig att finna något särskilt dramatiskt här, någon "smoking gun". Med tanke på det stora intresse för frågan som funnits – och finns – i Sverige, och på dess politiska vikt, var det knappast realistiskt att förvänta sig att avgörande information skulle kunna ha förblivit dold i svenska arkiv, oavsett hur många lager av hemligstämplar som lagts på.

Därför var det uppenbart att hur höga ambitioner som än sattes upp så måste förväntningarna på en genomgång av svenska arkiv hållas inom en realistisk ram, vars parametrar bestämdes av det stora intresset i saken och den grad av uppmärksamhet som redan ägnats denna fråga av politiker, diplomater, journalister och forskare, för att inte tala om den allmänna opinionen.

Från början var det kanske så att det som främst kunde förväntas av en översyn av svenska arkiv i form av substantiellt resultat var mindre bitar av information av begränsad omfattning och mer av indirekt intresse. Det bästa man kanske kunde hoppas på var att FN-utredaren skulle kunna passa in en eller flera av dessa bitar i det större pusslet och att de därigenom skulle kunna bidra till ökad klarhet.

Min genomgång bekräftade denna bild. Men den väckte också frågor beträffande den svenska hanteringen av ärendet genom åren.

Mitt utredningsuppdrag

Det utredningsuppdrag som regeringskansliet gav mig den 19 juni 2018 innebar att "undersöka huruvida all relevant information i svenska arkiv har nått

General Assembly

Distr.: General
12 September 2019

Original: English

Seventy-third session
Agenda item 131
**Investigation into the conditions and circumstances resulting
in the tragic death of Dag Hammarskjöld and of the members
of the party accompanying him**

 Letter dated 12 September 2019 from the Secretary-General
addressed to the President of the General Assembly

I have the honour to refer to General Assembly resolution 72/252 concerning the investigation into the conditions and circumstances resulting in the tragic death of former Secretary-General Dag Hammarskjöld and of the members of the party accompanying him on flight SE-BDY on the night of 17 to 18 September 1961.

In accordance with paragraph 1 of that resolution, in 2018 I reappointed as Eminent Person Mohamed Chande Othman to continue to review potential new information, including that which may be available from Member States, to assess its probative value, to determine the scope that any further inquiry or investigation should take and, if possible, to draw conclusions from the investigations already conducted. I recall that I had previously appointed Mr. Othman as Eminent Person in 2017 pursuant to General Assembly resolution 71/260 and, prior to that, as Head of the Independent Panel of Experts appointed pursuant to General Assembly resolution 69/246.

In resolution 72/252, the General Assembly requested that I provide an oral briefing on any progress made to the Assembly before the end of the main part of its seventy-third session and to report to the Assembly before the end of its seventy-third session on any further progress made. It will be recalled that, on the basis of an interim report by the Eminent Person, I provided an oral briefing to the Assembly on 3 December 2018. I now have the honour to attach herewith a copy of the report of the Eminent Person.

I wish to take this opportunity to renew my profound gratitude to the Eminent Person and to commend him for his excellent work and unwavering commitment.

In the report, the Eminent Person reaffirms his previous conclusions, included in his 2017 report (A/71/1042). I note that the Eminent Person has received new information about possible causes of the crash and that advancements have been made in the body of relevant knowledge, most notably regarding the areas of: (a) probable intercepts by Member States of relevant communications; (b) the capacity of the armed forces of Katanga or others to have staged a possible attack against the plane of the Secretary-General (including aircraft, as well as airfields and airstrips); and

19-13394 (E)   041019

Please recycle

En kraftfull FN-rapport

Sverige ledde arbetet med den resolution i generalförsamlingen som antog utredaren Chande Othmans rapport – den antogs för övrigt av ett rekordstort antal medförslagsställare och utan omröstning. Rapporten vittnar om irritation över bristande samarbetsvilja från USA och Storbritannien, men framför allt om att han anser att gåtans lösning står att finna. Rapporten hävdar

uttryckligen att vissa medlemsstater har varit motsträviga, men att "vi ännu inte nått en punkt där brist på samarbete kan sägas utgöra avsiktligt undanhållande".

Generalsekreteraren har därefter beslutat att Othman ska fortsätta som "Eminent Person" i utredningsarbetet. Sverige har stött hans utnämning. Arbetet kan fortsätta.

(1) FN:s generalförsamlings 73:e session, det vill säga 2018–2019 (september–september) års församling, är den 73:e i ordningen sedan FN grundades 1946. 2019–2020 års församling är den 74:e. Agendapunkt 131 anger ärendets plats på församlingens agenda.

(2) Detta är en officiell skrivelse från FN:s generalsekreterare till generalförsamlingens ordförande, som svar på församlingens begäran i sin resolution 72/252, det vill säga resolution 252 från 2018 års generalförsamling. I denna resolution begärde medlemsstaterna en rapport från generalsekreteraren om framsteg i Hammarskjöldärendet. I sitt svar hänvisar generalsekreteraren till en briefing han givit i frågan samt till rapporten från den "Eminent Person" han utsett, det vill säga Othman.

(3) Generalsekreterarens skrivelse är ställd till generalförsamlingens ordförande, som väljs av medlemsstaterna varje år och som leder församlingens arbete.

(4) Inom FN används ett antal olika beteckningar och titlar på personer som får specialuppdrag inom FN-systemet. Det kan handla om personliga representanter för generalsekreteraren, om en särskild representant i ett land för en konflikt eller en fråga. Beteckningen "Eminent Person" markerar ärendets vikt och att det är en person av hög senioritet.

Bakgrunden till att Othman utsågs till detta uppdrag är att han är en respekterad toppjurist från ett land utan egna intressen i denna fråga. Uppdrag och poster inom FN-systemet tillsätts med hänsyn inte bara till sakliga meriter, utan också till en viss geografisk fördelning av viktiga poster.

(5) Här hänvisar generalsekreteraren till innehållet i rapporten från sin "Eminent Person" och lyfter fram att Othman erhållit "ny information" om möjliga orsaker till haveriet. Detta är av vikt, eftersom just förekomsten av ny information var vad som krävdes för att generalförsamlingen skulle återuppta ärendet sedan det bordlagts 1962.

In recent years, new witnesses have been interviewed, tens of thousands of pages of original records have been reviewed, forensic tests have been conducted, experts have been consulted and there has been engagement with Member States. With no agenda towards proving any particular hypothesis, we have sought to dispel conspiracy theories, discard unsubstantiated claims and focus on what may truly have happened.

400. Conspiracy theories and allegations of obfuscation have surrounded this matter since its inception. While many key Member States had reviewed records within the diplomatic and political realms, apart from limited exceptions, up until 2017 almost

Frågan om Hammarskjölds död har som rapporten konstaterat genom åren omgärdats av konspirationsteorier och många böcker och artiklar har skrivits om detta. Det har bland annat handlat om att det skulle ha varit en extra passagerare ombord som fått planet att krascha, om att Hammarskjöld skulle ha varit vid liv efter kraschen men skjutits av legosoldater som kommit till platsen, om direkt inblandning av olika länder. Othman förefaller ha varit angelägen att systematiskt avföra sådana teorier i syfte att fokusera på det som ligger inom rimlighetens gräns och som kan rymmas inom de ramar som faktaunderlaget erbjuder.

Recommendations

405. On the basis of the preceding, I propose four recommendations going forward. These recommendations are mutually compatible and may be carried out contemporaneously.

406. **First, I recommend that the United Nations appoint an independent person to continue the work undertaken pursuant to the current mandate of the Eminent Person.** Significant new information has been identified as a result of the work of Independent Appointees in 2018 and 2019. However, not all Independent Appointees were able to complete their searches within the time or in the manner

"Independent person". Att generalsekreteraren använder det generella uttrycket i detta sammanhang torde hänga samman med att det vid den tidpunkt då texten skrevs inte var klart om Othman själv var beredd att åta sig fortsatt uppdrag, vilket ju sedan blev fallet. "Independent" syftar på att vederbörande inte bör vara en del av något lands regering eller utrikestjänst utan formellt oberoende och alltså inte stå under någon regerings direkta inflytande.

"Independent Appointees" avser på liknande sätt personer, som i och för sig är tillsatta av respektive lands regering men som står fria i förhållande till denna. Det sades i den FN-resolution som uppmanade länder att utse "Independent Appointees" att man skulle utse "independent, high-ranking offi-cials", vilket i sig kan sägas innebära en viss motsättning. En "high ranking official" är ju sällan "independent". Samtidigt var det från början givet att de som skulle utses att gå igenom sina länders mest känsliga arkiv måste åtnjuta ett visst mått av förtroende från sitt lands regering för att få tillgång till arkiven. Omvänt måste de också ha ett förtroende från FN-systemet för att kunna stå fria i sin rapportering och inte misstänkas vara styrda av sina regeringar. Detta dilemma tycks i flertalet fall ha lösts genom att merparten av dem som i likhet med mig utsågs till "Independent Appointees" var antingen akademiker eller, som jag, pensionerade diplomater och ämbetsmän. I vissa fall utsågs dock aktiva diplomater, som i USA och Storbritannien.

> 407. Should an independent person be appointed to continue the work, I have flagged specific initial matters for follow-up, including a ballistic examination of the photographs provided by the Independent Appointee of Sweden that appear to show bullet holes in what may be the wreckage of the DC-6 aircraft; searching for any available records of aircraft entry to and exit from airports in and around Brazzaville in September 1961; analysis of material related to Van Risseghem, including flight logs; requesting specific information from intelligence archives of the United States and the United Kingdom; requesting access to SAIMR material from South Africa; seeking information on Germani and Schäfer; and other matters mentioned in the body of my report.

Othmans rapport från 2019 innehåller ny information om personer och händelser relaterade till utvecklingen i området, olika aktörers engagemang och direkt till planet SE-BDY:s öde. I denna punkt i sina avslutande rekommendationer lyfter han fram ett antal trådar som han nämnt tidigare i texten och som han rekommenderar ett fortsatt utredningsarbete att börja med. Det handlar, förutom om en ballistisk examination av bilderna från polismannen Cary, också om vilka plan som lyfte till och från Brazzaville dagarna kring kraschen –

detta i syfte att utröna om en tysk DO-28 som van Risseghem flög finns noterad. Det handlar även om analys av van Risseghems loggbok från Avikat, i syfte att fastställa om den är förfalskad, vilket en del tyder på. Och kanske viktigast – handlar det om att begära specifik information från underrättelsearkiv i Storbritannien och USA, samt om att få tillgång till material om organisationen SAIMR – vars existens nu anses bekräftad – från Sydafrika. Viktiga frågor gäller även information om den tyske agenten Germani och piloten Schäfer.

> 408. Second, I recommend that key Member States be again urged to appoint or reappoint independent and high-ranking officials (Independent Appointees) to determine whether relevant information exists within their security, intelligence and defence archives. In particular, but without limitation, the Russian Federation, South Africa, the United Kingdom and the United States may be encouraged to, as the case may be, appoint or reappoint independent and high-ranking officials who are afforded all clearances and resources necessary to undertake searches in the manner requested.

De länder som här utpekas nämns enligt sin bokstavsordning i FN-systemet. Att just dessa länder pekas ut här ska ses mot bakgrund av den kritik som tidigare i Othmans rapport riktas mot dem (styckena 385–390). Där konstateras bland annat att ingen information erhållits från Sydafrika, att en månad rimligen inte var adekvat tid för en genomgång av Storbritanniens arkiv, att

föga material eller ytterligare förtydliganden erhållits från USA, trots begäran och ett antal specifika frågor, samt att Ryssland gjort sökningar i sina arkiv, men inte utsett någon "Independent Appointee", och inte heller lämnat några detaljer om vilka sökningar som gjorts.

FN-utredningen om Dag Hammarskjölds död. Utredaren ska genomföra en intern översyn av underrättelse-, säkerhetstjänst- och försvarsarkiv för att klargöra huruvida ytterligare relevant information existerar ... Utredaren ska, efter samråd med berörda departement på Regeringskansliet, redovisa en sammanställning av eventuell ytterligare relevant information för FN-utredningen". Uppdraget redovisades i en rapport till FN-utredningen den 3 maj 2019.

Under mitt arbete i de svenska arkiven framkom viss information som pekade i samma riktning som den slutsats FN-utredaren Othman dragit, att det är rimligt att tro att en attack eller ett hot förorsakade kraschen i Ndola i september 1961. En del av de tidigare utredningarnas resultat och slutsatser har därmed i viss mån kommit i ett annat ljus. Det befanns i detta sammanhang angeläget att jag också till den svenska regeringen redovisade vunna erfarenheter av utredningsarbetet.

Mitt ursprungliga uppdrag omfattade inte en utvärdering av tidigare utredningar, eller för den delen någon samlad utvärdering eller formulering av slutsatser om orsaken till flygkraschen. Denna senare uppgift tillkommer FN-utredningen.

Mot denna bakgrund beslöt som nämnts regeringskansliet den 2 maj 2019 att ge mig ett tilläggsuppdrag. Detta uppdrag omfattade att, baserat på vunna erfarenheter från utredningsarbetet, redogöra för hur frågan hanterats på den svenska sidan. I uppdraget ingick också att belysa viktigare aspekter av det tidigare svenska utredningsarbetet, inte minst de svenska experternas kritik av arbetet i 1961 års rhodesiska haverikommissioner men också senare års utredningar och hantering av frågan. Jag skulle även granska dessa utredningar i ljuset av den nya information som framkommit under de senaste årens återupptagna utredningsarbete i FN och annorstädes samt överväga vilka eventuella slutsatser som kunde vara relevanta.

Detta tilläggsuppdrag visade sig bli det mest intressanta.

Frågan om sekretess

Att få full tillgång till arkiven, och i detta fall särskilt underrättelse-, säkerhetstjänst- och försvarsarkiven, var av avgörande betydelse för att kunna fullgöra uppdraget från FN. Mot bakgrund av mina tidigare erfarenheter av att som huvudsekreterare i 2001 års ubåtsutredning och i 2002 års säkerhetspolitiska utredning utreda ubåtsfrågan och den svenska säkerhetspolitiken under det kalla kriget, insåg jag att utan en stark plattform från regeringen i form av ett regeringsbeslut om tillgång till all information skulle uppdraget vara omöjligt. Detta ledde till att regeringen den 6 september 2018 tog ett särskilt beslut om undantag från sekretess kopplat till uppdraget.

Tillgång till UD:s arkiv hade ordnats omedelbart efter beslutet om uppdraget, och det gällde även de delar av UD:s arkiv som nu finns på Riksarkivet samt Luftfartsstyrelsens hemliga material där. Detsamma gällde Dag Hammarskjöldarkivet på Kungliga biblioteket samt material på Krigsarkivet, inklusive hemligt sådant.

Regeringen bedömde nu att det förelåg synnerliga skäl att besluta om undantag från sekretess gällande uppgifter från de myndigheter som hör till justitie-, utrikes- och försvarsdepartementen i den utsträckning som behövdes för att fullgöra uppdraget. Beslutet förenades med villkor om förbehåll om att de uppgifter som undantogs från sekretess endast fick lämnas vidare till FN-utredningen och inte utan samråd med de berörda departementen.

Med detta beslut som grund kunde jag göra sökningar i arkiven hos Must, FRA och Säpo. Dessa sökningar gav dock begränsat resultat, men produktiva dialoger värdefulla för utredningen genomfördes med alla dessa myndigheter.

Jag fick aldrig anledning att befara att något material undanhölls för mig.

Arkiven och deras innehåll

Det föreföll från början vara ett rimligt antagande att i huvudsak all relevant information av betydelse i de svenska arkiven redan kommit FN till del. Min genomgången av dessa arkiv bekräftade i allt väsentligt att när ny information framkommit har den delgivits FN.

UD:s material om flygkraschen i Ndola för tiden 1961–1975 har överförts till Riksarkivet, medan material för tiden 1975 och framåt finns i UD:s arkiv. Min genomgång av allt UD:s material har på det hela taget bekräftat att detta i allt väsentligt är känt. Jag konstaterade i min rapport till UD att det med tanke på den tid som förflutit inte finns någon rimlig anledning att fortsatt sekretessbelägga relevant material i denna fråga.

Kungliga bibliotekets Dag Hammarskjöld-samling har klassats som en del av Unescos världsarv. Den innehåller en omfattande samling material om Dag Hammarskjölds liv (och död). Där finns bland annat den korrespondens Hammarskjöld hade med FN-högkvarteret de sista dagarna före kraschen.

Dag Hammarskjöld-samlingen på Kungliga biblioteket innehåller också en omfattande telegramtrafik mellan olika FN-enheter i Kongo och FN-högkvarteret de aktuella dagarna. En del av dessa telegram ger intressanta pusselbitar i vissa av de frågor som FN-utredningen uppehåller sig kring.

Riksarkivet har en avsevärd mängd material om kraschen i Ndola, inte bara från UD, utan också från Kungl. Luftfartsstyrelsen och Statspolisen, som båda var inkopplade i utredningsarbetet i Rhodesia och i FN. De svenska experterna i den rhodesiska haveriutredningen hade kritiska synpunkter på hur utredningen bedrevs och en hel del av detta är av relevans för FN-utredningen. Vi ska återkomma till detta.

Krigsarkivet har ett rikligt material om det svenska deltagandet i FN-operationen i Kongo. Detta deltagande var omfattande både i omfång och tid. Där finns en mängd underrättelsematerial av intresse. Inte minst den svenska flyginsatsen från hösten 1961 gjorde det nödvändigt att få en god uppfattning om kapaciteten hos det katangesiska flygvapnet.

Ett betydande antal svenska militärer ingick i FN:s trupp i Kongo, cirka 1 300 man i september 1961. Under hösten samma år utökades denna styrka med en flygeskader, F 22, bestående av fem jaktplan, typ J-29, ”Flygande Tunnan”. F 22 skulle med tiden få stor betydelse för den militära utvecklingen i Kongo.

Svenskar hade viktiga roller, inte minst på underrättelseområdet, och förutom rapporter till FN skrev svenska FN-soldater och officerare, liksom andra länders, egna rapporter till sina nationella myndigheter. Dessa rapporter rör huvudsakligen den militära utvecklingen som trupperna var en del av och deltog i samt underrättelser relevanta för detta. Av intresse för FN-utredningen var bland annat uppgifter om det katangesiska flygvapnet och om det katangesiska flygets aktiviteter de aktuella dagarna.

Det finns dock nästan inga direkta hänvisningar till haveriet i Ndola i det militära materialet. I de månadsrapporter som den svenska FN-bataljonen regelbundet sände hem, de så kallade Kongorapporterna, finns generalsekreterarens död inte omnämnd i rapporten för september 1961. Den svenske försvarsstabschefen Curt Göransson besökte tillsammans med ambassadör Sven Dahlman i Kairo Léopoldville den 23–27 september 1961. Flygkraschen i Ndola finns endast omnämnd i förbigående i den rapport som de båda skrev om besöket.

Chefen för flygstaben besökte London dagarna efter haveriet, men inte heller i rapporten från detta besök nämns något om haveriet, som ju skedde på brittisk-kontrollerat territorium. Försvarsstabens underrättelsechef besökte London i maj 1962, dagarna efter att FN-kommissionen om kraschen, liksom den svenska arbetsgruppen, hade presenterat sina rapporter, men inte heller under detta besök aktualiserades frågan.

På Krigsarkivet kunde jag också gå igenom annat underrättelsematerial från tiden, rapporter från de svenska militärattachéerna utomlands samt material från kontoret för särskild inhämtning, det så kallade T-kontoret. Jag föreställde mig att en så stor händelse som att FN:s generalsekreterares plan kraschar skulle ha lämnat några spår i exempelvis samtal med utländska militära representanter, under besök eller vid liknande tillfällen. Mina sökningar gav dock magert resultat.

Folke Bernadotteakademin har gjort en digitaliserad arkivering av rapporteringen om de svenska FN-truppernas insatser. Även den finns tillgänglig på Krigsarkivet.

Det finns också vissa privata arkiv, som Wallenberg-arkivet och Atlas Copcos arkiv. Peter Wallenberg var Atlas Copcos representant i Rhodesia vid tiden för kraschen och en del av UD:s korrespondens mellan Ndola och Stockholm gick via Atlas Copco. Det som finns kvar av Atlas Copcos arkiv från tiden förvaras nu vid Centrum för Näringslivshistoria. Mina sökningar i dessa arkiv gav dock föga resultat.

Flygbolaget Transair, som det havererade planet SE-BDY tillhörde, köptes sedermera upp av SAS. Stora delar av bolagets arkiv togs om hand av Transairs pilotförening och förvaras nu av Tekniska museet i Malmö. Sökningar gjordes också i detta material, dock utan resultat.

I enlighet med riktlinjerna från FN-utredningen fokuserade genomgången av arkiven på direkta referenser till vad som kan ha förorsakat kraschen, med särskild tonvikt på de frågor som FN-utredaren angivit. Dessa var (1) om det förekommit mer än ett flygplan i luften över Ndola, (2) om SE-BDY brann redan före kontakten med marken och (3) om planet beskjutits eller på annat vis störts av ett annat flygplan. Information om avlyssnade kommunikationer, tjänstemäns och myndigheters agerande, relevanta företag och organisationer samt annat material som kunde ha samband med kraschen var också av intresse.

I januari 2019 gjorde FN-utredaren ett tillägg till de områden han angivit skulle vara i fokus. För att sätta ytterligare tryck på de stater som inte samarbetat ansåg han att det kunde vara värdefullt att för dessa stater framhålla sådana områden som vore intressanta att få belysta. Som exempel gav han närvaron av underrättelse- och säkerhetspersonal eller militär personal från dessa stater i regionen vid den aktuella tidpunkten. Ett exempel på denna typ av material är den samling av foton och dokument från släktingar till den före detta nordrhodesiske polismannen Michael Cary som inkom via ambassaden i London. Mer om detta längre fram.

Även om mängden material i svenska arkiv är omfattande har stora delar av detta material gåtts igenom tidigare, inte minst av ambassadör Bengt Rösiö i hans utredning 1992–1993. Men en så bred och omfattande arkivsökning som mitt uppdrag inkluderade och som redovisades till FN, omfattande bland annat Krigsarkivet och arkiven hos Must, FRA och Säpo, har inte tidigare gjorts.

Det mest intressanta som kom fram under min översyn var å ena sidan det material som Krigsarkivet har i form av rapporter från svenska officerare och soldater i FN-tjänst i Kongo vid den aktuella tiden, å andra sidan rapporterna från de svenskar som deltog i det inledande rhodesiska utredningsarbetet, inte minst rapporterna från Säkerhetspolisens representanter.

De förra, rapporterna från svenska FN-soldater i Kongo, kan kanske inte sägas ha lett till någon dramatisk ny information, men delar och/eller enskilda element av dessa kan visa sig vara av intresse i det större pusslet. De senare, rapporterna från de svenska representanterna i utredningarna i Ndola, förefaller ha fått en ny relevans i ljuset av den nya information som framkommit de senaste åren.

Sammanfattningsvis kan sägas att dessa två grupper av material från de svenska arkiven bidrar med viktiga nyanser till den bild som i allt högre grad tonar fram, nämligen av ett ökande behov att omvärdera och ompröva de versioner av händelsen som presenterats i tidigare utredningar och som till stor del upprätthållits av viktiga aktörer fram till idag.

Materialet från de svenska militära arkiven förstärker bilden av att haveriet i Ndola ägde rum i en krigssituation och att detta förhållande har tenderat att tillskrivas alltför liten betydelse fram till nyligen. Rapporterna från svenskarna i Ndola förstärker föreställningen, eller snarare misstanken, om att det var andra faktorer i spel i omständigheterna kring haveriet än vad som hittills framkommit.

Tillsammans pekar dessa två grupper av material mot att orsaken till SE-BDY:s haveri med allt högre grad av sannolikhet står att finna i någon form av yttre påverkan, snarare än i det bekväma, men minst sagt oprecisa och inte med någon rimlig måttstock bevisade, begreppet "pilotfel".

Bilderna från den rhodesiske polismannen Cary, som Bring nämner och som vi ska återkomma till, tillför intressanta aspekter. Även om det inte skulle vara så att de hål i flygplanskroppen som syns på bilderna härrör från beskjutning av planet, utan från de provskjutningar som gjordes i den rhodesiska utredningen efter kraschen, så väcks frågor. Varför dyker bilderna upp först nu? Har bilderna undanhållits tidigare utredningar och i så fall varför? Befarade man att de skulle

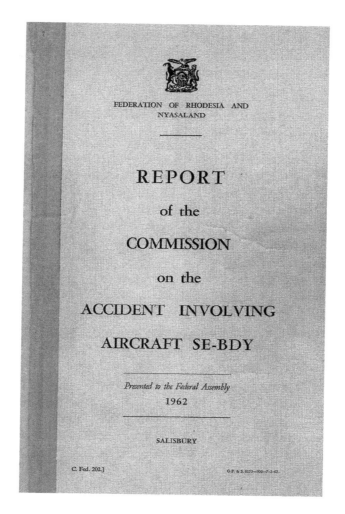

FEDERATION OF RHODESIA AND
NYASALAND

REPORT

of the

COMMISSION

on the

ACCIDENT INVOLVING

AIRCRAFT SE-BDY

Presented to the Federal Assembly
1962

SALISBURY

C. Fed. 202.]

G.P. & S. 6153—900—7-2-62.

Dagen efter kraschen i Ndola tillsatte myndigheterna i det kolonialt styrda Rhodesia en haverikommission i enlighet med kraven från ICAO (den internationella luftfartsorganisationen). Till ordförande utsågs den rhodesiska luftfartschefen Maurice Barber, som följde utvecklingen i flygledartornet den aktuella natten och hade möjlighet att ingripa. Han kunde emellertid ses som part i målet, och kritik om det olämpliga i att sätta "bocken som trädgårdsmästare" framfördes av de svenska observatörerna. Det officiella Rhodesia ville skydda sig mot anklagelser om försummelser eller deltagande i en sammansvärjning. När haverikommissionens rapport presenterades i januari 1962 konstaterade man att inga tekniska fel på planet kunde påvisas, att yttre påverkan var osannolik och att därmed den mänskliga faktorn torde ha varit avgörande, med andra ord pilotfel. Det var bekvämt att skjuta skulden på den svenska Transair-besättningen och FN.

föra betraktarens tankar i obekväm riktning, eller var det så att de visade något som inte borde visas? I varje fall stärker de inte föreställningen om pilotfel.

En bild av att SE-BDY:s haveri handlade om någon form av yttre påverkan framtonade allt tydligare under mitt arbete i arkiven.

Om planet, besättningen och möjligheten av en nödlandning

SE-BDY ägdes och opererades som framgått av det svenska flygbolaget Transair. Att planet och besättningen var svenska kom att utgöra grund för en uppfattning som torgförts från många håll, inte minst från rhodesisk sida, och som fortfarande sprids, senast av en belgisk general som FN-utredaren Othman var i kontakt med. Det handlar om uppfattningen att planet var illa underhållet samt att besättningen skulle ha varit ovan vid afrikanska förhållanden och dessutom slutkörd. Att inget av detta stämde har senare påvisats med all tydlighet.

Planet, "Albertina", hade innan haveriet sedan en tid använts av befälhavaren för FN:s styrkor i Kongo, den irländske generalen Sean Mac Eoin. Denne var utomordentligt nöjd med sin svenska besättning, och överste Jonas Wærn skriver om saken i sin bok om Kongo-operationen, *Katanga: svensk FN-trupp i Kongo 1961–62*. Enligt Mac Eoin hade besättningen "genomfört många svåra landningar och starter även på små, primitiva flygfält och med planets strålkastare som enda belysning. De hade också genomfört många flygningar under besvärliga väderleksförhållanden och under risk för beskjutning. Besättningen hade aldrig gjort några misstag". Wærn skriver att Mac Eoin fann det "helt otroligt att denna besättning, som var så väl medveten om sitt ytterst betydelsefulla uppdrag, skulle ha varit 'försumlig' vid just denna flygning".

Mac Eoin berättade också i sitt uttalande till den rhodesiska haverikommissionen (nr 63) att planet dagen före haveriet varit i Élisabethville, där det beskjutits, ett förhållande som är väl beskrivet i utredningar och litteratur, bland andra av Susan Williams och Maurin Picard. Mindre uppmärksammat är att planet den gången landade i Élisabethville under mörker och radiotystnad, och att enligt Mac Eoin "piloten var i visst tvivelsmål om flygfältet var det rätta [det fanns två i Élisabethville], och efter att ha cirkulerat några minuter beslöt han att med tända landningsljus flyga över fältet, som bara var markerat med fladdrande bloss. Han identifierade några av flygplanen på marken som FN-plan, och flög ut, vände och landade. Denna landning gjordes med utomordentlig skicklighet".

Dessa beskrivningar motsäger försöken att framställa besättningen som oerfaren och ovan vid förhållandena i Afrika.

En fråga som hör samman med den om besättningens skicklighet är möjligheten att det handlade om en nödlandning. Det är en fråga som aldrig diskuterades i de tidigare utredningarna men som nu tas upp av Othman och också av Bring. Med risk för upprepning vill jag här referera vad jag skrev om denna fråga i min rapport till UD:

Förutom den förutfattade uppfattningen på rhodesisk sida, och avsaknaden av diskussion om den politiska och militära kontexten, saknas också i de tidiga utredningarna en seriös diskussion om möjligheten att det handlade om ett försök till nödlandning som inte lyckades. Vare sig i Haverikommissionens eller i Undersökningskommissionens rapporter finns denna möjlighet omnämnd, och inte heller i den av FN tillsatta utredningen finns detta diskuterat.

Vad som talar för en dylik möjlighet är planets glidbana och vinkel den sista sträckan, samt den förhållandevis korta inbromsningssträckan, som tyder på en låg hastighet vid kontakten med träden/marken, som om man avsiktligt sökt landa i terrängen. Mot talar eventuellt att landningsställen var utfällda samt att strålkastarna inte var tända. En expertdiskussion av dessa faktorer hade varit på sin plats i utredningarna, oavsett vad man kommit fram till.

I detta sammanhang kan noteras en artikel i tidskriften Counterpunch från 11 januari 2019, där en amerikansk flygexpert intervjuas och går igenom kraschen med beaktande av möjligheten av en kontrollerad nödlandning. Han påpekar där att den förhållandevis korta haverigatan knappast tyder på vad som normalt kallas CFIT, Cotrolled Flight Into Terrain, (i motsats till nödlandning inte i avsikt att landa), då haverigatan i så fall enligt hans uppfattning skulle ha varit längre. Detta är ett av de få exemplen i hela litteraturen om kraschen i Ndola där möjligheten av en nödlandning diskuteras eller ens nämns, och enligt denne expert kan man mycket väl se kraschen som ett skickligt genomfört försök till nödlandning som dessvärre misslyckades, sannolikt till stor del beroende på krocken med en termitstack.

Med ett sådant synsätt borde enligt denne expert piloten och besättningen snarare hyllas för ett heroiskt och skickligt försök att sätta planet på marken i en svår situation, än klandras för att ha begått något slags pilotfel (som ändå ingen kunnat säga något bestämt om vari det skulle bestå).

Den etablerade föreställningen om pilotfel föreföll mig ha allt större brister ju längre jag trängde in i materialet.

Det politiska och militära sammanhanget

Othman noterar på ett tidigt stadium i sin rapport att de tidigare utredningarna har gett lite utrymme åt det politiska och militära sammanhanget. Detta korrigerar han nu och lyfter, liksom också Bring gör, fram denna aspekt. Bland annat ger Othman stort utrymme åt legosoldaternas roll. Han noterar i sin text att stora rhodesiska styrkor bara dagarna innan SE-BDY:s haveri dragits samman till gränsområdena mot Katanga, och inte minst till området nordväst om Ndola. Huvuddelen av det rhodesiska flygvapnet hade också baserats i Ndola dessa dagar.

Den brittiske ambassadören (*High Commissioner*) i Rhodesia lord Alport skrev om detta i sina memoarer: "Den omedelbara reaktionen hos Welensky [premiärministern i rhodesiska federationen] på den andra ronden [det vill säga FN:s operation *Morthor*, efter operation *Rumpunch* i Élisabethville] var att förflytta sin 'Europeiska bataljon' och pansarbilar till gränsen och att placera huvuddelen av RRAF [det rhodesiska flygvapnet] i Ndola."

Betydelsen av det politiska och militära sammanhanget kan också illustreras av vad överste Jonas Wærn skriver i sin ovan citerade bok (och som Othman också återger i sin rapport): "Man kan inte göra rimliga spekulationer i omständigheterna kring Hammarskjölds död, om man inte gör klart för sig att det rådde krigsförhållanden och att våra motståndare hela tiden strävade efter att döda FN-personal och skjuta ned våra flygplan. Utan den realistiska bakgrunden blir alla funderingar nonsens."

Till saken hör också att händelserna i Katanga utspelade sig i ett ytterst spänt läge mellan supermakterna i det kalla kriget. Att den internationella spänningen också kastade sina skuggor över Katanga framgår tydligt av den korrespondens som Hammarskjöld hade med den amerikanska statsledningen via FN-högkvarteret de sista dagarna och timmarna före kraschen (och som finns i Kungliga bibliotekets Hammarskjöld-samling).

Den 14 september 1961 rapporterade Ralph Bunche från FN-högkvarteret i New York till Hammarskjöld i Léopoldville att den amerikanske utrikesministern Dean Rusk just ringt honom och sagt att presidenten (John F. Kennedy) och Rusk var "extremely upset about UN action in Katanga" och att "UK is equally upset". Rusk varnade för att FN kunde förlora sitt stöd och att Katanga var "very dangerous" för stödet till FN. Han tillade att om FN-operationerna skulle leda till kommunistisk kontroll över Kongo "the congressional reaction would send Dean back to cotton picking in Georgia".

Hammarskjöld svarade Bunche den 15 september att "it is better for the UN to lose the support of the US ... than to survive as an agent". Hammarskjöld tillade: "What a page in UN history."

Detta utbyte fortsatte med nya kommentarer från Dean Rusk och Sir Alec Douglas-Home (den brittiske utrikesministern), som Hammarskjöld ansåg strida mot FN-stadgan och vara "politically most dangerous". Korrespondensen avslutades med att Hammarskjöld i sitt svar till Bunche den 17 september skriver: "waste of time to make comments."

Dessa telegram belyser den frostiga tonen mellan Hammarskjöld och de västliga stormakterna de aktuella dagarna. Förhållandet får en extra dimension av att det senare framkommit att USA hade möjlighet att i realtid avlyssna Hammarskjölds korrespondens. Ett hemligt avtal mellan CIA och den svenske kryptotillverkaren Boris Hagelin ska ha givit CIA direkt tillgång till allt som sändes från FN:s kryptomaskiner, som Hagelins firma levererat. En dold komponent i dessa maskiner gjorde att all trafik från dem gick inte bara till mottagaren utan också direkt till CIA. (Historien har beskrivits av Hagelins svåger, Sixten Svensson, i en bok som gavs ut 2016, *Borisprojektet: århundradets största spionkupp: NSA och ett svenskt snille lurade en hel värld*, och också bland annat i en artikel i Washington Post den 11 februari 2020 av Greg Miller: "The intelligence coup of the century".) Med tanke på att USA den ödesdigra natten i Ndola hade två militära DC-3:or fullspäckade med radioutrustning stående på flygplatsen i Ndola med motorerna igång hela natten är det nog inte orimligt att tänka sig att USA höll sig så väl underrättat man kunde om Hammarskjölds förehavanden dessa dagar.

Sverige och utredningarna

Mot bakgrund av att Sverige på så många sätt varit berört i frågan om kraschen i Ndola, och också spelat en central roll i tidigare utredningsarbete, var det inte onaturligt att Sverige också var initiativtagare när frågan på senare år åter fördes upp på FN:s dagordning. Sverige har sedan 2014 drivit resolutioner i generalförsamlingen för att föra utredningen framåt.

I arbetet med att gå igenom nationella arkiv 2018–2019 var Sverige också pådrivande och har strävat att så att säga föregå med gott exempel. Sverige var således det första landet att utse en nationell utredare. Sverige var också först med att avge en interimsrapport, liksom med att delge FN-utredaren Othman en slutrapport.

Sverige hade från de allra första dagarna efter SE-BDY:s haveri en viktig roll i utredningsarbetet, inte minst genom de svenska experternas närvaro i den rhodesiska haveriutredningen, vars arbete låg till grund för alla senare utredningar. Bring har ju också utförligt noterat deras insatser. Det finns dock en del att lägga till.

Inte minst finns det anledning att belysa nyanserna mellan å ena sidan den svenska synen, sådan den kom till uttryck i de svenska experternas arbete under utredningsskedet och i regeringens stöd för dessa experter under den tiden, och å andra sidan den svenska arbetsgruppens – och därmed regeringens – syn, sådan den sedan kom till uttryck i arbetsgruppens slutrapport. Här avtecknar sig inte obetydliga frågetecken.

De svenska experternas kritik

Redan på ett tidigt stadium fick de svenska experter som deltog i den rhodesiska haverikommissionens arbete anledning att rikta kritik mot det sätt på vilket utredningen bedrevs. Mycket av deras kritik är fortfarande relevant för den pågående FN-utredningen. Detta gäller inte minst de tre områden som av FN-utredaren angivits som fokusområden: information som handlar om ifall det fanns mer än ett flygplan i luften; om SE-BDY fattade eld före kraschen; om det besköts eller på annat sätt stördes av annat flygplan; liksom information om avlyssning av kommunikationer samt berörda tjänstemäns och myndigheters agerande (härmed avses främst rhodesiska och brittiska aktörer).

Just arbetet i haverikommissionen är av särskilt intresse i sammanhanget, eftersom mycket av arbetet bedrevs i nära anslutning till haveriet, både i tid och i rum. Materialet har karaktären av primärmaterial, inte minst i förhållande till både undersökningskommissionen och FN-kommissionen, vilka båda kan karaktäriseras som verbala bearbetningar av haverikommissionens resultat.

Den svenska luftfartsstyrelsens representant i den rhodesiska haverikommissionen var förste byråingenjör Åke Landin, och han var liksom envoyé Eyvind Bratt vid den svenska legationen i Pretoria officiell svensk observatör i arbetet i kommissionen. Landin hade i sin tur kallat till sig kriminalkommissarien Otto Danielsson som expert. Danielsson skulle senare bli rikskänd som mannen som avslöjade spionen Wennerström. Både Bratt och Landin var kritiska till kommissionens arbete på ett tidigt stadium, men den mest kritiske var Danielsson.

På rhodesisk sida var man måttligt förtjust i att svenskarna kallat in en kriminalpolis. Det stred mot rhodesiernas från första dagen uttalade uppfattning att det hela handlade om en vanlig flygolycka, orsakad av pilotfel.

Danielsson utvecklade på ett tidigt stadium en hypotes om att det handlade om inte bara ett utan två olika eldsken på himlen i anslutning till att planet kraschade. Flera ögonvittnen berättade att ett eldsken hade observerats mindre än en minut efter det att planets ljus förvunnit sedan det passerat tvärs över landningsbanan i Ndola på sin väg mot den "päronsväng" som ingick i den föreskrivna landningsproceduren. Ett andra eldsken hade observerats tre eller fyra minuter senare, i en bäring längre västerut än den första och som sammanföll med haveriplatsen.

Vad som ger dessa vittnesmål en i sammanhanget särskild karaktär är att det här inte handlade om afrikanska vittnen, vilka av de rhodesiska utredarna systematiskt avfärdades som opålitliga eller politiskt influerade, utan om vita rhodesier som gjort sina observationer på tre olika ställen i Ndola. Utgående från deras observationspunkter ansåg Danielsson att platsen för det första eldskenet inte kunde vara identisk med nedslagsplatsen, utan låg betydligt längre österut.

Svenskarna gjorde flera framställningar om att saken borde undersökas närmare och föreslog experiment med ljusraketer, men dessa förslag accepterades aldrig av undersökningsledaren. Inte heller accepterades deras förslag om att material från vraket borde smältas ner för att se om det innehöll främmande element som kulor eller splitter. Bratt och Landin skrev ett gemensamt memorandum om dessa och en rad andra punkter, som de överlämnade till haverikommissionen den 21 oktober 1961.

I detta memorandum omnämns också möjligheten av beskjutning från luftvärn förlagt på andra sidan gränsen mot Katanga. Det är värt att notera i ljuset av vad som några år senare kom att anföras från UD:s sida mot amerikanen Charles Southalls utsaga till en svensk diplomat i Rabat 1967. Mer om detta nedan.

Beträffande möjligheten av att eld utbrutit ombord före kraschen skrev haverikommissionen att så inte var fallet: "Fire had not occurred prior to impact." Landin ville ändra detta till "no signs of fire before impact were found". Detta accepterades inte.

Beträffande eventuella kulhål konstaterade Landin att "flygplanet var så allvarligt skadat att det förhållandet att inga kulhål upptäcktes inte kan tas till intäkt för att bevisa att inga sådana hål fanns".

En särskild undersökning, som kom att göras den 25 oktober efter svenska påstötningar, var provskjutningar mot flygplansplåt (*duraluminium sheets*) för att utröna hur kulhål skulle te sig med olika beskjutningsvinklar. Svenskarna hade velat att detta skulle göras mot plåt från planet, men detta medgavs inte, utan enbart mot liknande plåt. Resultaten lär enligt Danielssons anteckningar ha gett den brittiske representanten i kommissionen en del att fundera på. Bilder togs och en rapport om provskjutningarna utlovades av den rhodesiske polismannen Cary, men någon sådan rapport har inte kunnat återfinnas.

Ytterligare en undersökning bestod av provflygningar i mörker. Transair sände ner ett särskilt flygplan för ändamålet och fem provflygningar gjordes den 8 oktober. Danielsson, som följde med på provflygningsplanet, konstaterade att "piloten inte kan ha misstagit sig på avståndet till Ndola och den upplysta flygplatsen så mycket att han kan ha trott, att han uppe vid olycksplatsen måste gå ned så lågt för att kunna genomföra landningen. Ljusen från Ndola och flygplatsen syntes nämligen hela tiden efter varje vändning som gjordes". De påståenden som senare gjorts om att det fanns en ås som skymde sikten till flygplatsen bör jämföras med detta konstaterande.

Danielsson fortsatte under hela utredningstiden att vara upptagen av frågan om det handlade om två olika ljussken i skyn, vid två skilda geografiska punkter och vid två skilda tillfällen i tiden. I en skrivelse den 5 januari 1962 ställde han ett antal frågor till det svenska flygvapnet om de olika ljusskenen, och i sitt svar den 22 januari diskuterade flygvapnets expert i detalj dessa frågor.

I flygvapnets PM konstateras att mycket tyder på att det handlar om två olika tidpunkter, att det första ljusfenomenet knappast kan härröra från mynningsflammor vid eldgivning eftersom avståndet torde ha varit för stort för att sådana skulle synas. Flygvapnet bedömde att det inte heller tyder på bombbrisader, då dessa avger ett vitt sken och det här handlade om ett rött sken. Möjligheten av avgasflammor från flygplan med stort motorpådrag nämns, liksom möjligheten av spårljus, som lätt kan förorsaka brand. Avslutningsvis rekommenderar flygvapnet starkt försök med ljusraketer för att fastställa de olika riktningar i vilka fenomenen setts. Men några sådana försök kom aldrig till stånd på grund av motstånd från de rhodesiska utredarna.

Den svenska regeringens kritik

Föreställningen att det handlade om en olycka, och en olycka förorsakad av pilotfel, karaktäriserade arbetet i haverikommissionen från första början, och detta var något som svenskarna som deltog i undersökningen fann utomordentligt besvärande.

Den svenska regeringen delade sina experters uppfattning, och dessa instruerades på ett tidigt stadium att tillförsäkra att alla tänkbara orsaker till kraschen undersöktes grundligt. Den rhodesiske översten Maurice Barber, som ledde haverikommissionen, frågade bara två veckor efter kraschen om svenskarna önskade fortsätta utreda möjligheten av sabotage. Den 3 oktober 1961 utfärdade den svenska regeringen en instruktion till de deltagande svenskarna som svar på detta: "Den svenska regeringen önskar att alla tänkbara teorier om orsaken till olyckan undersöks i alla deras aspekter och förväntar sig att alla möjliga orsaker till kraschen grundligen presenteras och övervägs i utredningens rapport", hette det i instruktionen.

Den svenska regeringen fortsatte att vara klart kritisk till arbetet i haverikommissionen. Detta framgår bland annat av en föredragningspromemoria inför regeringen den 13 oktober, av dåvarande chefen för politiska avdelningen på UD Sverker Åström, som säger att "efterspaningarna och räddningsarbetet efter olyckan i hög grad fördröjdes genom rhodesiskt förvållande. Ej heller har undersökningskommissionens hittillsvarande arbete skötts på ett oklanderligt sätt". Dessa formuleringar kan jämföras med den svenska arbetsgruppens mer utslätande ordalag några månader senare (se nedan.)

Den svenska regeringen lade också fram ett papper med kommentarer till den rhodesiska undersökningskommissionens slutrapport. Detta papper, som daterats den 26 februari 1962, upptar tre sidor med detaljerade synpunkter. Inledningsvis noteras det lätta tillträde till haveriplatsen som journalister och fotografer hade och det konstateras att det inte kan uteslutas att föremål kan ha försvunnit från platsen.

Papperet kritiserar också kommissionens diskussion av yttranden från Harold Julien – den ende ombord som var vid liv efter kraschen – samt det sätt på vilket man hanterade möjligheten av sabotage. Särskilt noteras beträffande frånvaron av radiomeddelanden från planet att "svenska experter på flygolyckor anser att radiomeddelanden från en besättning i en akut nödsituation vanligtvis inte erhålles". Vidare står att "Kommissionen inte diskuterar möjligheten av störning från annat flygplan som inte innebär eldgivning" och att "det katangesiska flygplan av typen DeHavilland Dove som [den amerikanske flygattachén] överste Matlick nämnt borde ha tagits i beaktande".

Papperet kritiserar kommissionens slutsatser som "delvis bristfälliga och enligt vår mening inte övertygande på alla punkter".

Den svenska regeringen kritiserade också den rhodesiska undersökningskommissionen i det svenska slutanförandet inför FN-kommissionen den 27 februari

1962. Där konstaterade den svenske delegaten Axel Edelstam att "alla möjliga orsaker ... måste bli noggrant undersökta", och att "den svenska regeringen kan inte hålla med helt om vad som sägs i rapporten". Edelstam fortsatte med att citera den svenska regeringens rättsliga representant i kommissionen, som sa att "det kan inte sägas med någon säkerhet att pilotfel bidragit till kraschen".

Men ett par månader senare skulle tonläget ändras.

Den svenska arbetsgruppen

Som Bring beskrivit beslöt den svenska regeringen den 16 november 1961 att tillsätta en svensk arbetsgrupp under ledning av justitiekanslern Sten Rudholm för att granska och värdera det material som samlats in om kraschen. I ett uttalande i riksdagen sade statsminister Erlander att uppgiften var att "kritiskt granska". Den svenska arbetsgruppen lämnade sin rapport samma dag som FN-kommissionen.

Den rhodesiska haverikommissionen kom i sin slutrapport, som presenterades den 11 januari 1962, fram till att det utifrån bevismaterialet inte går att bestämma en specifik eller definitiv orsak. Därefter listar man olika möjligheter, och säger att ordningen inte anger någon grad av prioritet. Man börjar med att ange yttre påverkan, som man dock i en kommentar säger är en "osannolik möjlighet". Därpå kommer tekniskt fel, som avfärdas, och slutligen piloternas roll. I en kommentar härtill sägs att detta är den "troliga orsaken".

Haverikommissionen gjorde alltså ändå en prioritering, men lämnade likväl möjligheten öppen om orsaken till kraschen i själva verket kunde vara något annat än pilotfel.

Det gjorde inte den rhodesiska undersökningskommissionen, som i sin rapport entydigt slog fast slutsatsen "att förarna under landningsmanövern tillåtit flygplanet att komma ned på för låg höjd".

FN-kommissionen, å andra sidan, fann "inget bevis för att stödja någon av de enskilda teorierna" och noterade att "FN:s och de svenska experterna ... också uttryckte uppfattningen att det var omöjligt att utesluta någon av de möjliga orsakerna, eller etablera en prioritetsordning mellan dessa". Rörande begreppet pilotfel var FN-kommissionen tydlig: den "fann ingen indikation på att detta var den sannolika orsaken till kraschen."

FN-kommissionen presenterade sin rapport den 2 maj 1962. Den svenska regeringens arbetsgrupp presenterade sin rapport samma dag som FN-kommissionen.

Den svenska arbetsgruppen anslöt sig emellertid i sin rapport till regeringen inte till FN-kommissionens skrivningar i centrala avseenden. Istället gjorde arbetsgruppen – förvånande nog – en prioritering mellan möjliga orsaker i det att man skrev att "den minst troliga av möjliga och rimliga orsaker till kraschen var en attack eller störning från ett annat flygplan, nedskjutning eller ... eld ombord".

När det kom till begreppet pilotfel var den svenska arbetsgruppen mindre försiktig än FN-kommissionen. Istället för att säga som den senare, som inte fann *någon indikation* på pilotfel, kom den svenska arbetsgruppen till slutsatsen att det "inte fanns *några direkta bevis* att kraschen orsakats av pilotfel av det ena eller det andra slaget" (min kursivering).

Trots all den kritik mot de rhodesiska utredningarna som jag ovan redogjort för, från både svenska experter och från den svenska regeringen, kom den svenska arbetsgruppen alltså fram till resultat som på avgörande punkter låg närmare de rhodesiska utredningarna än FN-utredningen. Arbetsgruppens slutliga skrivningar kom att luta mer åt pilotfel än vad FN-utredningens gjorde.

Den svenska arbetsgruppens uppdrag var att "granska och värdera det material om flyghaveriet som är och blir tillgängligt" och "tillhandahålla regeringen de slutsatser rörande omständigheterna vid haveriet och dess möjliga orsak, som den må komma fram till". Som tidigare nämnts använde statsminister Erlander i riksdagen också orden "kritiskt granska" i sammanhanget.

Men när arbetsgruppen presenterade sin rapport hade den omformulerat och begränsat sitt mandat. Det var inte längre fråga om att granska och utvärdera, än mindre att "kritiskt" granska. Istället säger gruppen att den "anser sig icke böra framlägga någon sådan egen bedömning av orsaken till haveriet, som skulle kunna sägas innebära en omprövning eller överprövning av de resultat som de tre utredningskommissionerna kommit till". Med hänvisning till att gruppen endast haft tillgång till det skriftliga materialet från de andra undersökningarna säger den att en värdering enbart på grundval av detta "måste ... framstå som otillförlitlig och osäker". Därför lägger gruppen endast fram "vissa allmänna synpunkter på utredningsförfarandet och en sammanfattning av utredningsresultatet".

Med tanke på att gruppen haft egna representanter – från UD, Luftfartsstyrelsen och Statspolisen – i de båda rhodesiska utredningarna och i FN:s utredning, och inte minst i haverikommissionens arbete – framstår denna begränsning i efterhand som egendomlig och förklaringen något konstruerad, särskilt med tanke på statsministerns ord i riksdagen. Det har inte gått att finna någon klarhet i gruppens efterlämnade papper – inte heller finns någon i gruppen kvar att intervjua.

Den kritik av de rhodesiska utredningarna som var ledmotivet i de svenska deltagarnas verksamhet fann i bara ytterst begränsad utsträckning sin väg in i den svenska arbetsgruppens slutrapport. Efter att ha efterlyst avsaknaden av polisär expertis i haverikommissionen och konstaterat att det starkt kunde ifrågasättas om Barber i egenskap av chef för den rhodesiska luftfartsmyndigheten borde ha ingått i kommissionen – ett förhållande som man dock säger "icke synes ha obehörigt inverkat på kommissionens arbete" – säger arbetsgruppen helt sonika: "Haverikommissionens arbetssätt synes icke ge anledning till befogad kritik."

Om undersökningskommissionen sägs att "förfarandet ... fyllde i fråga om objektivitet och fullständighet högt ställda anspråk". Arbetsgruppen noterade att det förelåg olikhet i advokatarbetet mellan de olika företrädarna, men att denna notering inte skulle tolkas som kritik, utan bara gjordes för att bemöta "några svenskar" som hörts av kommissionen och som sett dessa olikheter som tecken på brist på objektivitet. Därmed kritiserade arbetsgruppen alltså istället de svenskar som varit kritiska mot kommissionen!

Denna kritik utvecklades när arbetsgruppen diskuterade FN-kommissionens arbete, som den inte hade några synpunkter på, annat än en notering om att "förfarandet inför kommissionen icke innefattade sådan prövning av vittnenas trovärdighet, som enligt anglosaxiskt [!] mönster sker genom växelvisa advokatförhör". Däremot tog man här tillfället att ta avstånd från den teori om att planet skjutits ner som framlades inför kommissionen av "en teknisk expert i Transairs tjänst".

Skillnaderna mellan den svenska arbetsgruppens och FN-kommissionens skrivningar gick i stort sett obemärkta förbi när de båda rapporterna presenterades i maj 1962. I den svenska pressen var det bara Upsala Nya Tidning som noterade att FN-kommissionen hade kritiserat de rhodesiska kommissionerna, medan någon motsvarande kritik inte återfanns i den svenska arbetsgruppens rapport.

Vad kunde ligga bakom denna svenska positionsförskjutning? Varför ville den svenska regeringen nu, efter att från första början ha delat och stött sina egna experters kritik, tona ner denna och släta över? Här är fältet öppet för spekulationer. Ansåg regeringen att det fanns viktigare saker att avhandla med de stora västmakterna än frågan om Hammarskjölds död? Fick man några signaler om detta? Noteras kan att det var just vid denna tid som USA utfärdat sin första ensidiga säkerhetsgaranti till Sverige (vilket hölls hemligt av amerikanerna, även för det officiella Sverige).

Eller handlade det bara om slarviga och ogenomtänkta formuleringar från svensk sida? I så fall var detta något ytterst ovanligt för svenska UD, inte minst under den tid då personer som Östen Undén och Sverker Åström spelade en central roll. Eller var det så som Bring antyder, att förfarandet bara följde svensk förvaltningsrättslig praxis och var och en levde upp till sin yrkesroll: domarna till att se till att det blev rättsligt oantastligt och diplomaterna till att så långt som möjligt undvika konflikter?

Ingen finns kvar att fråga om hur det förhöll sig. Och ingen har lämnat några ledtrådar i memoarer eller skrifter. Erlanders memoarer berör givetvis Hammarskjölds död men säger föga om FN-kommissionen och arbetsgruppen. Yngve Möllers biografi om Undén lämnar heller inga svar.

Värt att notera i sammanhanget är att Danielsson, som var den kanske mest kritiske svenske deltagaren i undersökningsarbetet, inte med ett ord yppade någon kritik när han den 3 maj 1962 intervjuades av Expressen sedan arbetsgruppens rapport offentliggjordes. Rubriken till Expressens intervju löd "Svenska regeringens utsände: Ingenting kan bevisas om olyckan". I artikeln säger Danielsson: "Jag har inte kunnat komma till någon slutsats som avviker från vad som nu officiellt kungjorts. Det gick helt enkelt inte att ge någon viss teori prioritet, än mindre att bevisa något. Vi fick bedriva vår undersökning som vi önskade. Ingen försökte hindra oss." Tillfrågad om hur han förklarade att flera vittnen framträdde vid de offentliga förhören och bland annat påstod sig ha sett två flygplan i luften avfärdade Danielsson dessa uppgifter som otillförlitliga: "Tyvärr bör man nog inte lita på dessa uppgifter, även om de är lämnade i god tro."

Dessa uttalanden framstår som svårförklarliga, då de kom från en person som under hela utredningsarbetet varit ytterst kritisk mot det sätt på vilket arbetet bedrevs. En antydan till avvikelse från arbetsgruppens skrivningar kan möjligen tolkas in i Danielssons ord om att det inte gick att ge någon viss teori prioritet (vilket var just vad arbetsgruppen, men inte FN, gjort genom att karaktärisera yttre påverkan som den minst sannolika orsaken).

Senare handlingar i arkivmaterialet visar att Danielsson likväl fortsatte att ha misstankar om att yttre faktorer spelat in. Varför uttalade han då sig som han gjorde till Expressen? Handlade det helt sonika om en lojal svensk statstjänsteman som höll sig till en linje som hans överordnade lagt fast?

Haverigatan

Den ursprungliga haverirapporten, utförd av myndigheterna i Rhodesia och Nyasaland, innehöll flera kartor och situationsplaner. De kom senare att ingå i FN-rapporten 1962.

Den 260 meter långa haverigatan mättes ut och beskrevs med hjälp av ett rutnät i vilket omkomna och föremål ritades in tillsammans med korta texter.

Den ursprungliga haverirapporten togs fram i ett mycket begränsat antal exemplar, här exemplar nummer nio.

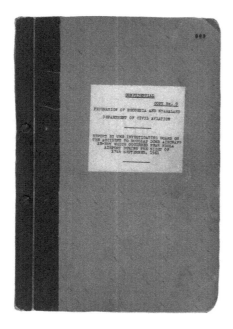

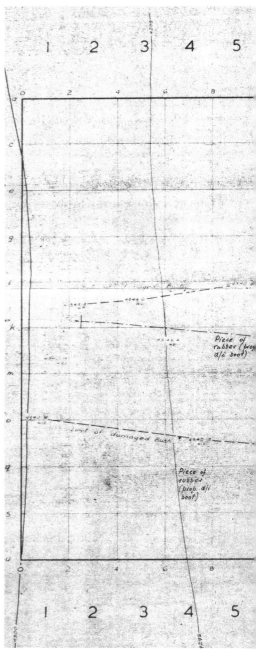

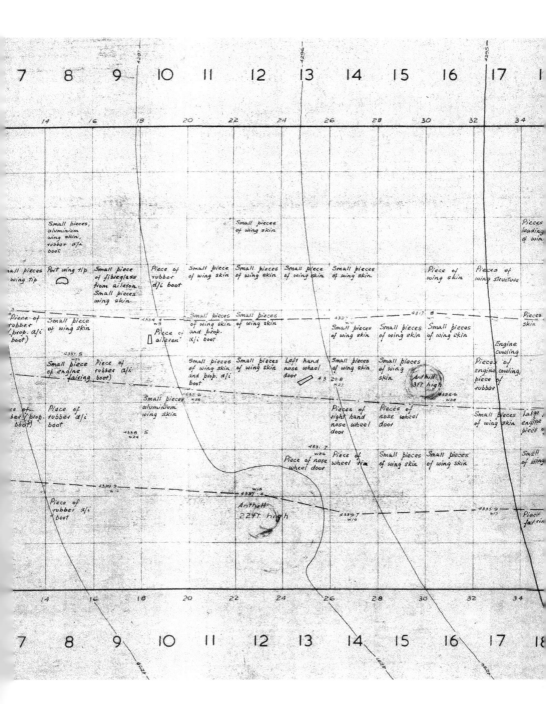

Grid column labels (top): 19 20 21 22 23 24 25 26 27 28 29

Grid scale (upper): 36 38 40 42 44 46 48 50 52 54 56 58

Labels on map:

- Ant hill 12 ft high
- Small pieces of cowl flap
- Small pieces of wing skin
- Small pieces of wing skin
- Small pieces of wing skin
- Propeller blade (No I engine)
- Pieces of wing spar, inspection panel cover
- Small pieces of wing skin
- Small pieces of wing skin
- Small pieces of wing skin
- Pieces of wing skin
- Pieces of port wing fuel tanks
- Pieces of port wing fuel tanks
- Small pieces of wing skin
- Piece of aileron
- Large pieces of port wing tank. Centre of local fire
- Piece of wing tank baffle
- Pieces of wing skin & fibre glass dome
- Fibreglass ducting 296 0 W36
- Pieces of wing skin and engine cowling
- Propeller blade (No.I engine)
- Aileron trim tab. Piece of wing
- No.1 fuel tank filler
- Pieces of fuel tanks
- Large piece of port wing
- Piece of port outer mainplane damaged
- Small pieces of wing skin
- Flame joint
- Piece of wing tank baffle
- Small pieces of wing skin
- Piece of outer wing joint
- Part of aileron
- Small pieces of wing skin
- Piece of port outer mainplane
- Piece of port outer mainplane
- Piece of ducting
- Pieces of metal skin
- Main wheel rim 4331 2 W36
- Piece of wing skin
- Small pieces of wing skin
- Pieces of wing skin. Trim tab
- Piece of leading edge of wing
- Small pieces of wing skin
- Piece of nose wheel door. Pieces of spar and wing skin
- Pieces of spar & fibre glass ducting
- Pieces of metal skin
- Engine cowling 4331 2 W36
- Piece of wheel rim
- Small pieces of wing skin
- Small pieces of wing skin
- Pieces of metal wreckage
- Pieces of wing skin
- Ventilation duct. Piece of wing skin
- Piece of wing skin 4320 0 W30
- Piece of nose wheel door hinge
- Pieces of wing skin
- Small pieces of wing skin
- Small pieces of wing skin
- Red fibre gasket
- Pieces of wing skin
- 3 pieces of wing 431 48 W32
- Piece of port aileron
- Piece of pieces of wing skin
- Flap hinge
- Piece of nose wheel door
- Small pieces of wing skin
- Small pieces of tailplane leading edge
- Small pieces of metal skin from wing or fuselage
- Main landing gear bungee string. Small pieces of tailplane skin
- Small pieces of nose wheel door unit engine cowling. Piece of red light screen 4331 13 W19
- Tip of port tailplane. Small pieces of wing skin
- Belly air scoop
- Small pieces of wing skin
- Small pieces of metal skin
- Distributor cap
- 4324 11 W10
- Tip of elevator
- Piece of wing
- Piece of wing
- Small pieces of wing skin 4332 8 1 W24
- Limit of damage
- Small pieces of wing skin

Grid scale (lower): 36 38 40 42 44 46 48 50 52 54 56 5

Grid column labels (bottom): 19 20 21 22 23 24 25 26 27 28 29

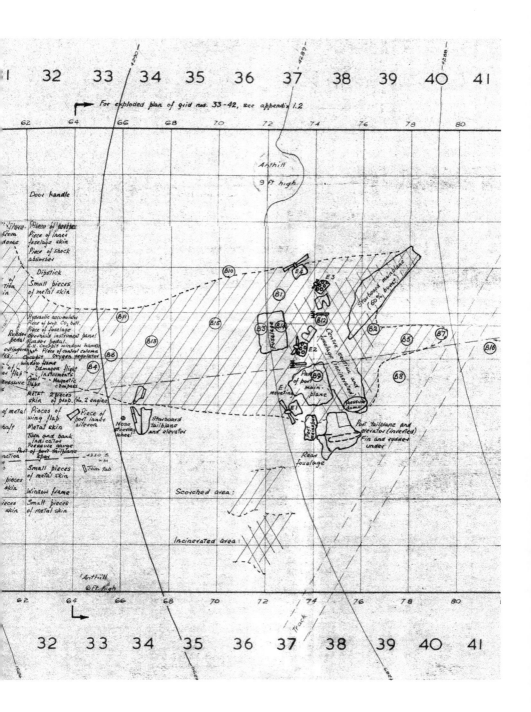

Vänster vinge slogs av mot en närmare fyra meter hög termitstack – ett missvisande namn på termiternas bon av lera hård som betong.

WRECKAGE PLA

ACCIDENT TO DOUGLAS DC-6B

SCALE: 1 INCH TO 20 FEET.

| 1 | 2 | 3 | 4 | 5 | 6 | 7 | 8 | 9 | 10 | 11 | 12 | 13 | 14 | 15 | 16 | 17 | 18 | 19 | 20 | 21 |

Den vänstra vingspetsen slogs tidigt av. Flygplanet befann sig i en vänstersväng och lutade lätt i sidled, med vänster vinge pekande mot marken.

De omkomnas placering – som visas med bokstaven "B" som i body, kropp, följt av en siffra – visade hur flygplanet vridit sig sedan det slagits sönder mot termitstackarna.

Den vänstra vingens bränsletank slets ut och fattade eld. DC-6:an var fulltankad när den lyfte från Léopoldville för att kunna återvända utan tankning. Den stora mängden bränsle orsakade en ovanligt våldsam brand som smälte det mesta av aluminiumet i flygplanskroppen.

En annan termitstack slog sönder flygplanet ytterligare. Människorna ombord kastades ut tillsammans med vrakdelarna i en hastighet av över 200 km/tim.

Höger vinge var relativt intakt, med rätt sida upp, och visar hur flygplanet vred sig efter kollisionen med termitstackarna så att nosen till slut pekade mot norr.

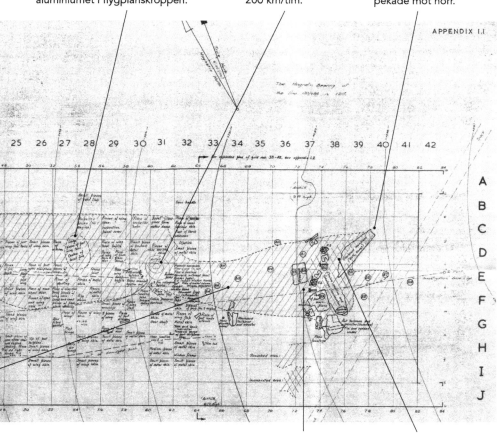

Landningsställens ståldelar klarade branden, medan däck och fälgar förintades. DC-6:ans landningsställ var uppenbarligen utfällt och förberett för landning när haveriet inträffade.

Landningsljuset på den högra vingen var intakt. Det visade sig vara infällt, det vill säga nedsläckt, när planet kraschade.

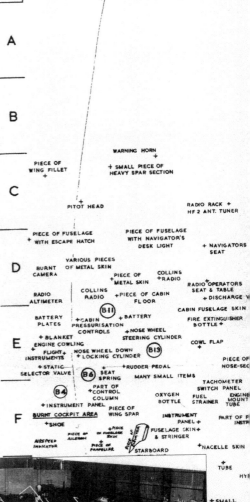

Vraket berättar

De omkomnas placering kring vraket visades på en särskild situationsplan i den ursprungliga haveriutredningen, som sedan återgavs i FN-rapporten 1962. Kropparna markeras med "B" som i body, kropp, och motordelarna med "E" som i engine, motor. Flera kroppar var svårt brända och identifieringen tog tid.

Vrakresterna samlades för vidare analys i en hangar enligt den praxis som tillämpas vid haverier. Bilden från den ursprungliga haveriutredningen består av ett antal sammanfogade foton.

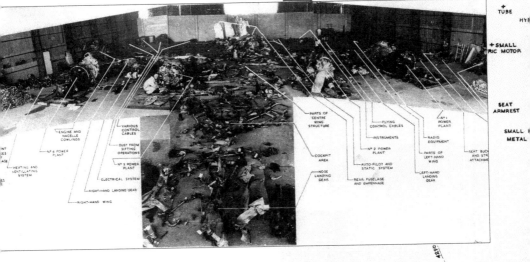

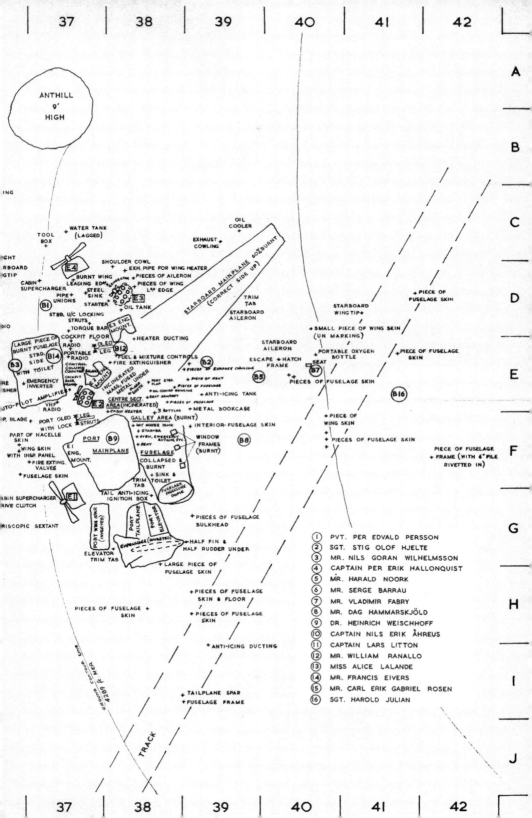

ANTHILL
9'
HIGH

37 38 39 40 41 42

A

B

C

TOOL
BOX
+ WATER TANK
(LAGGED)

OIL
COOLER

EXHAUST
COWLING

SHOULDER COWL
+ EXH. PIPE FOR WING HEATER
BURNT WING
LEADING ED⁵⁵
+ PIECES OF AILERON
+ PIECES OF WING
L⁵⁶ EDGE

E4

CABIN
SUPERCHARGER
PIPE
UNIONS
STEEL
SINK
STARTER
+ OIL TANK

E3

STARBOARD MAINPLANE 60% BURNT)
(CORRECT SIDE UP)

TRIM
TAB
STARBOARD
AILERON

STARBOARD
WINGTIP+

+ PIECE OF
FUSELAGE SKIN

D

B1

STBD. U/C LOCKING
STRUTS
+ TORQUE BAR
E3 ENG.
MOUNT.
+ HEATER DUCTING

COCKPIT FLOOR
RADIO
PORTABLE
RADIO
+ OLEO
LEG
B12

STARBOARD
AILERON
+ SMALL PIECE OF WING SKIN
(UN MARKING)

PORTABLE OXYGEN
BOTTLE

+ PIECE OF WING SKIN
(UN MARKING)

+ PIECE OF FUSELAGE
SKIN

LARGE PIECE OF
BURNT FUSELAGE
STBD.
SIDE
WITH TOILET
B14
+ FUEL & MIXTURE CONTROLS
+ FIRE EXTINGUISHER
B2
+ PIECE OF EXHAUST COWLING

ESCAPE + HATCH
FRAME
B5
+ SEAT
B7

E

B3

EMERGENCY
INVERTER
AUTO-PILOT AMPLIFIER
VHF
RADIO

E3 ENG.
MOUNT.
COCKPIT
DOOR
FRAME
INCINERATED
MASS. FUSED
METAL UNDER
+ PART STBD.
FLAP
+ SEAT ARMREST
+ OIL COOLER COWLING
+ PIECE OF SEAT
+ PIECE OF FUSELAGE
+ SEAT ARMREST

STARBOARD
AILERON
PIECES OF FUSELAGE SKIN

B16

PISHER
CENTRE SECT.
AREA (INCINERATED)
+ PIECES OF FUSELAGE
+ METAL BOOKCASE
+ ANTI-ICING TANK

F

P. BLADE
+ PORT OLEO
WITH LOCK
+ LEG
STRUTS
+ CABIN HEATER
3 BOTTLES

GALLEY AREA (BURNT)
+ HOT WATER TANK
+ STARTER
+ OVEN, EMERGENCY
RATION ETC.
+ SEAT
+ INTERIOR FUSELAGE SKIN
+ PIECE OF
WING SKIN

+ PIECES OF FUSELAGE SKIN

WING SKIN
WITH INSP. PANEL
E1
ENG.
MOUNT.
PORT
B9
MAINPLANE

+ PART OF NACELLE
SKIN
+ FIRE EXTING.
VALVES
+ FUSELAGE SKIN

FUSELAGE
COLLAPSED &
BURNT
+ WINDOW
FRAMES
(BURNT)
B8

CABIN SUPERCHARGER
DRIVE CLUTCH
E1

TRIM
TAB
+ SINK &
TOILET

TAIL ANTI-ICING
IGNITION BOX

PIECE OF FUSELAGE
+ FRAME (WITH 6" PILE
RIVETTED IN)

PERISCOPIC SEXTANT

PORT WING SPAR
(INVERTED)
PORT
TAILPLANE
PORT
ELEVATOR

+ PIECES OF FUSELAGE
BULKHEAD

EMPENNAGE (INVERTED)

+ HALF FIN &
HALF RUDDER UNDER

G

ELEVATOR
TRIM TAB

+ LARGE PIECE OF
FUSELAGE SKIN

① PVT. PER EDVALD PERSSON
② SGT. STIG OLOF HJELTE
③ MR. NILS GORAN WILHELMSSON
④ CAPTAIN PER ERIK HALLONQUIST
⑤ MR. HARALD NOORK
⑥ MR. SERGE BARRAU
⑦ MR. VLADIMIR FABRY
⑧ MR. DAG HAMMARSKJÖLD
⑨ DR. HEINRICH WEISCHHOFF
⑩ CAPTAIN NILS ERIK ÅHREUS
⑪ CAPTAIN LARS LITTON
⑫ MR. WILLIAM RANALLO
⑬ MISS ALICE LALANDE
⑭ MR. FRANCIS EIVERS
⑮ MR. CARL ERIK GABRIEL ROSEN
⑯ SGT. HAROLD JULIAN

H

PIECES OF FUSELAGE
SKIN

+ PIECES OF FUSELAGE
SKIN & FLOOR

+ PIECES OF FUSELAGE
SKIN

+ ANTI-ICING DUCTING

I

GROUND CONTOUR LINE
4289 Ft MER
TRACK

+ TAILPLANE SPAR
+ FUSELAGE FRAME

J

37 38 39 40 41 42

Kropparna av dem
som satt längst
fram i flygplanet
återfanns först i
haverigatan tillsam-
mans med resterna
av cockpit.

Radiooperatören
Karl Erik Rosén åter-
fanns intill DC-6:ans
radioutrustning.

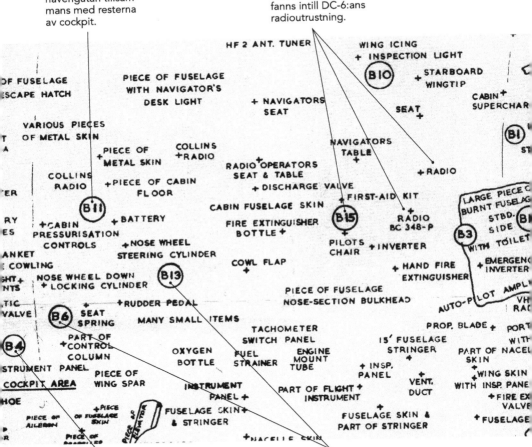

HF 2 ANT. TUNER

WING ICING
+ INSPECTION LIGHT

B10

+ STARBOARD
WINGTIP

OF FUSELAGE
ESCAPE HATCH

PIECE OF FUSELAGE
WITH NAVIGATOR'S
DESK LIGHT

+ NAVIGATORS
SEAT

SEAT
+

CABIN+
SUPERCHAR

VARIOUS PIECES
OF METAL SKIN

NAVIGATORS
TABLE
+

B1
ST

+ PIECE OF
METAL SKIN

COLLINS
+RADIO

RADIO OPERATORS
SEAT & TABLE

+RADIO

COLLINS
RADIO

+PIECE OF CABIN
FLOOR

+ DISCHARGE VALVE

+FIRST-AID KIT

LARGE PIECE O
BURNT FUSELAG

B11

CABIN FUSELAGE SKIN

B15

RADIO
BC 348-P

STBD.
SIDE
WITH TOILET

B

RY
ES

+CABIN
PRESSURISATION
CONTROLS

+ BATTERY

FIRE EXTINGUISHER
BOTTLE+

+NOSE WHEEL
STEERING CYLINDER

PILOTS
CHAIR

+INVERTER

B3

ANKET
COWLING

COWL FLAP
+

+ HAND FIRE
EXTINGUISHER

+EMERGENC
INVERTER

HT+
NTS

NOSE WHEEL DOWN
+ LOCKING CYLINDER

B13

PIECE OF FUSELAGE
NOSE-SECTION BULKHEAD

AUTO-PILOT AMPL

VH
RAC

TIC
VALVE

B6

+RUDDER PEDAL

SEAT
SPRING

MANY SMALL ITEMS

TACHOMETER
SWITCH PANEL

PROP. BLADE +

PORT

B4

PART OF
+CONTROL
COLUMN

OXYGEN
BOTTLE

FUEL
STRAINER

ENGINE
MOUNT
TUBE

15' FUSELAGE
STRINGER
+

PART OF NACEL
SKIN

STRUMENT PANEL

COCKPIT AREA

PIECE OF
WING SPAR

+ INSP.
PANEL

VENT.
DUCT

+WING SKIN
WITH INSP. PANE

HOE

+PIECE
OF FUSELAGE
SKIN

INSTRUMENT
PANEL +

PART OF FLIGHT +
INSTRUMENT

+ FIRE EX
VALVE

PIECE OF
AILERON

PIECE OF
RADIATOR

FUSELAGE SKIN+
& STRINGER

FUSELAGE SKIN &
PART OF STRINGER

+ FUSELAGE

PIECE OF

+NACELLE SKIN

Piloten Per-Erik
Hallonquist åter-
fanns invid resterna
av flygplanets
instrumentpanel.

Invid piloterna åter-
fanns de två fransk-
talande ombord,
Alice Lalande och
Serge Barrau, vilket
tyder på att de kan
ha befunnit sig i
cockpit för att bistå
med tolkning.

Höger vinge var
relativt oskadd med
korrekt sida upp
och visar hur planet
har vridit sig så att
det till slut pekade
uppåt, till vänster,
på situationsplanen.

Den ende som
överlevde kraschen
var Harold Julien,
som lyckades ta
sig ett stycke bort
från det brinnande
planet. Han avled
sex dagar senare på
sjukhus.

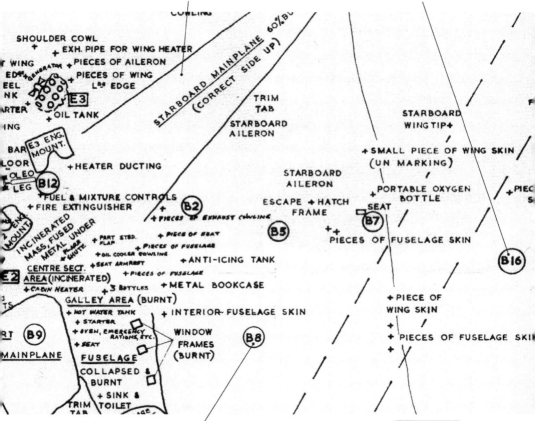

De som satt bak i
flygplanet kastades
ut sist och återfanns
längst bort på
haverigatan.

Dag Hammarsköld
bör ha suttit längst
bak i DC-6:an, där
den hade bekväma
sittmöbler från sin
tidigare användning
av näringslivet.

På Hammarskjölds kropp
påträffades ett spel-
kort, vilket inbjudit till
tolkningar. Den svenske
utredaren Bo Virving
fann senare fler spelkort
på vrakplatsen, från två
olika kortlekar.

Några ytterligare förbryllande omständigheter

Till ovan nämnda frågetecken om den svenska regeringens inställning till frågan kommer vissa förbryllande omständigheter i den senare hanteringen av enskilda händelser, indikationer och uppgifter som framkom årtiondena efter kraschen.

Historien om den svenske legopiloten

Jag citerar här ur min rapport till UD:

Den 15 juli 1976 publicerade Svenska Dagbladet en historia om en svensk legopilot som sades ha tjänstgjort i Katanga. Historien baserades på uppgifter i en avhandling om det svenska Flygvapnets insats i Kongo 1960–64, som publicerats samma år av en svensk officer vid Flygvapnet.

I arbetet med sin avhandling hade officeren, majoren Lennart Berns, ett par år tidigare publicerat en annons i SvD, där han bad svenska officerare kontakta honom med material som han skulle kunna använda sig av i avhandlingen. En person som kontaktat honom hade presenterat sig som legosoldat, och berättat att han flugit en Fouga. Berns hade korsförhört vederbörande och blev övertygad om att denne talade sanning. Men personen i fråga gav aldrig sitt namn eller kontaktuppgifter. I Berns avhandling finns bara en indirekt referens till personen.

Kommissarie Otto Danielsson, som vid denna tid pensionerats, noterade artikeln och skrev till sina forna kollegor vid Säkerhetspolisen och föreslog att de undersökte saken. Detta kom också att ske. Den 28 oktober samma år publicerade Kvällsposten under rubriken "SÄPO jagar svensk pilot", en artikel av reportern Jerry Wells, som sade sig ha träffat piloten ungefär ett år efter Hammarskjölds död, och att denne då berättade hur Hammarskjölds plan tvingades krascha efter skottlossning.

Piloten skulle ha hoppat av från det svenska flygvapnet. Han hade kommit till Kongo med den svenska kontingenten som flög J 29 Flygande Tunnan och sedan gått över till Tshombes flygstyrkor och betalts av CIA (redan här blev det fel eftersom den svenska flygkontinenten inte kom till Kongo förrän efter flygkraschen i Ndola, min anmärkning). Enligt artikeln ska attacken mot SE-BDY ha utförts med en Fouga.

Nästa dag hade samma tidning en artikel till i ämnet under rubriken "tysk pilot sköt ner Hammarskjöld". Den svenske piloten, som var sagesmannen, presenterades nu som överste, och de hade fått order direkt från Tshombe.

Storyn var uppenbart förvirrad och full av inkorrekt information, men undersöktes likväl av SÄPO med hjälp av Militära underrättelsetjänsten. Journalisten hördes, men undersökningen ledde ingen vart. Enligt artikeln var piloten i fråga en väletablerad affärsman i södra Sverige, men han kunde aldrig identifieras.

Historien återges här i första hand som ett exempel på den mängd desinformation som förekommit i frågan genom åren. Värt att notera är dock att uppgifter om att en person med skandinaviskt klingande namn ska ha funnits bland legosoldaterna i Katanga har förekommit också i andra sammanhang, liksom uppgiften att det skulle ha varit en tysk som sköt ner planet. Värt att notera är också att denna historia inte gjorde något som helst avtryck i UD:s hantering av Hammarskjöldärendet, i vart fall inte att döma av arkiven.

Charles Southall

Ove Bring beskriver i sin text historien om den amerikanske underrättelsemannen Southall, som på en signalspaningsstation på Cypern fick lyssna till en inspelning om nedskjutningen av ett flygplan och som 1967 berättade detta för en svensk diplomat i Rabat, där båda var stationerade. Här finns en del att tillägga.

Den svenske diplomaten Bertil Ståhl rapporterade in sitt samtal med Southall i ett brev den 27 juni 1967 och bad UD om en kommentar om saken. I den version som Ståhl berättade framgick inte klart om det handlade om beskjutning från ett plan, utan den gav intrycket att det lika väl kunde handla om en luftvärnskanon från marken.

UD:s svar skrevs av Axel Edelstam, som varit sekreterare i den svenska arbetsgruppen 1961–1962, och sannolikt var den på UD som var bäst förtrogen med frågan. Edelstam hade dock vid det laget flyttat till Genève. I sitt svar säger Edelstam att han inte finner att det erfordras någon mera noggrann undersökning, och hänvisar till de officiella utredningar som gjorts. Han kunde inte erinra sig att någonsin ha hört talas om den version av orsaken till haveriet som refereras i Ståhls brev, nedskjutning av planet från marken av en utländsk legosoldat. Detta hade inte varit tekniskt möjligt, sa Edelstam, och fortsatte "Intet framkom" i utredningarna "som gav stöd åt teorin, att planet nedskjutits från luften, än mindre från marken".

Detta svar kan möjligen te sig något förvånande mot bakgrund av att de svenska experterna i haveriutredningen som framgått faktiskt övervägt möjligheten av beskjutning från marken. Den svenska besättningen hade rapporterat att SE-BDY faktiskt hade beskjutits just från marken när det startade från Élisabethville dagen innan den ödesdigra flygningen till Ndola. Här är också värt att notera att FN-utredaren Othman i sin senaste rapport behandlar möjligheten av beskjutning från marken, inte minst mot bakgrund av uppgifterna om stora rhodesiska truppsammandragningar i området.

Edelstams svar förefaller alltså vara sakligt svagt grundat – dels måste inte vad Ståhl skriver om Southall tolkas som att det handlar om beskjutning från marken, det kan likaväl tolkas som att det handlar om en kulspruta på ett flygplan, dels är Edelstams avfärdande av möjligheten av markeld sakligt inkorrekt. Möjligen kan det här röra sig om den mänskliga faktorn – Edelstam hade varit med och utrett saken några år tidigare och ansåg den kanske därmed klar och inte i behov av ytterligare undersökning, en ytterst förståelig reaktion, som Edelstam som utredare i så fall inte skulle vara ensam om.

Förvånande kan det med dagens ögon också te sig att UD likväl inte instruerade ambassaden i Rabat att närmare följa upp saken, oavsett hur man såg på historiens innehåll. I detta sammanhang kan nämnas att man på UD aldrig inrättade någon särskild handläggare för att hantera Hammarskjöldärendet (efter Edelstams insats under utredningstiden), detta i kontrast till Wallenbergärendet, där en särskild handläggare avdelades för att följa frågan.

I efterhand, och i ljuset av all den uppmärksamhet som Southall med tiden kom att få, kan det te sig som ett missat tillfälle när UD 1967 gick på Edelstams linje och inte beslutade att undersöka saken vidare.

Southall kom sedermera att avfärdas ytterligare en gång. Bengt Rösiö fick i uppdrag att intervjua honom 1994, sedan Southall på egen hand kontaktat Expressen, som slog upp saken stort. Av uppteckningarna från dessa samtal framgår med all önskvärd tydlighet att Rösiö inte trodde på Southall och i sin bok *Ndola* avfärdar han honom som "mytoman" och en "linslus med livlig fantasi". Av de kontakter som den svenska ambassaden i Washington hade med amerikanska UD, State Department, angående Southall framgick att man också där hade frågetecken beträffande denne. Sammantaget ledde detta till att UD beslöt att inte ytterligare följa upp Southalls historia.

Som en kommentar till antydningen från State Department om Southall kan möjligen tillfogas att ryktesspridning om att en person inte är mentalt stabil eller på annat sätt otillförlitlig är en av de äldsta och vanligast förekommande försvarsmekanismerna hos organisationer som av något skäl känner sig hotade av vederbörande.

FN-utredaren Othman ger dock Southalls utsagor avsevärd tilltro och konstaterar att Southall konsekvent försökt berätta sin historia under flera årtionden.

Claude de Kemoularia

Bring beskriver också historien om den franske diplomaten och affärsmannen de Kemoularia och dennes historia om legopiloten Beukels, som av misstag ska ha skjutit ner SE-BDY. Även här finns anledning att göra ett tillägg till historien.

En av de frågor som har ställts om de Kemoularias historia är varför han inte på ett tidigare stadium vände sig till polisen och till svenska myndigheter, utan först 1992 berättade för Hammarskjölds presschef George Ivan Smith, som tillsammans med FN-medarbetaren Conor Cruise O'Brien gjorde en stor sak av det hela i The Guardian. Detta ledde sedermera till den nya svenska utredningen av Bengt Rösiö.

Kemoularia berättade emellertid historien om Beukels först för den svenske OECD-ambassadören Leif Belfrage någon gång 1974. Belfrage berättade den i sin tur för Dag Hammarskjölds brorson Knut Hammarskjöld och UD-kollegan Per Lind. Denne föreslog att Edelstam, som var den som hanterat frågan på UD 1961–1962 och den UD-tjänsteman som var mest insatt i ärendet, skulle träffa de Kemoularia i Paris.

Belfrage talade enligt uppgift också i telefon med statsminister Palme, under dennes besök i Paris 1974. Palme hade varit på besök i Alger, och på återvägen hade han och hans medhjälpare den 15 september stannat över natten i Paris. Med på resan var också Edelstam, då biträdande polchef på UD. I de Kemoularias kalender för denna dag står att han talade med Belfrage/Edelstam och till Rösiö bekräftade han 1992 att ett sådant samtal ägt rum.

Egendomligt nog hade Edelstam själv senare inget minne av att något sådant samtal någonsin ägt rum. Rösiö, som granskade saken 1992, grävde fram en reseräkning som visade att Edelstam faktiskt varit i Paris den dagen, men Edelstam vidhöll att han aldrig träffade de Kemoularia. Pierre Schori, som också deltog i resan, säger sig idag inte ha något minne av något möte/samtal med de Kemoularia. I alla händelser vidtogs inga åtgärder från UD:s sida.

Rösiö intervjuade de Kemoularia 1992 och fick löfte av denne att få hans anteckningar. Detta drog ut på tiden i flera månader, och försenade utredningens framläggande. Den svenske ambassadören i Paris, Stig Brattström, gjorde flera påstötningar till de Kemoularia om att få anteckningarna och till sist kom dessa till UD i Stockholm. Rösiö dissekerade de Kemoularias historia och påvisade en rad brister i den. I sin bok karaktäriserar han de Kemoularias historia som en såpbubbla som spruckit.

Bengt Rösiös utredning 1992-1993

För tydlighetens skull vill jag här citera från det jag skrev i min egen utredning till UD om Rösiös utredning. Min uppgift var ju inte att utvärdera tidigare utredningar, endast att belysa viktigare aspekter av den svenska hanteringen:

När de båda FN-tjänstemännen Conor Cruise O'Brien och George Ivan Smith publicerade sin artikel i The Guardian 1992 och på grundval av De Kemoularias historia hävdade att Hammarskjölds plan blev nedskjutet, blev det oundvikligt att på nytt utreda frågan i Sverige. Till utredare utsågs ambassadören Bengt Rösiö, som var en av dem som var på plats i Ndola 1961, och väl insatt i ärendet.

Som konsul i Leopoldville 1961 hade Rösiö varit den förste svenske diplomat som anlände till Ndola efter kraschen, och den förste svensk som besökte haveriplatsen. Han följde hela utredningsarbetet, en stor del av tiden med Ndola som bas. Han var också Hammarskjöldfondens första chef, och väl förtrogen med förhållandena i Afrika.

Rösiö gjorde ett omfattande bakgrundsarbete och träffade och intervjuade alla aktörer som kunde nås. Många av dessa kände han också personligen. Han var alltså på många sätt väl skickad att genomföra uppgiften, som var att undersöka om O'Briens och Smiths uppgifter stämde.

Rösiö skriver i sin bok "Ndola" att han "ägnade sju månader åt att gå igenom alla akter och att söka upp människor som kunde tänkas veta. Svaret blev, till min egen förvåning, att haveriet var en 'vanlig' olycka."

Också när Rösiö väl slutfört utredningen våren 1992 fortsatte han att söka och intervjua olika personer de närmaste två åren, och träffade då bland andra den belgiske legopiloten Jan Van Rissighem och den amerikanske underrättelsemannen Southall.

Som tidigare nämnts saknas i de tidiga utredningarna – framför allt de rhodesiska, men också i viss mån även i FN-utredningen – i stor utsträckning en diskussion om den politiska och militära situationen i vilken kraschen ägde rum. Rösiös utredning nämner spänningarna i Ndola, men avhandlar inte heller den politiska och militära situationen med någon utförlighet (det gör dock hans bok i högre grad). Inte heller diskuterar han möjligheten av en kontrollerad nödlandning, även om denna möjlighet nämns på något ställe.

Rösiö diskuterar och prövar utförligt alla tänkbara teorier och mycket avfärdas som påhitt och ogrundat. Han intervjuar de Kemoularia och Southall, som han båda avfärdar.

Andra centrala aktörer som Rösiö spårade upp och träffade för samtal var trafikledaren Martin och legopiloten Van Rissighem, båda dock först efter det att hans rapport hade presenterats. Beträffande Van Rissighem kan noteras att Rösiö förefaller sätta tilltro till dennes berättelse, inklusive hans förnekande av ansvar, trots att Van Rissighem försöker få Rösiö att tro på historien om förväxling mellan Ndolo och Ndola. Rösiö samlade dessa och andra element till en tilläggsrapport med titeln "Ndola once again", som han skrev 1994.

Rösiö kommer i sin rapport fram till den försiktigt garderade slutsatsen att kraschen kan ha varit en CFIT, Controlled Flight Into Terrain, möjligen förorsakad av att piloterna fann sig vara i ett "svart hål". Enligt denna hypotes skulle i slutet av "päronsvängen" i landningsproceduren ljusen från landningsbanan ha varit skymda bakom en åsrygg i terrängen mellan landningsbanan och haveriplatsen, och piloten kom in för lågt, antingen på grund av en störning eller på grund av en optisk illusion.

Problemet med en sådan hypotes är att terrängförhållandena ger begränsat stöd för den. Höjdskillnaderna är små. Det finns ingen "ås" i terrängen, enbart en lätt förhöjning på några dussin fot. Om det någonsin var någon form av "svart hål" så kan det sannolikt endast ha varit de allra sista sekunderna när planet redan kommit för lågt och det var för sent. De testflygningar som genomfördes 1961 visade som tidigare nämnts enligt Danielsson tydligt att ljusen kring Ndola var synliga hela tiden under päronsvängen och inflygningen mot flygplatsen.

Att dra slutsatsen att planet havererade på grund av ett dylikt "pilotfel" – en term som dock i Rösiös rapport inte tillvitas besättningen – kräver obevekligen samma grad av bevisning som en slutsats att det handlade om yttre påverkan. För att citera 1962 års FN-kommission: "Kommissionen anser, samtidigt som den accepterar att den när den uttrycker sin uppfattning inte är bunden av bevisreglerna i något särskilt rättssystem i förhållande till någon särskild grupp fall, att den allmänt borde tillämpa den bevisstandard som krävs i sökandet efter sanningen. Denna standard kommer att tillämpas likvärdigt på alla möjliga orsaker som kommissionen avhandlar."

Som en kommentar till detta kan sägas att konsekvensen av att tillämpa denna typ av resonemang måste vara att så länge som det föreligger lika lite påtaglig bevisning för en slutsats om "pilotfel" som det gör för en slutsats om yttre påverkan eller annan orsak så är det svårt att instämma i någon föreställning om att en sådan slutsats är mer trolig än någon annan. För att åter hänvisa till FN-utredningen – denna "noterar att FN:s och de svenska observatörerna ... uttryckte uppfattningen att det var omöjligt att utesluta någon av de möjliga orsakerna eller att etablera en prioritetsordning emellan dem".

Till vad som ovan citerats om Rösiös utredning kan för fullständighetens skull läggas det förhållande som Susan Williams skriver om i sin bok *Who killed Hammarskjöld?*, nämligen att Rösiö redan någon vecka efter kraschen, då han återvänt till Léopoldville från sitt besök i Ndola, talade med en brittisk diplomat där och sade sig vara övertygad om att kraschen berodde på pilotfel. Detta har Williams fått från en brittisk diplomatrapport som redogör för samtalet.

Bilderna från Michael Cary

Det var inte utan en viss spänning som jag tog emot det material från den rhodesiske polismannen Michael Cary som dennes efterlevande släktingar lämnat in till svenska ambassaden i London. Cary var ju inte vem som helst i detta sammanhang, utan en av de första som besökte haveriplatsen.

Det var en hel kartong som kom från London. Vad skulle kartongen innehålla? Och varför lämnades den in till ambassaden? Varför inte till brittiska myndigheter? Och varför först nu?

Cary var "officer in charge of the criminal investigation department of the Northern Rhodesia Police in Ndola" och "spt. in charge of the Dag Hammarskjöld air crash investigation". Cary avgav yttrande nr 41 till den rhodesiska haveriutredningen. Cary deltog också i utredningsarbetet, och han omnämns på flera ställen i den svenske polisen Danielssons rapporter, vars rhodesiske motpart han på sätt och vis var. Cary tillhörde enligt Danielsson dem som hade en förutfattad mening om att det handlade om en vanlig flygolycka.

De nya fotografierna

Det var med spänning jag på UD öppnade kartongen med det material som lämnats in till ambassaden i London av efterlevande till den nordrhodesiske polismannen Michael Cary, en av de första som kom till nedslagsplatsen. I detta material fanns ett antal bilder, varav flera inte förekommit i tidigare utredningar eller på annat sätt varit kända. Det kunde alltså röra sig om nytt material i frågan. Vissa bilder, som visar hål som möjligen kunde vara skotthål, var värda att grundligt undersöka.

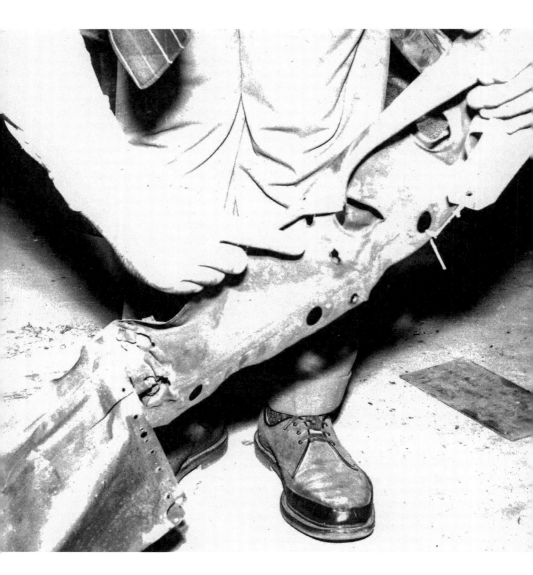

En blyertsanteckning på baksidan av denna bild anger att det är en "support cooler member [?] No 3 engine". En (polis-?)man pekar på ett hål. Ytterligare ett liknande hål syns några centimeter under det första.

På baksidan av bilden finns också anteckningen pw 335/61 och stämpeln Northern Rhodesia Police, Western Division, C.I.D. Headquarters, med datumet 20 Oct 1961 i stämpeln.

Delar av vingen med vad som kan vara ett
liknande hål som på föregående bild. På
baksidan av denna bild finns anteckningen
"starboard wing". Bilden har anteckningen

pw 334/61 och samma stämpel, med
samma datum som ovan.

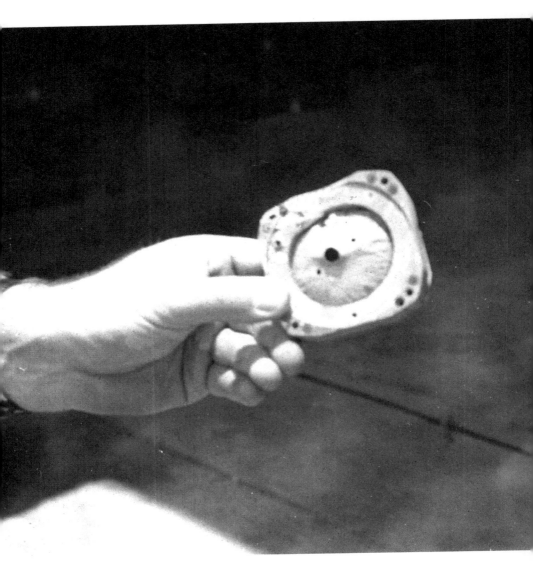

Detta förefaller vara ett membran i en ram – baksidan av ett instrument? – med ett liknande hål nästan mitt i. Bilden har ingen anteckning annat än numreringen pw 361/61 och samma stämpel som föregående bild, dock med datumet 28 november 1961.

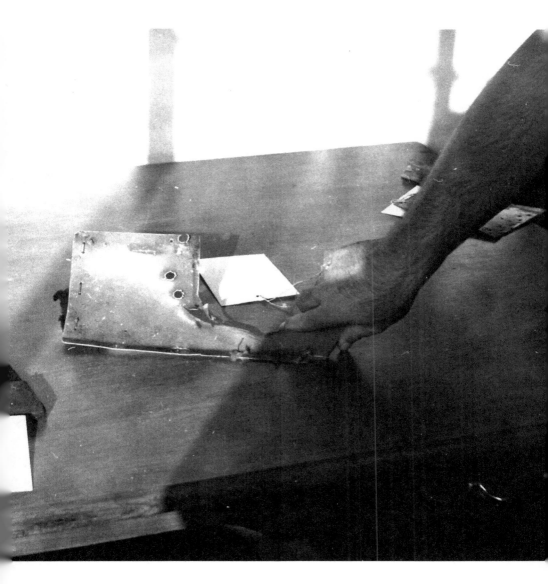

En plåtbit formad som sidan av en sko, med tre likadana hål, tre–fem centimeter från varandra i oregelbundet mönster. Formen på plåten för tankarna till en del av en infattning av något. Bilden har på baksidan enbart numrering, pw 361/61, och samma stämpel och datum som föregående.

Förutom en del dokument och tidningsurklipp, bland annat de rhodesiska utredningarna och vittnesprotokollen, samt en handskriven lista över "official property recovered" och en detaljerad plan över haveriplatsen, innehöll materialet ett antal fotografier. Dessa visade sig vara var det mest intressanta. Det var dels en häftad serie, dels en samling lösa foton.

Dokumenten är i huvudsak kända, eller av sekundärt intresse, men en del av fotografierna förefaller inte ha varit kända av tidigare utredningar. Det är särskilt fyra bilder som förefaller vara av intresse. De övriga bilderna föreställer bland annat kvarlevorna av tretton av de omkomna samt vrakplatsen, och många av dessa är kända.

De fyra särskilt intressanta bilderna visar metalldelar från vad som måste antas vara planet. Vissa av dessa delar har ett eller flera jämnstora cirkelrunda hål med jämna kanter, lätt uppfläkta och kraterliknande. Hålens diameter förefaller vara knappt en centimeter.

För att få en bättre uppfattning om vad bilderna föreställer förevisades de för experter, bland annat från Nationellt Forensiskt Center och för en medlem i 2015 års FN-panel, Henrik Larsen, samt för Björn Virving, författare till boken *Termitstacken*. Vare sig Larsen eller Virving hade sett dessa bilder tidigare. Experterna noterade att det föreföll som om hålen på bilderna kunde ha förorsakats av kulor och att bilderna var värda att analyseras ytterligare, varför de överlämnades till FN-utredningen.

En diskussion om möjliga kulhål i resterna av vraket pågick under lång tid under början av utredningsarbetet 1961. Den slutsats som haveriutredningen kom fram till var att inga kulhål återfunnits i materialet från vraket. Här måste emellertid erinras om att de svenska experterna Landin och Danielsson upprepade gånger påpekade att inga slutsatser kunde dras från vad som föreföll vara avsaknad av kulhål, eftersom 75 till 80 procent av vraket var nedbränt.

De svenska experterna begärde upprepade gånger under utredningsarbetet att testskjutningar skulle göras mot metallplåtar från vraket för att man skulle få en uppfattning om hur metallen skadades av kulor med olika infallsvinklar. Detta gick utredningsledningen till sist med på och som beskrivits ovan genomfördes också provskjutningar den 25 oktober, dock inte mot material från vraket, utan mot vad som sades vara liknande material av duraluminiumplåt.

Fotografier togs vid dessa provskjutningar, och Cary, som var närvarande tillsammans med de svenska experterna, utlovade att en rapport skulle göras. Någon sådan rapport har dock inte kunnat påträffas och ingenting sades om provskjutningarna i haverikommissionens rapport.

Det förefaller inte omöjligt att ett par av de aktuella bilderna härrör från provskjutningarna. Vad som kunde tala för detta är att två av bilderna är stämplade 20 oktober, alltså före provskjutningarna, och två stämplade den 28 november, alltså efter proven. Det finns dock ingenting som säger säkert att stämplarna på bilderna har att göra med när de är tagna. Vad som talar emot är att avsikten med provskjutningarna sades vara att se effekterna av olika vinklar mot plåt, vilket inte helt rimmar med bilden av vad som tycks vara ett membran med ett hål i. Bilden av en plåtbit med tre hål ser ut som om dessa vore gjorda vinkelrätt mot plåten.

Av intresse i sammanhanget är också att en av de under haveriutredningen mest omdiskuterade företeelserna var ett hål i höger fönsterram, som av de svenska utredarna ansågs misstänkt men som efter slutlig spektralanalys av rhodesiska experter inte bedömdes vara orsakat av en kula.

Det finns i bilaga 13 till haveriutredningen en rapport "on the examination of various exhibits", som eventuellt kan kopplas till en av bilderna. Denna rapport bär också stämpeln Northern Rhodesia Police och bland dess författare återfinns Cary.

Rapporten behandlar dels ett hål i noskonen på planet, som avfärdas som inte överensstämmande med vad som normalt orsakas av höghastighetsprojektiler, dels ett hål i fönsterramen till cockpit (jämför ovan), som inte bedöms vara kulhål. Den nämner också bland annat tre hål i "the port cooler support member ... of engine no 3", som också är texten på baksidan på en av de fyra bilderna. Detta hål bedöms i rapporten, liksom andra, som orsakat av bultar som slitits loss.

Björn Virving har berättat om att hans far Bo Virving, då Transairs chefsingenjör, som noga och på ett tidigt stadium på plats undersökte vraket, var upptagen av vad han tolkade som flera kulhål på högra sidan av cockpit, och särskilt det i fönsterramen, samt ett hål i noskonen.

Oavsett i vilket sammanhang bilderna togs förefaller det som om de inte varit kända tidigare, och givet vad de tycks föreställa reser detta förhållande frågor. Om bilder av detta slag förvarats privat av en nyckelaktör, kan det då inte tänkas finnas annan ännu okänd information i exempelvis polisarkiv?

Och då dessa bilder kommer från den källa de gör, en rhodesisk polisman som hade en framträdande position och var en av de första på plats vid vraket, och de därtill är försedda med officiella rhodesiska stämplar, uppkommer frågan varför de inte förevisats tidigare. Hade de förkommit tidigare finns det anledning att förmoda att de satt spår i utredningsmaterialet, om inte annat så sannolikt i form av försök att avvisa att de kunde vara orsakade av kulor mot planet.

Det kan rimligen inte vara så att dessa bilder bara förkommit i ett exemplar – de ligger tillsammans med ett antal andra bilder varav vissa, bland annat den som visar en polisman som pekar ut var Hammarskjölds kropp låg, blivit närmast klassiska i sammanhanget.

I ljuset av detta uppkommer också frågor, inte minst om de brittiska försäkringarna till den pågående FN-utredningen att man delat med sig av allt material som rör kraschen.

Det förefaller vara ett rimligt antagande att en rapport från provskjutningarna, om en sådan fortfarande existerar, skulle kunna återfinnas i arkiven från Northern Rhodesia Police, arkiv som det inte är orimligt att anta i något skede tagits om hand av den då styrande kolonialmakten, Storbritannien. Här öppnar sig möjligheter för FN-utredningen att ställa specifika frågor just till britterna.

Om ingen rapport går att återfinna, som kan bekräfta ett samband mellan bilderna och provskjutningarna, förefaller möjligheten inte kunna uteslutas att hålen på bilderna faktiskt kan härröra från en beskjutning av planet. En annan sak är att det inte förefaller särskilt sannolikt att en beskjutning med finkalibrigt vapen av ett plan som DC-6 skulle kunna leda till ett haveri.

Avslutande kommentar

Jag har ovan beskrivit hur den svenska regeringens position förändrades i och med att utredningsarbetet avslutades 1962. Från att ha verkat starkt för att alla tänkbara orsaker till SE-BDY:s haveri skulle undersökas tycks man mer eller mindre ha accepterat tesen om pilotfel. Detta förblev också den förhärskande bilden under många år, och de slutsatser som Bengt Rösiö kom fram till i sin utredning 1992–1993 kom att upprätthålla denna bild. Den dåvarande svenska regeringen fann inte anledning att kommentera saken och kan därmed sägas ha anslutit sig till denna syn.

Under fortsatt många år framöver sker sedan ingenting nytt i saken. Det är inte förrän med den regering som tillträdde 2014 som Sverige får en utrikesledning som är intresserad av att lyfta frågan om omständigheterna kring Hammarskjölds död. Nu börjar regeringen driva saken i FN, mot bakgrund av det nya intresse som väckts av Williams bok och av Hammarskjöldkommissionen.

Varför det svenska engagemanget i frågan varierat så över tid är en fråga som fortfarande är lika oklar som vad som egentligen hände i Ndola. Att fler länder nu instämmer i FN-utredaren Othmans konstaterande att "det förefaller troligt att en yttre attack eller hot kan ha varit en orsak till haveriet" visas av att FN:s generalförsamlings resolution om hans rapport hade rekordstort många, 128 länder, som medförslagsställare. Bland dessa återfanns av de närmast berörda förutom Sverige Belgien, Frankrike och Sydafrika, men inte Tyskland, USA eller Storbritannien. Resolutionen antogs av en enhällig generalförsamling.

Likväl är det fortfarande så att vi inte vet vad som hände. Ingen har ännu framträtt och kunnat visa vad som verkligen skedde i luftrummet över Ndola den ödesdigra natten 1961. Och inga otvetydiga bevis för det ena eller det andra skeendet har ännu framkommit, även om mycket av argumenteringen för att det skulle ha handlat om den mänskliga faktorn har fallit.

Det återstår alltså att få fram konkreta och definitiva bevis för att det handlade om yttre påverkan, klarhet om vad en sådan påverkan i så fall bestod i och klarhet i vem eller vilka som låg bakom.

Det är därför av största vikt att FN:s arbete med frågan kan fortsätta och att intresserade och berörda stater som Sverige fortsätter att driva frågan aktivt och stödja ett vidare arbete för att få klarhet.

Litteratur och källor i urval

Rapporter och skrivelser

Rapport den 22 november 1961 angående flygolyckan i Ndola från kriminalkommissarie *Otto Danielsson*, arkiverad hos Statspolisen. Rapporten var förödande kritisk mot den rhodesiska haveriutredningen. Nödvändiga tekniska tester lyste med sin frånvaro, vittnesförhören av afrikaner var fördomsfulla och överste Barber blev kommissionens ordförande trots att det bland annat var hans agerande som skulle granskas. Bocken hade satts till trädgårdsmästare. Rapporten ansågs från svensk sida så känslig att den Rudholmska arbetsgruppen förteg den i sin rapport 1962.

Rapport den 18 december 1961 om SE-BDY:s haveri från Luftfartsstyrelsens utsända experter Torsten Nylén, Åke Landin och L. Lindman, arkiverad hos Kgl. Luftfartsstyrelsen. En omfattande och habil genomgång utan några definitiva slutsatser.

Report on Reconstruction of Events, dated Salisbury, South Rhodesia, *January 23, 1962*, submitted by Chief Engineer *Bo Virving*, Transair, together with edited statements of witnesses. Virving var övertygad om att kraschen inte orsakats av något tekniskt fel på flygplanet, inte heller av pilotfel. Han sökte en förklaring i yttre påverkan.

Skrivelse den 15 februari 1962 från envoyén *Eyvind Bratt*, Kapstaden, till UD, Stockholm, angående Ndola-utredningen. Bratt skrev att ett av de svenska önskemålen i den rhodesiska haveriutredningen var "omsmältning av de genom branden på olycksplatsen uppkomna metallkakor, varav en stor del av vraket består. Genom en dylik omsmältning skulle det vara möjligt att vid olika temperaturer sortera ut olika i kakorna ingående metaller, däribland eventuellt förekommande granatsplitter eller annan metall från projektiler, som kunde tänkas ha blivit avfyrade mot flygplanet". Förslaget avvisades av rhodesierna.

Report of 24 April, 1962, of the United Nations Commission (UN Document A/5069) with Annexes. Denna första FN-utredning lutade åt pilotfel men uteslöt inte andra möjliga förklaringar (det senare var något som irriterade brittiska diplomater i FN). Rapporten öppnade för en ny utredning i framtiden om nya omständigheter tillkom.

Den svenska arbetsgruppens rapport, anmäld i regeringskonselj den *28 juni 1962*. Arbetsgruppen, under ordförandeskap av justitiekanslern Sten Rudholm, utarbetade en PM som under rubriken "Flyghaveriet vid Ndola" publicerades i UD-tidskriften *Utrikesfrågor* för 1962, Stockholm

1963, s. 100 ff. Om den rhodesiska undersökningen hette det, något uppseendeväckande, att "förfarandet fyllde ifråga om objektivitet och fullständighet högt ställda anspråk". Kriminalkommissarie Otto Danielssons kritiska rapport förtegs. Man fick ett intryck av att svensk diplomati inte ville se slutsatser som kunde irritera andra stater.

Report of the Commission of Inquiry, daterad *9 September, 2013*. Detta var en kommission som etablerades på privat initiativ av medlemmarna själva och gick under namnet Hammarskjöldkommissionen eller Juristkommissionen. Bakgrunden var Susan Williams bok från 2011 (med nya uppgifter) och FN:s generalförsamlings resolution 1759 från 1962, som höll öppet för en ny FN-utredning om nya omständigheter tillkom. Från Sverige reste förre ärkebiskopen K.G. Hammar till Ndola i december 2011 för att intervjua afrikanska vittnen. I England engagerade sig lord Lea of Crondall i frågan och 2012 etablerades en *Inquiry Trust*, där bland andra K.G. Hammar och Nordiska Afrikainstitutets förre chef Henning Melber ingick. Denna grupp etablerade i sin tur själva undersökningskommissionen under ordförandeskap av en tidigare hög domare, Sir Stephen Sedley. I kommissionen ingick bland andra FN:s tidigare rättschef Hans Corell och den kände sydafrikanske juristen Richard Goldstone. Kommissionens rapport lämnades till FN och fogades som appendix till generalförsamlingens dokument A/68/800 i mars 2014. I december samma år resulterade detta i general-

församlingens resolution 69/246, som rekommenderade en ny undersökning, och i mars 2015 utsåg generalsekreterare Ban Ki-Moon en expertpanel under ledning av Judge Othman, Tanzania, att ta tag i frågan.

Report of the Eminent Person, Mohamed Chande Othman, fogad till generalsekreterare António Guterres brev den *5 september 2017* till generalförsamlingens president (A/771/1042). Rapporten var en följd av Othmans tidigare uppdrag som ordförande för en *Independent Panel of Experts* som 2015 rekommenderat en fortsatt utredning (A/70/132).

Letter of 8 November 2018 from the Eminent Person to the Secretary-General of the UN. I denna delrapport riktar sig Judge Othman avslutningsvis mot Storbritanniens och Sydafrikas bristande samarbetsvilja när det gällt att få fram relevanta dokument. Han skriver att "the non-cooperation of any Member State may be seen as a failing in the international community's collective and ongoing effort in the search for the full truth of the tragic event".

Letter dated 12 September 2019 from the Secretary-General addressed to the President of the General Assembly (UN Doc A/73/973). Dokumentet inkluderar Judge Othmans "Letter of transmittal" (av rapporten) daterat den 31 juli 2019, och själva rapporten.

UN General Assembly Resolution 74/248 av den 27 december 2019, där församlingen uppmanar generalsekreteraren att återutnämna Judge Othman som fortsatt utredare i Ndolafrågan. Resolutionen påpekar att vissa stater har ett särskilt ansvar att bedriva undersökningar (här avsågs USA, Storbritannien och Sydafrika). Den 14 februari 2020 hörde till slut Sydafrikas regering av sig i frågan. En plötsligt utsedd särskild utredare publicerade ett inlägg i media där Sydafrika "upprepade" sitt stöd för FN:s utredning. Sydafrika hörde till den stora grupp av stater som sponsrat resolution 74/248. Judge Othman hade brevledes blivit meddelad att man inte kunde finna några dokument som bekräftade existensen av organisationen SAIMR eller av operationen Celeste. Undersökningarna härom skulle emellertid fortsätta.

United Nations Association (UNA), West-minster Branch (London), tillhandahåller på sin website en kontinuerlig rapportering om händelseutvecklingen i frågan. Sidan nås genom rubriken "Hammarskjöld Inquiry".

Litteratur

Alport, Lord [Cuthbert James McCall, Baron Alport], *The Sudden Assignment. Being a record of service in Central Africa during the last controversial years of the Federation of Rhodesia and Nyasaland 1961–1963,* Hodder and Stoughton, London 1965. Det kapitel som rör Ndola har rubriken "Katanga and Hammarskjoeld's death". Lord Alport gör här två uppseendeväckande påståenden, dels att det plan som tornet kommunicerade med inte helt klart var Hammarskjölds plan (men tornet visste att det var SE-BDY), dels att han på intet sätt intervenerade i eller styrde tornets arbete. Hans yttrande att "they must have gone elsewhere" nämns inte. Men han argu-

menterar i boken för sin ståndpunkt att generalsekreteraren knappast var tillräckligt förberedd för Ndola och därför mycket väl kunde ha beordrat planet att vända.

Aulén, Gustaf, *Dag Hammarskjöld's White Book: An Analysis of Markings,* Fortress Press/Gleerup, Philadelphia 1969. En svensk version utkom följande år på Bonniers, *Dag Hammarskjölds vitbok, Tvivel och tro i "Vägmärken".*

Bengs, Bengt-Åke, *The Ndola Accident. A theory as to the cause of the accident and facts not accounted for and not known to the public,* eget förlag, Stockholm 1966. Denna skrift på tjugo sidor driver tesen om pilotfel på ett professionellt sätt, men med emotionella slängar åt Transair och svenska media. Bengs var flygkapten i SAS och hade tjänstgjort i Kongo. Han menar att man där visste faran med flygningar i mörker och att piloter kan drabbas av optiska illusioner. SE BDY:s besättning var inte tillräckligt utvilad, man kom tio minuter för tidigt till Ndola vilket kan ha inneburit ett stressmoment inför landningen, co-piloten läste inte av höjdmätaren, landningsstället fälldes ut för tidigt och man flög för lågt utan att inse det. Om planet attackerats skulle besättningen via radio hunnit meddela detta.

Bengs skrift väckte CIA:s intresse och "läcktes" 1982. Den åberopades också av den pensionerade lord Alport 1993 och av förre CIA-agenten Larry Devlin i hans bok 2007.

Berggren, Henrik, *Dag Hammarskjöld. Att bära världen,* Bokförlaget Max Ström, 2016. Utgiven med stöd av Dag Hammarskjölds Minnesfond,

Uppsala, och med förord av dess direktör Henrik Hammargren. Denna omfattande och helgjutna bildbiografi fyller, trots allt vad som skrivits om Hammarskjöld, en populärhistorisk lucka. Här berättas om pojken, studenten, ämbetsmannen, generalsekreteraren och privatpersonen. Detaljer om kraschen i Ndola kan inte förväntas i en biografi av detta slag. Boken finns också i en samtidigt utgiven engelsk version, översatt av Anna Paterson, med underrubriken *Markings of His Life.*

Birnbaum, Karl E. (utg.), *Dag Hammarskjöld. Ungdomsårens vittnesbörd. Brev och uppteckningar 1925–1931*, Kungl. Samfundet för utgivande av handskrifter rörande Skandinaviens historia, Stockholm 2001.

Björkdahl, Göran, "Blev Dag Hammarskjöld mördad? Nya ögonvittnen och nya fakta rörande hans mystiska död 1961", odaterad promemoria, 2011 eller senare. Björkdahl, med ett förflutet på Sida i Afrika, har engagerat sig som privatforskare i frågan och spelade en viktig roll i filmen *Cold Case Hammarskjöld* (2019).

Bouman, Monica, *Dag Hammarskjöld: Citizen of the World*, Ten Have, Kampen, Nederländerna, 2005. Bouman fokuserar på Hammarskjölds etiska och andliga förhållningssätt till sitt uppdrag.

Bouman, Monica, "Dag Hammarskjöld and the politics of hope", i Stahn & Melber (2014).

Bring, Ove, "Dag Hammarskjöld and the Issue of Humanitarian Intervention", i Petman, Jarna & Klabbers, Jan (Eds.),

Nordic Cosmopolitanism, Essays in International Law for Martti Koskenniemi, Martinus Nijhoff Publishers, Leiden/Boston 2003.

Bring, Ove, "The Hammarskjöld Approach to International Law", i *Dag Hammarskjöld and Global Governance*, Dag Hammarskjöld Foundation, Uppsala 2011.

Bring, Ove, "Hammarskjöld's dynamic approach to the UN Charter and international law", i Stahn & Melber (2014).

Buber, Martin, *Människans väg enligt den chassidiska läran*, Bonniers, Stockholm 1964. Översättning Monica Engström. I epilogen ovan finns citat ur denna skrift som Hammarskjöld bör ha läst i tysk version. Citaten överensstämmer med hans tänkande i *Vägmärken.*

Corell, Hans, "The Need for the Rule of Law in International Affairs – Reflections on Dag Hammarskjöld's address at Oxford University on 30 May 1961: The International Civil Service in Law and in Fact", i *The Ethics of Dag Hammarskjöld*, Dag Hammarskjöld Foundation, Uppsala 2010.

Corell, Hans, "Dag Hammarskjöld, the United Nations and the rule of law in today's world", i Stahn & Melber (2014). Hans Corell, tidigare rättschef i FN och ledamot av den oberoende Hammarskjöldkommissionen som rapporterade till FN 2013, har engagerat sig i frågan om rättsstatliga principer ("rule of law") nationellt och internationellt.

Cronholm, Carl Gunnar, *Mordet på sanningen: Dag Hammarskjöld*, Bokförlaget Cronholm & Cronholm,

Lund 1996. Författarens försök att få
information från UD har hindrats av
hemlighetsstämpeln och, menar han,
den svenska neutralitetspolitiken, som
inneburit att svensk diplomati varit
obenägen att ta strid med Storbritan-
nien och andra länder om vad som
hände i Ndola.

Devlin, Larry, *Chief of Station, Congo:
Fighting the Cold War in a Hot Zone*,
Public Affairs, New York 2007. För-
fattaren, som var CIA-agent i Kongo,
har ingen bestämd uppfattning om
orsaken till kraschen i Ndola men
han lutar åt pilotfelsteorin. Detta
är kanske inte förvånande eftersom
hans organisation 1982 gjorde ett stort
nummer av Bengt-Åke Bengs lilla
skrift med detta budskap. Å andra
sidan fritar han indirekt sin chef,
Allen Dulles, från misstankar om
att ha önskat Hammarskjölds död
(som SAIMR-dokumenten påstår).
Devlin beskriver president Kennedys
och CIA:s gemensamma policy som
Katangafientlig, detta för att få med
sig det afro-asiatiska blocket i strävan
mot sovjetisk intervention i Kongo
och mot Sovjetförslaget att förvandla
generalsekreterarposten till en trojka
(se s. 169–171).

De Witte, Ludo, *The Assassination of
Lumumba*, Verso, London/New York
2002.

Dusen, H.P. van, *Dag Hammarskjöld. The
Man and his Faith*, Harper and Row,
New York/London 1969.

Fröhlich, Manuel, *Dag Hammarskjöld
und die Vereinten Nationen. Die poli-
tische Etik des UNO-Generalsekretärs*,
Ferdinand Schöningh, Paderborn
2002. Frölichs gedigna avhandling

markerade ett nyväckt internationellt
intresse för Hammarskjölds moraliska
ledarskap.

Fröhlich, Manuel, *Political Ethics and
the United Nations. Dag Hammar-
skjöld as Secretary-General*, Routledge,
London/New York 2008. Fröhlichs
avhandling i förkortad engelskspråkig
version.

Fröhlich, Manuel, "The Unknown
Assignation: Dag Hammarskjöld in
the Papers of George Ivan Smith",
Critical Currents, Dag Hammarskjöld
Foundation Occasional Paper Series,
No. 2, Mars 2008.

Fröhlich, Manuel, "The Suez story: Dag
Hammarskjöld, the United Nations
and the creation of UN peace-
keeping", i Stahn & Melber (2014).

Gavshon, Arthur L., *Hammarskjölds sista
dagar*, Natur och Kultur, Stockholm
1963. Den brittiske AP-journalisten
Gavshon utvärderade de tre första
undersökningskommissionerna och
avvisade inte helt teorin om "foul
play". I sitt förord skrev han: "Dag
Hammarskjölds sista dagar tillhörde
Afrika, men han gav sitt liv för värl-
den."

Gaylor, Don, *From Barnstorming to
Bush Pilot*, Bloomington, Illinois,
2010. Gaylor, som var flygattaché vid
amerikanska ambassaden i Pretoria,
har ägnat ett kort kapitel i sin bok
åt Ndola. Han beordrades av Penta-
gon att flyga dit för att assistera
Hammarskjöld vid uppkommande
transportbehov. Under den aktuella
natten, som han sade sig delvis ha
tillbringat i flygledartornet, hade han
också möjlighet att ta emot och sända

radiomeddelanden från sin DC-3 Dakota. Han säger sig ha reagerat mot tornets tafatta anrop efter det saknade planet: "This went on way too long, without receiving any kind of response" (s. 149). Han beslöt sig då för att vid första dagsljus starta sitt plan och delta i sökandet. Efter det att vraket från SE-BDY upptäckts av ett rhodesiskt plan eftermiddagen den 18 september blev Gaylor den förste att fotografera det från luften. Han ställer sig i sin bok bakom teorin om pilotfel.

Gibson, Lars, "Vad hände egentligen över N'dola?", i Gibson, *Jorden runt på 80 år*, eget förlag, Visby 2013.

Hammarskjöld, Dag, *Vägmärken*, Bonniers, Stockholm 1963.

Hellström, Leif, *Fredsflygarna: FN-flyget i Kongo 1960–1964*, Freddy Stenboms förlag, Riga 2003. Boken innehåller ett imponerande bildmaterial om allt flyg i Kongo under perioden i fråga och redogör ingående för Transairs närvaro och Katangas flygvapen (Avikat). Dessutom speglas den svenska personalens liv på basen i Kamina och andra platser. Hellström har bidragit med bilder till denna bok.

Landberg, Hans, *På väg … Dag Hammarskjöld som svensk ämbetsman*, Atlantis, Stockholm 2012. En gedigen och omfattande (632 s.) genomgång av karriären som nationalekonom, statssekreterare, förhandlare, kabinettssekreterare och konsultativt statsråd.

Lash, Joseph P., *Dag Hammarskjöld. En biografi* (övers. Nils Holmberg & Birger Hultstrand), Bonniers, Stockholm 1961. Författaren var *New York*

Posts korrespondent vid FN-högkvarteret och hade påbörjat sin bok om Hammarskjöld när kraschen inträffade i Ndola. Lash valde att avsluta arbetet samma år utan att behandla kraschen. Denna tidiga biografi är fortfarande läsvärd.

Lesiovskij, Viktor, *Gåtan kring Dag Hammarskjölds död* (övers. Gunnel Bergström), Fram bokförlag, Stockholm 1989. En ytterst otillförlitlig bok, skriven av en tidigare FN-anställd rysk diplomat och KGB-man.

Lind, Per, "An Unusual Letter", i Henley, Mary-Lynn och Melber, Henning (Eds.), *Dag Hammarskjöld Remembered. A Collection of Personal Memories*, Dag Hammarskjöld Foundation, Uppsala 2011.

Lindholm, Rolf H., *Huvudlinjer i Dag Hammarskjölds Vägmärken*, Books-on-Demand, eget förlag 2006. En värdefull sammanställning där olika perspektiv är samlade under rubriker som Ensamhet, Döden, Offertanken, Litteratur etc.

Linnér, Sture, Anförande på konferensen "Dag Hammarskjölds idéer i vår tid", Voksenåsen, Oslo, den 18 november 2005. Anförandet, som är otryckt, är elektroniskt arkiverat hos Christina von Arbin och innehåller uppgiften om Linnérs möte med president Kennedy i mars 1962. Linnér avled 2010.

Linnér, Sture & Åström, Sverker, "UN Secretary-General Hammarskjöld, Reflections and Personal Experiences", *The 2007 Dag Hammarskjöld Lecture*, Dag Hammarskjöld Foundation, Uppsala 2008. Här återfinns uppgifterna om Linnérs möte med president Kennedy. Professor Peter Wallensteen har i en fotnot kunnat belägga att mötet startade klockan 10.40 på förmiddagen den 14 mars 1962 och att biträdande utrikesministern Harlan Cleveland var närvarande.

Lipsey, Roger, *Hammarskjöld. A Life,* University of Michigan Press, Ann Arbor 2013. Den senaste och mest omfattande biografin, ett gediget verk som inkluderar såväl internationell politik som personlig etik.

Lipsey, Roger, "From the unwritten manual: Dag Hammarskjöld's political wisdom", i Stahn & Melber (2014).

Melber, Henning, *Dag Hammarskjöld, the United Nations and the Decolonisation of Africa,* Hurst & Co, London 2019. Kapitlet om Ndola innehåller uppgifter om hur flygfältet i Kipushi i hemlighet uppgraderades till förmån för katangesiskt flyg och hur Sir Roy Welenskys Centralafrikanska federation understödde industrialisterna i Katanga. Melber hänvisar här till en artikel av Matthew Hughes i *International History Review* 2003.

Möllerstedt, Gunnar, *Generalsekreteraren. En biografi om Dag Hammarskjöld,* Sveriges Radios förlag, Stockholm 1981. Möllerstedt publicerade sin bok i anslutning till sin TV-serie *Generalsekreteraren* 1979–1980. Han hävdade att SE-BDY sannolikt hade utsatts för en störning av en inväntande de Havilland Dove som startat från ett av de katangesiska flygfälten i Kolwezi eller Jadotville. Möllerstedt grundade sin uppfattning på olika vittnesmål om två plan i luften, bland annat från kolaren Dickson Bulen, som han

intervjuade 1979. Bulen hade 1962 hörts av den rhodesiska juristkommissionen men hans vittnesmål hade avvisats som icke trovärdigt. Möllerstedt utgår från att Hammarskjölds plan skulle tvingas in på katangesiskt område och att en bomb släpptes i närheten av SE-BDY för att annonsera denna avsikt.

Nævdal, Bodil Katarina, *Drøæmmenes palass. Trygve Lie og Dag Hammarskjöld, en beretning,* Schibsted, Oslo 2000. Nævdals bok är något kontroversiell. Hon åberopar (s. 214) en brittisk tidigare legosoldat, numera bosatt i Oslo, som befann sig i Kongo kort efter kraschen i Ndola. Han hade då delat rum med en kollega, Swanepoel från Sydafrika. De skulle ha delat rum i Léopoldville (varför inte i Katanga dit de värvats?). Swanepoel hade i alkoholpåverkat tillstånd påstått att en grupp sammansvurna skulle ha väntat i bushen på nedslagsplatsen (hur man nu kunde känna till den?) med uppgift att se till att det inte fanns några överlevande. Själv hade Swanepoel efter kraschen anlänt dit med andra i en Land Rover och han hade vid framkomsten skjutit Hammarskjöld där han låg på marken (varför hade inte skjutningen gjorts av dem som redan var på plats?). Därefter hade Swanepoel och de han kom med avlägsnat sig i sin Land Rover. Nævdal citerar därefter ett bisarrt SAIMR-dokument (s. 221), enligt vilket Hammarskjöld skulle ha beställt jättelika så kallade kvartersbomber ("blockbusters"), som uppenbarligen skulle släppas på Katanga. Slutsatsen hos SAIMR var att generalsekreteraren borde elimineras och det nämndes att CIA-chefen

Allen Dulles var med på noterna. FN-översten Bjørn Egge sade sig vid identifieringen av generalsekreteraren i Ndola ha sett något som liknande ett kulhål i pannan. Denna fläck skulle ha retuscherats bort från senare tagna fotografier. Swanepoel hördes redan av 1962 års FN-utredning, som avstod från att dra några slutsatser av hans berättelse. Egges berättelse i en version från 1999 är återgiven i Nævdals bok ("Hammarskjöld hade ett sår i pannen, et slags rundt hull"). Men Egge tillade därefter: "Om hullet gick in i kraniet, kunne jeg icke bedømme" (Nævdal s. 179). Judge Othman har i sin rapport av 2019 avvisat tanken på att några överlevande skulle ha avrättats efter kraschen.

O'Brien, Conor Cruise, *To Katanga and back,* Hutchinson & Co, London 1962. En svensk översättning, *Uppdrag i Katanga,* utgavs på Bonniers samma år. O'Brien försvarar sin del i *Operation Morthor* genom att hävda att han följde mottagna instruktioner av innebörd att Katangas utbrytning nu skulle avvecklas (med våld) i enlighet med FN:s februariresolution. Han kritiserar att Hammarskjöld vid sin ankomst till Léopoldville lät utfärda dokumentet S/4940, som felaktigt beskrev FN:s åtgärder som en defensiv reaktion på en mordbrand i ett garage med egna fordon. När FN-trupp skulle släcka branden besköts man från närliggande tak och situationen urartade. Denna beskrivning av händelseförloppet var falsk, menade O'Brien. Han kände inte till någon brand i ett garage.

Boken är skriven med bitsk humor och är ofta mycket underhållande.

Den innehåller många slängar mot den motsägelsefulla brittiska diplomatin i Kongofrågan som sägs ha uttryckt stöd för FN i New York och stöd för Katanga i Élisabethville.

Picard, Maurin, *Ils ont tué Monsieur H., Congo 1961. Le complot des mercenaires français contre l'ONU,* Édition de Seuil, Paris 2019. Picard är New York-baserad korrespondent för *Le Figaro* (Paris) och *Le Soir* (Bryssel). Han har forskat fram nytt material om det franska hatet mot FN och om ledande franska legosoldater i Katanga. Inom ramen för en bred och gedigen översikt betonar han de finansiella och politiska motiv som fanns för att eliminera generalsekreteraren. Han utesluter inte stormaktskopplingar, alla tänkbara aktörer är misstänkta, men han pekar inte ut någon av dem.

Rembe, Rolf & Hellberg, Anders, *Midnatt i Kongo. Dag Hammarskjölds förlorade seger,* Atlantis, Stockholm 2011. En bra sammanställning av omständigheterna kring kraschen, där den tidigare privatflygaren Rembe inte utesluter en konspiration med radiohot mot SE-BDY medan tidigare DN-journalisten Hellberg lutar åt pilotfel. En skönhetsfläck i texten är Hellbergs personliga vendetta mot Bengt Rösiö.

Rösiö, Bengt, *Ndola. En bok om Dag Hammarskjölds död, om FN, Afrika – och ett svek.* Nerenius & Santérus Förlag, Stockholm 1996. I september 1961 var Bengt Rösiö svensk konsul i Léopoldville. Dagen efter kraschen följde han med en FN-grupp till Ndola, där flaggorna fladdrade på halv stång och lord Alport mötte i ljusgrå kostym och röd slips. "Engelsmän klär sig inte i sorg vid tillfällen som detta", noterade Rösiö. Han fann Alport "snäv, snorkig och obehaglig" mot FN-mannen Khiary. Många år senare skulle Rösiö på UD:s uppdrag utreda kraschen och därefter fortsätta utredandet på egen hand. Slutsatsen blev olyckshändelse/pilotfel. Hans bok är informativ, snärtigt skriven och lättläst. Den lyfter till följd av författarens professionella och personliga erfarenheter av frågan, dock har vissa (mindre betydande) sakfel slunkit med i skrivarglädjen.

Rösiö, Bengt, *Kongoanteckningar kring Dag Hammarskjöld*, eget förlag, Täby 2001.

Rösiö, Bengt, *Särimner, Ndola och en myts anatomi*, promemoria daterad Näsby Park, december 2003.

Rösiö, Bengt, *Särimner grymtar åter. Tankar om Ndolahaveriet.* Promemoria daterad Näsby Park, september 2012. Här avlägsnade sig Rösiö från den renodlade teorin om pilotfel (CFIT) och anslöt sig till teorin om yttre påverkan. År 2012 (efter det att Williams bok kommit ut) skrev han att "den enda teori som stämmer med alla uppgifter är ganska enkel: Albertina kom som hon skulle, ett eller ett par plan attackerade henne men lyckades eller vågade inte [fullfölja attacken]. Hallonquist märkte att han var förföljd och gjorde inflygningen lite för lågt, kolliderade med trädtopparna och havererade". Rösiö aviserade därefter att detta skulle bli hans sista inlägg i Ndolafrågan. Detta visade sig inte stämma, men han avled våren 2019 vid 92 års ålder.

Schachter, Oscar, "Dag Hammarskjöld and the Relation of Law to Politics", 56 *American Journal of International Law* 1962. Schachter var vid denna tid anställd av FN som "legal counsellor" och folkrättsexpert. Han hade året innan i samma tidskrift skrivit om FN-operationen i Kongo under pseudonymen E.M. Miller.

Stahn, Carsten & Melber, Henning (Eds.), *Peace Diplomacy, Global Justice and International Agency. Rethinking Human Security and Ethics in the Spirit of Dag Hammarskjöld*, Cambridge University Press, Cambridge, Storbritannien, 2014.

Stevenson, Matthew, "Who or What Brought Down Dag Hammarskjöld?", i nätmagasinet *CounterPunch* den 11 januari 2019. Här återges ex-piloten Joseph Majerles teori om att besättningen på SE-BDY försökte genomföra en nödlandning.

Svegfors, Mats, *Dag Hammarskjöld. Den förste moderne svensken*, Norstedts, Stockholm 2005. Svegfors påpekar att Hammarskjöld i sin ledarroll förenade tradition och modernitet. Han var internationalist men samtidigt en bärare av klassiska ämbetsmannaideal. Svegfors erkänner hans storhet men utan att vara panegyrisk. Han identifierar flera av Hammarskjölds svagheter, exempelvis bristen i personomdöme. Hammarskjöld tilltalades av människor med slående begåvning, övertolkade deras lämplighet i FN-kontexten och gjorde ett antal misslyckade rekryteringar. Svegfors söker framför allt tränga in i Dag Hammarskjölds själsliv, i hans kristna tro. Han gör djupdykningar i påverkan av Mäster Eckhart, Thomas a Kempis, Albert Schweitzer och Martin Buber. Berättelsen är djupgående och övertygar, men texten innehåller också vissa felaktigheter (lord Alport kallas Alsop och Sovjetunionen kunde faktiskt utnyttja sin vetorätt och stoppa ett återval av Trygve Lie). Svegfors ställer sig bakom Rösiös länge hävdade teori om olyckshändelse.

Thelin, Bengt, *Dag Hammarskjöld. Barnet. Skolpojken. Studenten,* Carlsson Bokförlag, Stockholm 2001.

Urquhart, Brian, *Hammarskjold,* Alfred A. Knopf, New York, 1972, i svensk översättning på Norstedts 1974. Den auktoritativa och mest fullständiga Hammarskjöldbiografin, skriven av en nestor i FN:s tjänst. Urquharts uppfattning om Ndola är att det var en olycka. Han tror inte på några "konspirationsteorier".

Urquhart, Brian, "A beacon of hope: Dag Hammarskjöld and the United Nations", i Stahn & Melber (2014).

Virving, Björn, *Termitstacken. Om olyckan där Dag Hammarskjöld omkom i Belgiska Kongo,* Förlag Termiten, Stockholm 1996. En professionell genomgång av en ingenjör och flygexpert, son till utredaren i Ndola, Bo Virving, då teknisk chef i Transair. Boken innehåller ett tänkt scenario där SE-BDY anropas av en de Havilland Dove i vänteläge. Tanken "pilotfel" avvisas.

Wachtmeister, Wilhelm, "Leader – Statesman – Friend", i Henley, Mary-Lynn och Melber, Henning (Eds.), *Dag Hammarskjöld Remembered, A Collection of Personal Memories,* Dag

Hammarskjöld Foundation, Uppsala 2011.

Wærn, Jonas, *Katanga: svensk FN-trupp i Kongo 1961–62,* Atlantis, Stockholm 1980. Wærn motsäger i viss mån O'Brien vad gäller dennes kritik mot Hammarskjölds rapportering om "branden i garaget" (jfr O'Briens bok ovan). Wærn hävdar (s. 164) att legoknektar hade tänt eld på en svensk FN-lastbil utanför ett garage och menar att denna incident "mycket väl" kunde åberopas som relevant i rapporteringen.

Wallensteen, Peter, "Dag Hammarskjöld", Svenska Institutet, broschyr i serien Svenska porträtt, Stockholm 1995.

Wallensteen, Peter, "Dag Hammarskjöld's diplomacy: lessons learned", i Stahn & Melber (2014).

Williams, Susan, *Who killed Hammarskjöld? The UN, the Cold War and White Supremacy in Africa,* 1st edition, Hurst & Company, London 2011, 2nd edition, London 2016. De sidhänvisningar som finns i texten hänför sig till första upplagan. Detta är den bok som fick diskussionen om orsaken till den mystiska kraschen att vända – från olyckshändelse/pilotfel till yttre fientlig påverkan. Susan Williams var bland annat inspirerad av det material som grävts fram av Hans Kristian Simensen, vars far tjänstgjorde som flyginspektör för FN 1961 i Kongo. Williams lyfter i sin bok fram nya vittnesmål och nya omständigheter. Boken inspirerade i sin tur ärkebiskopen K.G. Hammar och andra till att etablera den oberoende undersökningskommission som framtvingade en ny FN-utredning.

Bildkällor

Där inget annat anges kommer bilder och kartor från haverirapporten "Report by the investigation board on the accident to Douglas DC6B aircraft SE-BDY which occured near Ndola Airport during the night of 17th september, 1961" eller från Publisher Produktions arkiv, c/o Medströms Bokförlag, Artillerigatan 13, Östra Blockhuset, 114 51 Stockholm.

Aramco 72

Archive de Montreál, Kanada 44

Hellström, Leif (källa) 121, 124–125 (upptill)

Julien, familjen (upptill) 255

Molker, Sten-Erik (foto) 72

National Portrait Gallery, London, Storbritannien 81

Rocksén, Andreas (foto) 170

Sundberg, Bertil/Sydsvenskan/ TT Nyhetsbyrån 74

Terence Spencer/The LIFE Picture Collection/Getty Images 54

Truth and Recociliation Commission (TRC), Sydafrika 140

TT Nyhetsbyrån 19, 40, 58

UN Multimedia Archive 179

UPI/TT Nyhetsbyrån 98–99

Virving, Björn (källa) 100, 193, 255 (nedtill)

Williams, Susan, Storbritannien 80

Wiren, Jan/Expressen/TT Nyhetsbyrån 105

Register

Register